Gerd-Helmut Komossa

Die deutsche Karte

Gerd-Helmut Komossa

Die deutsche Karte

Das verdeckte Spiel der geheimen Dienste

Ein Amtschef des MAD berichtet

ARES VERLAG

Umschlaggestaltung:
Werbeagentur | Digitalstudio Rypka GmbH., 8020 Graz

Umschlagfotos Vorderseite: Ullstein-Bilderdienst (oben), Archiv des Autors (unten)

Bildnachweis: Ullstein-Bilderdienst (12,37,57,61,122,132,138,148,157,189); restliche Bilder: Archiv des Autors

Bibliografische Information Der Deutschen Bibliothek
Die Deutsche Bibliothek verzeichnet diese Publikation in der Deutschen Nationalbibliografie; detaillierte bibliografische Daten sind im Internet unter http://dnb.ddb.de abrufbar.

ISBN 978-3-902475-34-3
Alle Rechte der Vervielfältigung, auch durch Film, Funk und Fernsehen, fotomechanische Wiedergabe, Tonträger jeder Art, auszugsweisen Nachdruck oder Einspeicherung und Rückgewinnung in Datenverarbeitungsanlagen aller Art, sind vorbehalten.
© Copyright by Ares Verlag, Graz 2007
Layout und Repro: Werbeagentur | Digitalstudio Rypka GmbH., 8020 Graz
Druck und Bindung: Druckerei Theiss GmbH, A-9431 St. Stefan

Printed in Austria

Dieses Buch widme ich meinen Kameraden, die als Soldaten unserem Lande in Krieg und Frieden gedient haben und die jederzeit bereit waren und auch heute bereit sind, ihr Leben einzusetzen für die Sicherheit unseres Volkes und für unser schönes Land.

Mein Dank gilt dem Ares Verlag, dessen Verleger Mag. Wolfgang Dvorak-Stocker, Herrn Hans Becker von Sothen, Lektor des Ares Verlags, und ganz besonders meiner Tochter Gerlind, die mir als Lektorin der ersten Stunde zur Seite stand.

Was du sagst, soll wahr sein, aber sage nicht alles, was wahr ist.
Thomas von Aquin

Inhalt

Vorwort 9

Das Vorspiel an Rhein und Ruhr 11
Der Beginn des deutsch-russischen Dialogs nach dem Krieg • Im Geiste Scharnhorsts • Noch einmal zu den Waffen greifen? • Die Bundesrepublik stellt Streitkräfte zur Verteidigung auf • Die Entscheidung ist getroffen

Der Neuanfang 25
Die neue Uniform • Idar-Oberstein: Dem Frieden dienen, der Freiheit verpflichtet • Im Verteidigungsministerium • Der Deutsche Bundeswehrverband • Wie sage ich es meinen Soldaten? • Soldat im Dienste der NATO • An der Führungsakademie • Atomare Kriegsplanung • Das Pershing-Projekt und die deutsch-amerikanische Kooperation • Auf dem Hügel im Schatten des Festspielhauses • Bayreuth und die Militärmusik • Amberg • Ein Minister mit Herz für die Truppe • Der Rücktritt von Bundeskanzler Willy Brandt • Was der Neue wissen muß • An Bonn kommt kein Generalstabsoffizier vorbei • Der Militärische Führungsrat • Die Spanienreise • König Olaf V. von Norwegen im NATO-Bunker • Kunst im Verteidigungsministerium • Der Adjutant als Redenschreiber

Unter US-Kommando 89
Die 12. Panzerdivision am Würzburger Stein • Mein Kommandierender General und der direkte Weg • Was sage ich meinen Soldaten am Ende ihrer Dienstzeit? • Beim Papst in Privataudienz • Ein afrikanischer Präsident weint am Sarkophag Friedrichs des Großen • Deutschlands schlechte Karten im Spiel mit den USA • Die polnische Karte wird ausgespielt • Das deutsch-amerikanische Verhältnis insgesamt

Das verdeckte Spiel der geheimen Mächte 111
Ein Anruf aus dem Verteidigungsministerium • Der Alltag im Nachrichtendienst • Was ist eigentlich nachrichtendienstliche Arbeit? • Das Verhältnis der Nachrichtendienste zur Politik • Der Amtschef und sein Alltag • Veränderte Sicherheitslage nach dem 11. September 2001 • Über Nutzen oder Schaden der Spionageabwehr • Erfolgreiche Gegenoperationen • Der Leopard II – Objekt der Begierde • Alles, was fliegt, ist interessant • Spionage stört die Harmonie bei der Kieler Woche • Warum wir die „teuflischen Dienste" brauchen • Die Rolle der geheimen Dienste im demokratischen Staat • Ein Blick auf die andere Seite • Auftrag erfüllt – der Abschied vom Dienst

An der Schnittstelle von Politik und Militär 165
Der Einzug der Parteipolitik in die Kasernen • Die österreichische Karte • Die deutsche Karte • Spiel mit gezinkten Karten – ein Attaché für Moskau • General Knirkow: Feind und Freund zugleich? • Zusammenarbeit unter gekreuzten Flaggen • Der Beginn der Versöhnung – neuer Anfang und neue Aspekte • Von guten Soldaten und schwarzen Schafen • Auch befreundete Staaten haben Dienste • Terror verändert die Welt – sind die Dienste blind geworden? • Der Kampf gegen Spionage und Terrorismus

Die Karten werden neu gemischt 199
Das Forschungszentrum für Friedenssicherung • Die Bedeutung der äußeren Sicherheit für Deutschland

In der Herbstsonne an den Ufern von Elbe und Este 204

Anhang 209
Abkürzungsverzeichnis
Dokumente
Personenregister [Auswahl]

Vorwort

Das Jahr 2005 hat wie kaum ein anderes Jahr Daten der Erinnerung bewußt werden lassen, und zwar insbesondere in Rußland, Polen, England, Frankreich und in den USA, in allen Ländern Europas und hier ganz besonders in Deutschland. Viele derjenigen, die sich an die Eckdaten der jüngeren Geschichte zurückerinnerten, waren innerlich stark bewegt.

Sechzig Jahre lag zu diesem Zeitpunkt der alliierte Sieg über Deutschland und der Zusammenbruch des Deutschen Reiches zurück, fünfzig Jahre die Wiederaufstellung deutscher Streitkräfte in der Bundesrepublik (1956 geschah Gleiches in der DDR), sechzig Jahre der Abwurf der ersten atomaren Bomben durch US-Bomber auf das japanische Kaiserreich, was eine neue, besonders grausame Dimension in der Kriegführung bedeutete, sechzig Jahre das grausame Abbrennen der Städte Hamburg, Köln, Kiel, Würzburg, Dresden, Danzig, Königsberg – der Krönungsstadt preußischer Könige – und vieler anderer deutscher Städte.

Im Zentrum aller mit den Ereignissen des vergangenen Jahrhunderts verbundenen Fragen wird aber wohl immer und ewig die Frage nach Schuld und Sühne des deutschen Volkes stehen. Die Last der Schuld jener zwölf Jahre – so wollen es viele – soll unser Volk bis in alle Ewigkeit tragen. Dabei sollen und werden die Deutschen, viele ihrer politischen Köpfe, Wissenschaftler und Publizisten, nicht ruhen, immer und immer wieder selbst die Frage nach Schuld und Verantwortung ihrer Väter- und Großvätergeneration zu stellen und mit dem erwarteten Schuldbekenntnis auch kommenden Generationen eine Mitverantwortung zuzuweisen. Wir Deutschen können der Analyse unserer Geschichte mit einer verantwortungsbewußten Bewertung nicht ausweichen. Wir sollten es auch nicht tun. Es gibt viele Wege, die zur geschichtlichen Wahrheit führen. Viele der bisher eingeschlagenen führten aber meist in die Sackgasse falscher oder nur teilweise richtiger Schlußfolgerungen. Die heute mögliche Erforschung russischer Quellen eröffnet der Wissenschaft völlig neue Erkenntnisse über bestimmte Vorgänge im vergangenen Jahrhundert, die noch zu nutzen sein werden. Leider wurden bisher nicht alle russischen Archive geöffnet.

Muß die jüngere Geschichte der Deutschen also neu geschrieben werden? Ganz gewiß nicht, doch sie bedarf immer noch einer Ergänzung in einigen Bereichen, dies scheint sicher zu sein.

Das hier vorliegende Buch, das ein ehemaliger General der Bundeswehr mit Blick auf die Verantwortung politischen Handelns, und zwar ohne Parteienbezug oder Parteienbindung, anbietet, will aus der Sichtweise eines deutschen Soldaten über diese „Zeit danach" informieren; eines Soldaten, der im Kriege alle Nöte und Leiden an vorderster Front einschließlich einer vierjährigen Kriegsgefangenschaft erlebte und der dann später an der Nahtstelle zwischen Militär und Politik im Verteidigungsministerium und in hohen NATO-Stäben Einblicke gewinnen konnte, die vielen seiner Kameraden verschlossen blieben und die auch bisher noch nicht allgemein bekannt geworden sind.

Dieses Buch soll einen Blick hinter die Kulissen eines historischen Dramas gewähren. Dabei werden fünfzig Jahre, sprich die Zeit von 1955 bis 2005, im Mittelpunkt der Betrachtung stehen.*

Gerd-Helmut Komossa
Frühjahr 2007

---

*Funktionsbezeichnungen und Amtszeiten (in Auswahl) der im Buch angesprochenen zeitgeschichtlich relevanten Persönlichkeiten finden sich, sofern sie nicht bereits im Text ersichtlich sind, im Personenregister.

Das Vorspiel
an Rhein und Ruhr

Der Beginn des deutsch-russischen Dialogs nach dem Krieg

Mit meinem Brief an Bulganin fing alles an. Doch wer weiß das heute schon?
Zu vielen wichtigen Fragen dieser Zeit habe ich bisher geschwiegen, und zwar nicht aus offensichtlich literaturtaktischen und kommerziellen Erwägungen heraus, wie es bei Günter Grass der Fall war, sondern weil ich die Zeit für eine Veröffentlichung aller mir bekannten Fakten noch nicht für reif erachtet hatte. So hatte ich bisher über meine persönlichen Bemühungen nichts verlauten lassen, im Schatten des großen Kanzlers Konrad Adenauer nach dem Tod von Jossip Stalin im Jahre 1953 mit einem Brief in russischer Sprache an Nikolaj Alexandrowitsch Bulganin Kontakt mit der sowjetischen Führung im Kreml aufgenommen zu haben. Dieser Brief an Bulganin, damals Marschall der Sowjetunion und von 1955 bis 1958 Vorsitzender des Ministerrats der UdSSR, beinhaltete den Vorschlag, eine Initiative zur Versöhnung von Deutschen und Russen nach dem schrecklichen Kriege zwischen beiden Völkern, den ich als junger Offizier persönlich so nah und schmerzhaft erleben mußte, zu ergreifen. Dabei wollte ich bewußt den Eindruck vermitteln, daß dieser Schritt im Auftrage oder zumindest mit Billigung oder Wissen von Konrad Adenauer geschah. Dieser so ganz besondere Weg hatte seine Grundlage und Motivation in meinen Kriegserlebnissen in Rußland und meiner vierjährigen sowjetischen Kriegsgefangenschaft. Mir, dem Schreiber dieses „ersten" Briefes an die sowjetische Führung nach 1945, ging es vor allem darum, zu helfen, meinen in der Sowjetunion verbliebenen Kameraden das Tor in die Freiheit zu öffnen. Dazu fühlte ich mich als Spätheimkehrer des Jahres 1949 verpflichtet.

Die Entscheidung, einen Brief an die sowjetische Führung zu schreiben, fiel nach einem Gespräch in meiner Gelsenkirchener Wohnung mit einem russischen Offizier, namentlich mit Kapitan Oleg K., den mir mein Schwiegervater, Dr. Arthur Ruppert, für eine mögliche Zusammenarbeit empfohlen hatte. Arthur Ruppert hatte kurz nach dem Kriege als früherer Chefredakteur der „Gelsenkirchener Zeitung" den ersten Pressedienst der CDU herausgegeben und aufgrund dieser Aufgabe in den ersten Nachkriegsjahren eine persönliche Verbindung zu Konrad Adenauer unterhalten. Meine Frau erzählte gelegentlich mit

Nikolaj Bulganin (1895–1975; links im Bild), Vorsitzender des Ministerrats der UdSSR, zusammen mit Konrad Adenauer (Bildmitte) und Nikita Chruschtschow im September 1955 im ehemaligen Landhaus Maxim Gorkis, das Adenauer während seines Moskaubesuchs zur Verfügung gestellt wurde.

leichtem Schmunzeln, daß sie Adenauer einmal in Köln „in Hemdsärmeln in der Wohnung gesehen hätte, als sie dem späteren Bundeskanzler ein Manuskript ihres Vaters überbrachte, gewissermaßen im Kurierdienst.

Oleg K. war, wie er mir sagte, während des Krieges in deutsche Kriegsgefangenschaft geraten und inzwischen zu einem entschiedenen Gegner des Kommunismus geworden. Er suche Kontakt zu jenen Deutschen, die an einer deutschrussischen Zusammenarbeit interessiert wären. Er sei auch bereit, Vorträge über deutsch-russische Beziehungen und den Kommunismus zu halten. An jenem Abend konnte ich seine politische Orientierung noch nicht klar erkennen. Er wirkte aber vertrauenswürdig auf mich.

Nach dem Tode von Jossip Wissarionowitsch Stalin stand ich unter dem inneren Zwang, alles in meiner Kraft Liegende zu versuchen, damit meine Kriegskameraden nicht länger in den Lagern von Ostpreußen bis Sibirien leiden und dort unter menschenunwürdigen Bedingungen sterben mußten. Aus diesem Zwang heraus schrieb ich damals diesen Brief, der – möglicherweise – mit zur Reise Konrad Adenauers nach Moskau noch im Jahre 1953 führte.

Ich habe den Text dieses Briefes an Bulganin in meinem Schreibtisch und in meinem Gedächtnis mehr als fünfzig Jahre aufgehoben.

Für den Historiker dürfte interessant sein, daß beim Adenauer-Besuch in Moskau vom 8. bis 14. September 1955 unmittelbar vor der Verständigung über die Aufnahme der diplomatischen Beziehungen zwischen der UdSSR und der Bundesrepublik Deutschland der damalige sowjetische Ministerpräsident Nikolaj Bulganin vor dem Bankett im Kreml Konrad Adenauer zur Seite nahm und sagte: „Schreiben Sie mir einen Brief, Herr Bundeskanzler, und wir geben Ihnen alle – alle! Wir geben Ihnen unser Ehrenwort! Schreiben Sie mir einen Brief. Bald."

Konrad Adenauer versprach, diesen Brief zu schreiben, und damit war die Verständigung erreicht. De facto hatte Konrad Adenauer mit seiner Zusage an die sowjetische Führung aber die Hallstein-Doktrin aufgegeben und gegen die Freilassung von 9.626 deutschen Kriegsgefangenen aus den Lagern der Sowjetunion eingetauscht. Die Hallstein-Doktrin drückte – gestützt auf das Grundgesetz – den Anspruch der Bundesregierung aus, ganz Deutschland völkerrechtlich allein zu vertreten. Ihr Ziel war die völkerrechtliche Isolierung der DDR, also die Verhinderung ihrer Anerkennung durch Staaten außerhalb des Ostblocks. Nach dieser Doktrin durfte die Bundesregierung keine völkerrechtlichen Beziehungen zu Staaten – mit Ausnahme der UdSSR – aufnehmen oder aufrechterhalten, die die DDR diplomatisch anerkannt hatten. So brach die Bundesregierung folgerichtig noch im Jahre 1957 die diplomatischen Beziehungen zu Jugoslawien und 1963 auch zu Kuba ab. Offiziell wurde die Hallstein-Doktrin erst im Jahre 1969 von dem damaligen Bundeskanzler Willy Brandt im Zuge der neuen Deutschland- und Ostpolitik aufgegeben.

Für die Sowjets war die Aufnahme diplomatischer Beziehungen mit der Bundesrepublik Deutschland so wichtig, daß sie die Planung zur Entführung des BND-Chefs Reinhard Gehlen unverzüglich einstellten.

Die Rückführung der deutschen Kriegsgefangenen war der erste „Handel mit Menschen" nach dem Ende des Zweiten Weltkrieges, dem später viele weitere, vor allem im Zuge der Entwicklung der innerdeutschen Beziehungen, folgen sollten. Die Heimkehr der Kriegsgefangenen war Konrad Adenauer dieser Preis wert. Dafür muß man ihm für alle Zeit dankbar sein. Diejenigen deutschen Kriegsgefangenen, die 1955 freigelassen wurden, haben ihm dies nie vergessen.

Bei meinem ersten Gespräch im Herbst 1979 mit dem russischen General Knirkow in Bonn, dem ersten sowjetischen Militärattaché in der Bundesrepublik Deutschland, machte dieser gewisse Andeutungen, daß „der Brief" damals „angekommen" sei und zur Einladung an Konrad Adenauer für seine Reise nach Moskau geführt habe. Der „erste" Brief, dem dann auf Anregung von Bulganin möglicherweise ein „richtiger" zweiter mit der Unterschrift von Konrad Adenauer folgte? Die sowjetische Führung war damals, nach Stalin, unsicher, doch sie wollte sondieren, was im Hintergrund dieses doch sehr eigenartigen Briefes an Bulganin zu vermuten war. Bulganin, Chruschtschow, Malenkow und Berija, der damalige Chef des sowjetischen Geheimdienstes, haben diesen Brief gelesen, dessen bin ich nach dem Gespräch mit Knirkow in Bonn sicher. Dieser Brief muß in einem Safe in den Kellern des KGB – heute FSB (Föderaler Sicherheitsdienst) – in Moskau zu finden sein. Der FSB findet sich im selben Gebäude wie der KGB und steht in dessen Tradition. Der Brief war nicht mit Hilfe einer Schreibmaschine mit kyrillischen Typen geschrieben, wie es heute möglich wäre; das aber war für die russischen Experten, die ihn zu übersetzen hatten, ohne besondere Bedeutung. Nun muß man wissen, daß man bis in die 1950er Jahre hinein in russischen Büros mit primitivster technischer Ausstattung arbeitete. Die Russen hatten zum Flug in den Weltraum angesetzt, sie begannen mit der Konstruktion modernster U-Boote und warben dafür deutsche kriegsgefangene Marineoffiziere in den Lagern an. Sie waren aber auf Gebieten, die ihnen weniger bedeutungsvoll erschienen, von einer bürokratischen Primitivität, die völlig überraschte. Und dennoch, allein das Ergebnis zählte. Dabei war es gleichgültig, ob es mit Hilfe einer IBM-Typenradmaschine neuesten Typs erreicht wurde oder mit der „Idiotenharfe", wie sie abwertend von uns Kriegsgefangenen genannt wurde. Sie war nichts anderes als eine Rechenmaschine, wie sie im Kindergarten benutzt wurde, führte jedoch den „Könner" zu erstaunlich schnellen Arbeitsergebnissen. Auf diese Weise, so dachten wir vor 1945, könne man doch keinen Krieg gewinnen. Irrtum, man konnte!

Die Kriegsgefangenschaft hatte sich übrigens als eine Hochschule des Lebens erwiesen, in der wir deutschen Soldaten lernen konnten, wozu Menschen in der größten Not fähig waren, zu welchen Leiden und Entbehrungen, aber auch zu welcher Hilfe für den Kameraden. Und wir begegneten den Russen als Menschen, die wir vorher völlig falsch eingeschätzt hatten.

1953 träumte ich von einer neuen Zeit im Verhältnis Deutschlands zur Sowjetunion. Keineswegs aber dachte ich daran, noch einmal Soldat zu werden. Aufgrund von Gesprächen mit Vertretern der russischen „Intelligenzia" während der Gefangenschaft glaubte ich, die stille Hoffnung der Russen auf eine Verständigung mit den Deutschen noch in diesem Jahrhundert erkannt zu haben. Die Russen wollten, so meinte ich, einen dauerhaften Frieden mit Deutschland. Rußland mit einem neuen Deutschland an seiner Seite könnte der ganzen Welt trotzen, dachten die gebildeten Russen. Für sie war der Krieg bereits Vergangenheit. Sie hüteten sich allerdings, solche Gedanken offen auszusprechen.

Die Heimkehr der letzten Kriegsgefangenen aus sowjetischem Gewahrsam zehn Jahre nach dem Ende des Zweiten Weltkrieges war für mich eine große Stunde des Glücks. Bei den Bildern aus dem Entlassungslager weinte ich wie viele andere auch. Nach meiner Heimkehr aus der Gefangenschaft in die fremde Heimat am Rhein hatte ich übrigens die Verbindung zu Russen, die mir in der Zeit der Gefangenschaft Gesprächspartner waren, wieder aufgenommen und lange Zeit nicht abreißen lassen. Noch in jüngster Zeit suchte ein russischer Freund aus jenen Tagen über das Rote Kreuz die Verbindung mit mir wieder-

herzustellen. Doch denke ich, daß dies heute wohl keinen Sinn mehr ergibt.
Diese Zeit ist Vergangenheit. Sie soll ruhen.

Im Geiste Scharnhorsts

Zwei Jahre nach meinem Brief an Bulganin, am 12. November 1955, begrüßte der damalige Bundeskanzler Konrad Adenauer in der romantischen Stadt Andernach am Rhein die ersten Einheiten der neuen deutschen Streitkräfte. Die Soldaten standen angetreten in Linie zu drei Gliedern, die Offiziere am rechten Flügel. Das äußere Bild des neuen Soldaten war für den Beobachter der Szene etwas ungewohnt. Ihre Uniform war eine Mixtur von traditioneller Soldatenkleidung unter Beimischung amerikanischer Stilelemente. Selbst die Dienstgradabzeichen glichen nicht den bisher aus Reichswehr und Wehrmacht gewohnten. Der Tag war – von der politischen und militärischen Führung in Bonn mit Bedacht gewählt – der 250. Geburtstag des preußischen Heeresreformers General Gerhard Scharnhorst. Scharnhorst hatte zu seiner Zeit dem preußischen Soldaten neue Wege in die Zukunft gewiesen, die bis heute ihre Gültigkeit nicht verloren haben. Er öffnete endlich das Offizierkorps für Bürgerliche, schaffte in der Armee die bis dahin noch geltende Prügelstrafe ab und schuf das Prinzip „Beförderung nach Leistung".

Sein Kernsatz, daß alle Bewohner des Staates dessen geborene Verteidiger seien, führte zur Bildung eines Volksheeres und schließlich zur Einführung der allgemeinen Wehrpflicht. Scharnhorst war militärischer Denker, Planer und auch Führer im Kampf. Nach seiner schweren Verwundung in der Schlacht von Großgörschen erlag er am 28. Juni 1813 in Prag seinen schweren Verwundungen.

Gerhard Scharnhorst ist Vorbild für den modernen Soldaten, auch für den Soldaten der Bundeswehr. Seine Gedanken reichten weit über die damalige Zeit hinaus. In seiner Person verband sich beispielhaft das militärische mit dem politischen, dem staatsmännischen Element. Wenn heute, in den Jahren nach seinem 200. Geburtstag, über die Neuordnung von Streitkräften in Deutschland und Europa intensiv nachgedacht werden muß, sind Politiker und Militärs gut beraten, sich auf die Reformer Scharnhorst, Gneisenau, Boyen, Grolman und Carl von Clausewitz zu besinnen – so wie es schon im Jahre 1955 der Fall gewesen ist. Diese Reformer haben bereits vor 200 Jahren die Kontur moderner Streitkräfte vorausgedacht und waren ihrer Zeit weit voraus. Zwar dienten sie einem König, doch schufen sie die Grundvoraussetzungen für das Soldatsein in der Demokratie.

Von diesen Gedanken der preußischen Heeresreformer ausgehend, lege ich mein drittes Buch zu einem Thema vor, das Deutschland und jene Deutschen, die ihrem Lande als Soldaten gedient haben und dienen, in den Mittelpunkt der Gedanken und Betrachtungen stellt. Dieses Werk eröffnet dem Leser zugleich einen Blick hinter die Kulissen der jüngeren und jüngsten Zeitgeschichte. Das

Buch kann als Fortführung der Schilderungen des Buches „Von Masuren an den Rhein – Heimkehr in die Fremde" (Graz 2003) verstanden werden. Es soll aber zugleich Erkenntnisse vermitteln, wie Soldaten unterschiedlicher Nationen in besonderen Verwendungen und in besonderen Situationen an der Nahtstelle von Politik und Militär ihre Pflicht erfüllen und gleichermaßen die Grenzen ihres Wirkens erkennen und beachten müssen, wie es gerade in letzter Zeit aufgrund der Auslandseinsätze der Bundeswehr sichtbar notwendig geworden ist. Der Soldat – ganz gleich, ob Amerikaner, Brite, Franzose, Deutscher, Italiener oder Österreicher – muß die Regeln des Völkerrechts beachten, und zwar auch dort, wo andere das Völker- und Menschenrecht brechen. Dieses gilt bereits für die Ausbildung für den Ernstfall.

Vorkommnisse in Kasernen der Bundeswehr, an denen Unterführer nach ihrem gefährlichen Auslandseinsatz im Kosovo oder Afghanistan – belastet mit zum Teil grausamen Erlebnissen im Kampf – beteiligt waren, sind nicht nur Zeichen für eine falsch verstandene Ausbildung, gerichtet auf den „Ernstfall heute", sie sind auch Hinweis darauf, daß militärische Führung und Ausbildung dem uns vorgegebenen Bild des Menschen entsprechen müssen. Hier darf man, wie schon der Königsberger Philosoph Immanuel Kant sagte, „nicht halbieren"!

Wie schwierig es ist, sich an internationales Recht und die Gesetze der Humanität zu halten, zeigt heute der Kampf gegen den international operierenden Terrorismus. Der Terrorist unterwirft sich nicht den Regeln des internationalen Rechts. Er kämpft auf selbstdefinierten Kriegsschauplätzen nach eigenen Gesetzen. Der Verteidiger aber hat bei der Abwehr terroristischer Operationen nicht die unbegrenzte Wahl der Mittel. Er muß sich auch bei seinen militärischen Einsätzen zur Verteidigung in jeder Situation strikt an das Völkerrecht halten.

Vor dem Hintergrund des zweiten Irak-Krieges im Jahre 2003 mit seiner Vorgeschichte und den damit verbundenen Mißverständnissen, vor allem zwischen den USA und Großbritannien auf der einen und Deutschland, Frankreich und Rußland auf der anderen Seite sowie mit der Volksrepublik China in gewählter Zurückhaltung im Hintergrund, soll hier der Versuch unternommen werden, einmal das Verhältnis und die Zusammenarbeit zwischen deutschen und alliierten Soldaten im Alltag des militärischen Dienstes darzustellen. Die Zusammenarbeit der Soldaten in der NATO ist von gegenseitigem Respekt und einem ausgeprägten Willen zur Zusammenarbeit gekennzeichnet, auch wenn es hier und da Mißverständnisse gibt. Diese Art des Zusammenwirkens, in dessen Zentrum die Humanität steht und die auf ein gemeinsames Ziel ausgerichtet ist, kann natürlich nie frei von Reibungen sein, doch ist seit Aufnahme der Bundesrepublik Deutschland in die NATO und die Europäische Union ein Verhältnis gegenseitigen Vertrauens entstanden und stetig gewachsen, auf dessen Boden unter vielen Soldaten persönliche Freundschaften entstanden sind. Dieses Verhältnis ist allerdings vor dem Hintergrund des Zweiten Weltkrieges zuweilen immer noch ein zartes und sehr empfindliches Pflänzchen. Dies gilt nahezu ohne jede Einschränkung vor allem seit der Überwindung der europäischen Teilung im Hinblick auf die neuen Mitgliedstaaten der NATO.

Es gibt viele Beispiele, die sichtbar machen, daß sich jeder Soldat dessen bewußt ist, in erster Linie seinem eigenen Land zu dienen und sich nicht ganz und gar mit Leib und Leben dem Bündnis unterzuordnen. Dafür gibt es Beispiele wie auch Ursachen. Müssen die Deutschen denn wirklich mit den Lasten der Vergangenheit auf ihren Schultern stets Musterschüler in den internationalen Organisationen sein? Müssen sie besser, eifriger, mutiger und kühner als Franzosen oder Polen sein? Müssen sie, wenn im Süden Afghanistans die militärische Lage kritischer wird als im Norden des Landes, nun ihre Truppen im Süden einsetzen, und müssen sie auch hierbei die Interessen der eigenen Nation grundsätzlich den Interessen des Bündnisses unterordnen? Müssen sie den höchsten Anteil auch der Kosten übernehmen und dabei dennoch auf ihren Einfluß im Sicherheitsrat der Vereinten Nationen verzichten?

Solange die Welt sich dreht, wird der britische Offizier seinen Dienst zuallererst als Verpflichtung seinem Land gegenüber verstehen. „Rule Britannia, Britannia rules the waves!" ist seine Motivation gestern wie heute und wird es auch morgen sein. Der US-Soldat singt stets mit Inbrunst die Hymne der Vereinigten Staaten von Amerika, preßt seine rechte Hand auf sein Herz und verspürt dabei ein Prickeln auf seinem Rücken, ein Ausdruck ganz tiefer innerer Bewegung, wie mir Major Bob Dunn im NATO-Hauptquartier CENTAG einmal gestand.

Noch einmal zu den Waffen greifen?

Der schönste Platz auf dieser Erde, so dachte ich bisher, ist sicherlich jene Stelle am Ufer des Niedersees in Ostpreußen, an der ich, nur wenige hundert Meter von den Terrassen des Kurhauses entfernt, die mich an Sanssouci erinnerten, in meinen jungen Jahren im Schatten von Kieferbäumen viele Stunden verbracht hatte, dabei Steine in den See warf, sie in Richtung auf die Königsinsel mitten im See über der Wasseroberfläche hüpfen ließ und den Wolken nachblickte, die am hohen blauen ostpreußischen Himmel stillzustehen schienen. Eine hochaufgetürmte Burg von weißen Bergen vor lichtblauem Hintergrund.

„Gibt es etwas, was schöner ist als eine Wolke?" fragte einmal Hermann Hesse. Dieses Wort hatte ich einst in meinen Entwurf für die Abschiedsrede „meines" Generalinspekteurs geschrieben, doch er hat es vor seinen Gästen im Kasino des Verteidigungsministers auf dem Bonner Hardtberg nicht ausgesprochen. Als ich ihn später nach seinem Grund dafür fragte, bedauerte er („Ach, hätten Sie es mir doch gesagt!"), daß er es nicht getan hatte, denn er hatte „das Wort" von Hermann Hesse bis dahin nicht gekannt.

Ich habe in meinem Leben manche Stunden an Flußufern verbracht oder auch an einem See, dabei die Wolkengebilde in ihrer ständigen Veränderung beobachtet, wie sie – einem zarten Schleier gleich – zärtlich den Horizont abdeckten, sich nach der Melodie des Windes sanft bewegten, um sich dann, oft ganz plötzlich, zu mächtigen Bergen aufzutürmen, die schließlich gar zu undurchdringlichen dunkelgrauen bis tiefschwarzen Mauern wurden, aus denen in grellem, kaltem Licht Blitze herausschossen.

Wasser zog mich ebenso an wie Wolken. Am schönsten fand ich das Wasser, wenn die Ufer vom Grün eines dunklen Waldes dicht umsäumt waren. Oder aber, wenn eine Insel mitten im See lag, von hohen Nadelbäumen bedeckt, die den Blick auf das andere Ufer verwehrten. Das war am Niedersee in Masuren so wie kaum an einem anderen See. Die anderen Ufer der Flüsse aber, an die mich mein Schöpfer und das Schicksal geführt hatten, vor allen Dingen die an der Weichsel, am Dnjepr und Dnjestr, an der Donau, Oder, Elbe und am Rhein, an denen ich auch oft gesessen habe, waren von einer anderen Art als der Niedersee in Masuren, meiner geliebten Heimat, die mich auch im hohen Alter nicht losläßt. Ich werde dieses Land nie vergessen; ähnlich wie auch der Kölner seine geliebte Stadt am Ufer des Rheins nie vergessen wird.

Ich dachte im September des Jahres 1955 am Ufer des Rheins über den Sinn des soldatischen Dienens in unserer Zeit nach. Soldatisches Ethos in der Demokratie, was war das? Ich beobachtete das Wasser, wie es sich kräuselte, wie es hier und da einen abgebrochenen Ast, eine Bierflasche oder auch eine leere Weinflasche mit sich führte. Ich saß ja am Ufer des Rheins, und sein Wasser kam aus den Wein- und Frohsinns-Städten, aus Rüdesheim, Koblenz – wo alljährlich im ausklingenden Winter im Karneval die Confluenzia zwischen Rhein und Mosel residierte – und aus Königswinter. Der Tag war sehr heiß gewesen. Nun wollte es Abend werden. Die schlanken, hohen Pappeln am Ufer warfen lange Schatten auf das Wasser. Besonders träge floß hier der Rhein in einer Krümmung unterhalb des Drachenfelsens seiner Mündung entgegen. Lastschiffe fuhren nach Norden, mehr aber nach Süden. Sie würden bald in einer oder zwei Stunden irgendwo am Ufer festmachen, um die Nacht zu verbringen, oder doch auch die Nacht durchfahren bis zu ihrem Zielhafen. Von einem Schleppkahn klangen langgezogene Töne eines Akkordeons herüber, mit denen ein Matrose seine Sehnsucht nach einem Mädchen in einem fremden Land in den Abend hinausspielte.

In dem stillen Arm des Rheins zwischen Ufer und der Insel lag in der Nähe der Brücke von Bad Honnef zur Insel Grafenwerth ein alter Kahn vertäut, der vor etlicher Zeit, vielleicht sogar vor hundert Jahren, für den Fischfang genutzt wurde. Nun gab es keine Verwendung mehr für ihn. Im schwachen Schaukeln knarrte und ächzte altes Holz, ohne Unterbrechung, monoton, Tag und Nacht, ganz im Rhythmus des Stromes.

Ich ging die Buhne entlang bis zu ihrer Spitze, setzte mich auf einen großen Stein, berührte mit den Schuhen das Wasser und sah auf den Drachenfels mit der Burgruine auf seinem Gipfel. Ich saß an jenem Herbsttag sehr lange an meinem Platz am Ufer des Rheins. Es war, als liefe vor meinen Augen der Film eines zweiten – nach dem Unfall im Niedersee – Lebens ab, ausgefüllt mit Bildern zerberstender Granaten, dem tödlich rasselnden Geräusch von Panzerketten, dem enervierenden Geheule der „Stalinorgeln", abgeschossen aus Hunderten von

Rohren, brennenden Häusern und aus den Dörfern fliehenden und schreienden Menschen – alte Männer, Frauen und Kinder. In Nikolajew wie vor Graudenz und Thorn an der Weichsel.

Ich sah Köln brennen, Hamburg, Nürnberg, Würzburg, Dresden, Königsberg, Danzig, Gelsenkirchen und das ganze große Ruhrgebiet. Das ganze schöne Land stand im Feuer.

Dieser verdammte Krieg ..., dachte ich.

Irgendwo in der Ferne klang ein von offenbar reichlichem Weingenuß geprägtes lautes Lachen herüber auf die Insel. Und zwei junge Menschen fanden im verdeckenden Gebüsch des Flußufers ihr junges Glück. Sie lachten vor Lust.

Ich hatte an diesem Tage eine Entscheidung zu treffen. Ich erhob mich aus dem Gras und ging barfuß in dem flachen Wasser ganz langsam die Buhne entlang. Die Schuhe hielt ich in der Hand. Es war kalt, aber ich fühlte mich erfrischt. Als ich die Hosenbeine hochkrempelte, hörte ich plötzlich eine Frau hinter mir etwas rufen, ich verstand sie nicht, es klang aufgeregt. Sie war – ich schaute genauer hin – wohl Mitte Vierzig, trug einen roten Rock zu einer weißen Bluse mit schwarzem Mieder sowie die masurische Tracht ostpreußischer Frauen. Es war wohl, so schien es mir für einen Augenblick, die Frau aus dem Wald von Niedersee gegenüber dem Friedhof, die ich einmal an der Stelle sah, wo ein versunkener und verwitterter Kahn aus dem Moos des Waldbodens herausragte. Aber jene Frau aus Niedersee trug ja ein zartes, weißes Gewand.

„Tun Sie es nicht! Hallo! Warten Sie!" rief sie mir erregt zu, „Erbarmen, lassen Sie das doch, tun Sie es nicht, es gibt doch in jeder Katastrophe eine Lösung!" Ich merkte, daß die Frau meine Absichten offensichtlich völlig mißverstanden hatte. „Ach nein", sagte ich, „was denken Sie denn, ich möchte doch nur zum Drachenfels waten." Waten? Zum Drachenfels? Durch den Rhein? Total verrückt ist dieser Kerl, dachte sie wohl. Oder betrunken. Wer weiß? Da lachten wir plötzlich beide zur gleichen Zeit.

Frauen in den Vierzigern waren damals in meiner Vorstellung schon sehr alt. Ich war ja erst Anfang Dreißig, aber ich bemerkte, daß diese Frau wohl „alt", aber doch auch sehr schön war. Dazu hatte sie langes blondes Haar, das ihr Gesicht einzurahmen schien. Ich liebte blonde Haare. Ich ging aus dem Rhein zum Ufer zurück auf die Insel. Wir setzten uns auf ein Grasbüschel und unterhielten uns sehr lange, bis es dunkel wurde. Sie hieß Anna und stammte aus Schlesien. Zu Kriegsende war sie aus Breslau geflohen. Merkwürdig, dachte ich, viele Frauen aus dem Osten heißen Anna. In Breslau hatte sie ihr Kind verloren; ihr Mann, ein Gymnasiallehrer, war aus Rußland nicht zurückgekommen, erzählte sie. Sie hatte lange auf ihn gewartet, wie viele andere Frauen in Deutschland damals warten mußten, bis 1955 gewiß, als die letzten Heimkehrer aus Stalins Gefangenenlagern zurückkamen. Ihr Mann aber war nicht – wie sie bis dahin noch fest glauben wollte – unter den Heimkehrern. Sie hat nie etwas über sein Ende erfahren. Doch jetzt war sie ganz sicher, daß weiteres Warten sinnloses Hoffen war und er nicht mehr lebte.

Anna erinnerte mich an unsere Gemeindeschwester in Niedersee. Diese war eine „Frau für alles". Sie steckte in der kleinen Kirche vor dem Gottesdienst die Kerzen an; es war wohl mehr ein Gemeindehaus als eine Kirche in diesem kleinen Ort am Niedersee, sie läutete die kleine, fast ärmliche Glocke im kleinen Turm und machte Hausbesuche bei den Kranken im Ort. Als ich im Januar 1943 auf dem Bahnsteig in Niedersee von meiner Familie und meiner Jugend für eine unbestimmte und ungewisse Zeit Abschied nahm, um an die Front zu fahren und meine Pflicht für das Vaterland zu erfüllen, stand in unserer kleinen Gruppe ganz natürlich auch Schwester Anna, unsere Gemeindeschwester aus dem Pfarrhaus. Sie trug ihre schlichte dunkle Tracht mit einem weißen Häubchen auf ihren Haaren und hatte am Kragen ihrer Bluse die Brosche des Schwesternordens der Johanniter, deren Mitglieder sich diakonischen und karitativen Aufgaben widmeten.

Diesem Orden, der in Preußen eine große Bedeutung hatte, stand seit 1693 ununterbrochen ein Preußenprinz als Herrenmeister und Ordensstatthalter vor. Es war ein rein evangelischer Orden, dessen Hauptaufgabe es war, für den christlichen Glauben einzutreten und den Kranken und Schwachen zu dienen. Der Schutzpatron der Johanniter ist Johannes der Täufer.

Kurz vor der Abfahrt des Zuges drückte mir Schwester Anna ein kleines Kärtchen in die Hand. Es war ein Bild des leidenden Christus unter der Dornenkrone. Darauf war ein Spruch vermerkt: „In allen Stürmen, in aller Not, wird er dich beschirmen, der treue Gott."

Dieses Blatt Papier trug ich sechs Jahre lang durch die Nöte von Krieg und Gefangenschaft bei mir. Es überstand „Filzungen" und Entlausungen. Ein Russe hatte es einmal gefunden und weggeworfen, mit dem Fuß darauf getreten. Doch ich hatte es wieder aufgehoben, der Russe ließ es geschehen, und in die fremde Heimat nach Garmisch-Partenkirchen gebracht.

Das Bildchen, das mir Schwester Anna auf dem Bahnsteig gab, war eine ähnliche Geste der Zuneigung und Hoffnung auf ein Wiedersehen, wie ich es beim Verlassen der Behringschule in Hohenstein vorher auch erfahren hatte, als mir Ruth, die Tochter des Sägewerkbesitzers, bei dem ich wohnte, und die mich mit ihrem Bruder Arnold zum Bahnhof begleitete, ein gesticktes Armband in die Hand drückte. „Komm wieder!" oder „Gott schütze dich!" stand auf dem Band in kleinen gestickten Buchstaben geschrieben; ich weiß es nicht mehr genau. Jahrzehnte sind vergangen, bis ich von beiden ein Lebenszeichen erhielt. Das war ein glücklicher Augenblick nach der Heimkehr aus der sowjetischen Kriegsgefangenschaft.

Nach meiner Heimkehr, ich war erst ungefähr sechs Wochen bei meiner Mutter in Farchant bei Garmisch-Partenkirchen, wo wir – Mutter, Schwester, deren Tochter Roswitha und ich – beim Metzgermeister Mienholz eine Einzimmerwohnung unter dem Dach zugewiesen bekommen hatten, erkrankte ich an einer Blutvergiftung. Gegen Abend stieg das Fieber gefährlich an, und es bildete sich ein roter Strich auf der Haut. Meine Schwester Ruth lief davon, um Hilfe zu holen. Wachte oder träumte ich? Schwester Anna aus Niedersee saß plötzlich an meinem Bett, hielt meine Hand und streichelte sie. Ja, ohne Zweifel, es war Anna, unsere Schwester Anna aus dem bescheidenen Gemeindehaus, das unsere Kirche in Niedersee war, die mir das Bild „In allen Stürmen ..." an die Front mitgegeben hatte. Sie versorgte mich mit kalten Umschlägen und blieb die ganze Nacht an meinem Bett auf einem hölzernen Küchenstuhl sitzen.

Die Mutter saß am Herd und weinte. Nervös lief Ruth durch das Zimmer, sie setzte sich, sprang wieder auf und wußte nicht, was sie tun sollte. „Nein, oh Gott, nein, jetzt doch nicht!" rief sie immer wieder, so meine ich mich zu erinnern. „Nicht jetzt, wo er doch gerade heimgekehrt ist, zu Hause!" Zu Hause, dachte ich? Das Haus der Eltern stand doch weit im Osten. Dann wurde es irgendwann um mich dunkel und auch wieder hell. Hatte ich etwa einen ganzen Tag verschlafen? Wahrscheinlich. Es war ungefähr wie damals, als ich vor dem Tode des Ertrinkens im Niedersee von einem jungen zwanzigjährigen Arbeiter im Sägewerk des Kommerzienrats Anders wieder in das Leben zurückgeholt wurde.

Einmal, es war kurz nach der Heimkehr im Sommer 1949, tobte über Garmisch-Partenkirchen ein schreckliches Gewitter. Wir hatten Angst, so dicht schlugen die Blitze ein. Ich saß auf der Couch und wartete. Da, ganz plötzlich, raste ein Kugelblitz direkt hinter meinem Rücken an der Wand entlang und verschwand wieder durch das Fenster. Dann war es still. Ganz still. Es war nichts passiert in diesem kleinen Zimmer im ersten Stockwerk des Metzgermeisters Mienholz.

Es gibt keine Wunder mehr? Wirklich nicht? Schwester Anna habe ich später aus den Augen verloren und bin ihr nie wieder begegnet. Es war nur dieses eine Mal in Garmisch-Partenkirchen, wo sie ganz plötzlich an meinem Bett saß – nach sechs Jahren – und meine Hand streichelte, immer wieder die Hand streichelte, bis ich eingeschlafen war. Als ich aufwachte, saß sie immer noch da auf ihrem harten Stuhl. Sie war, wie es mir schien, sehr müde.

Die Bundesrepublik stellt Streitkräfte zur Verteidigung auf

Im Herbst 1955 fielen die Würfel: Die Bundesrepublik Deutschland würde Streitkräfte zur Verteidigung aufstellen. Der Auftrag der Bundeswehr war im Grundgesetz unmißverständlich formuliert; sie sollte der Verteidigung dienen! Die Entscheidung ließ sich nicht anders interpretieren. Es wollte sie auch damals kein Politiker interpretieren. Zur Verteidigung! Das war doch klar!

Der Geheime Staatsvertrag vom 21. Mai 1949 wurde vom Bundesnachrichtendienst unter „Strengste Vertraulichkeit" eingestuft. In ihm wurden die grundlegenden Vorbehalte der Sieger für die Souveränität der Bundesrepublik bis zum Jahre 2099 festgeschrieben, was heute wohl kaum jemandem bewußt sein dürfte. Danach wurde einmal „der Medienvorbehalt der alliierten Mächte über deutsche Zeitungs- und Rundfunkmedien" bis zum Jahr 2099 fixiert. Zum anderen wurde geregelt, daß jeder Bundeskanzler Deutschlands auf Anordnung der Alliierten vor Ablegung des Amtseides die sogenannte „Kanzlerakte" zu unterzeichnen hatte. Darüber hinaus blieben die Goldreserven der Bundesrepublik durch die Alliierten gepfändet.

Dessenungeachtet erhielt die Bundesrepublik Deutschland einen Teil ihrer Souveränität zurück, aber eben nur einen Teil. Eben nur so viel, wie es für die Begründung der Aufstellung deutscher Truppenverbände bedurft hatte.

Zehn Jahre nach dem Ende des schrecklichen Zweiten Weltkrieges sollten – trotz dieser und anderer alliierter Vorbehalte – deutsche Soldaten von den Franzosen, Briten und Amerikanern Kasernen übernehmen und ihren Dienst antreten für den Erhalt der Freiheit und die Bewahrung und Sicherung des Friedens, hieß es. Sollte auch ich wieder Soldat werden? Das war nun die Frage.

Leute wie ich, die als Frontsoldaten im Zweiten Weltkrieg Erfahrungen sammeln konnten, und zwar insbesondere auf dem russischen Kriegsschauplatz, waren gesucht. Tief saß aber noch die Erinnerung an das Kriegsgeschehen und die schmerzhafte Kriegsgefangenschaft in mir. Bei anderen, die deutsche Soldaten im Jahre 1955 ablehnten, war es meist ein Mißtrauen gegenüber dem Soldaten und dem Militär schlechthin. Es waren ja erst sechs Jahre vergangen, seitdem ich auf dem kleinen Bahnhof in Farchant bei Garmisch-Partenkirchen, der nicht größer war als der Bahnhof in Niedersee, meine Familie wiedergefunden hatte und die am Ohr frisch operierte Mutter dort mit verbundenem Kopf, an einen Holzzaun gelehnt, weinen sah. Diesmal aber, im Frühsommer des Jahres 1949, weinte meine Mutter vor Glück.

Unsere früheren Gegner und neuen Freunde bedrängten uns und wollten den deutschen Soldaten am liebsten so, wie sie ihn aus dem Zweiten Weltkrieg in Erinnerung hatten. Sie hätten gerne die alten Frontdivisionen reaktiviert, zahlenmäßig begrenzt natürlich, die Soldaten vielleicht sogar in die alten Wehrmachtuniformen gesteckt, auf jeden Fall hatten sie das Bild des deutschen Soldaten vor Augen, der in den Weiten Rußlands von 1941 bis 1945 tapfer gekämpft hatte. Wo sie Konzessionen an den Zeitgeist machten, glaubten sie es allein im Interesse der deutschen politischen Opposition tun zu müssen. Was kümmerte die Amerikaner damals schon, welche Uniform deutsche Soldaten anzogen? Den Alliierten war damals vieles recht, wenn sie nur den deutschen Soldaten als verbündeten Kämpfer an ihre Seite bekommen konnten. Möglichst schnell! Und möglichst 500.000 Mann.

Die Entscheidung ist getroffen

Als ich wenige Tage nach meinem Entschluß meinem damaligen Dienstherrn, Regierungsdirektor Dr. F. im Arbeitsamt Gelsenkirchen, mitteilte, daß ich mich freiwillig um Einstellung als Offizier in die Bundeswehr bewerben wollte, zuckte er – wie es mir schien – betroffen zusammen. „Nein, warum das denn?"

fragte er, „Sie haben doch beste Aussichten auf eine gute Karriere in der Arbeitsverwaltung", betonte er und ergänzte: „Warum wollen Sie denn noch einmal Soldat werden?"

Ich war damals gerade mit weiterführender Perspektive Leiter der Abteilung Statistik geworden, hatte mich in Gelsenkirchen politisch engagiert, war Mitglied im Kreisvorstand einer Partei, Vorsitzender des Flüchtlingsausschusses, Kreissprecher der entsprechenden Jugendorganisation und hatte verschiedene sehr günstige Zukunftsaussichten. Natürlich würde ich in den Landtag von Nordrhein-Westfalen gewählt werden, hieß es, später sicher auch noch in den Bundestag, wahrscheinlich. Es sei doch nicht nötig, Soldat zu werden. Und schon wenige Tage darauf erhielt ich, ohne daß ich mich darum beworben hatte, ein schriftliches Angebot, das mir die Position des Sicherheitsbeauftragten bei den Eisenwerken Gelsenkirchen offerierte; das wäre doch eine gute Aufgabe und besser als in der Arbeitsverwaltung, hieß es. Das Angebot war tatsächlich sehr verlockend. Das in Aussicht gestellte Gehalt wäre, das erkannte ich sehr rasch, doppelt so hoch ausgefallen wie mein Sold als Oberleutnant bei der Bundeswehr. Ich hätte doch auch zwei Kinder, hieß es weiter; das würde sehr schwierig werden und auf jeden Fall zunächst über eine ungewisse Zeit Trennung von der Familie bedeuten. Ja, gute Freunde wollten mich der Armee, zu der ich mich entschlossen hatte, abwerben. Dabei gehörten sie doch der Partei an, die ganz entschieden für die deutsche Wiederbewaffnung eintrat. – Ich aber hatte meine Entscheidung bereits getroffen.

Warum nahmen Männer wie ich, die Schlimmes im Kriege erlebt hatten, wieder eine Waffe in die Hand? Rein materielle Gründe dürften sehr selten ausschlaggebend gewesen sein, denn viele von denen, die da im Sommer 1956 „einrückten", waren Lehrer, Beamte, Journalisten, Angestellte, hatten gute und sichere Positionen in der Wirtschaft, hatten studiert und sogar – wie zum Beispiel General Günter Kießling – den Doktortitel und wurden dennoch Soldat. Warum?

Unter den ersten Offizieren, die dem Ruf des Landes folgten, waren nur wenige, die sich nach dem Krieg mit einem geringen Einkommen hatten durchschlagen müssen, in der Landwirtschaft etwa in Schleswig-Holstein oder Niedersachsen, als Arbeiter oder in den Zechen, die einen großen Arbeitskräftebedarf hatten. Die meisten von ihnen hatten es zu einem vernünftigen Beruf gebracht, der ihnen in aller Regel mehr Einkommen brachte, als der Sold der ersten Monate in der Armee betrug. Es mußte also andere Gründe gegeben haben, die im Sommer 1956 zu dem Entschluß führten, wieder Soldat zu werden, wenn möglich sogar noch früher. War bei mir – vielleicht – auch ein wenig Abenteuerlust dabei, der Reiz einer zwar vertrauten, aber doch neuen Aufgabe? Eine neue Herausforderung? Auch Wut über die Demütigungen und Leiden in der Gefangenschaft – auch wenn es mir dort nicht ganz so schlecht ergangen war wie anderen Kameraden. Es gab sicher viele Gründe, und nicht alle fußten auf der Erkenntnis, einen Beitrag zu leisten, äußere Gefahren vom Land abzuwenden. Jeder wußte, daß die Entscheidung zum Dienen in der Bundeswehr sehr ernsthafte Konsequenzen haben könnte, ja den Einsatz des Lebens bedeutete, aber dennoch bewarben sich diese Männer im Alter von dreißig oder fünfunddreißig Jahren und legten bald darauf ihren Eid ab, „der Bundesrepublik Deutschland treu zu dienen und das Recht und die Freiheit des deutschen Volkes tapfer zu verteidigen".

Der Neuanfang

Die neue Uniform

Um eine gewisse Ordnung in diesem Bericht eines Zeitzeugen einzuhalten, muß der Blick doch noch weiter auf die Vergangenheit gerichtet werden, denn zwischen dem Entschluß am Ufer des Rheins und der ersten Begegnung mit Verteidigungsminister Georg Leber lagen viele ereignisreiche Jahre, die natürlich nicht übersprungen werden können.

Ich wurde also wieder Soldat, zum zweiten Mal in meinem Leben, nun in einer neuen, ungewohnten Uniform als Soldat der Bundesrepublik Deutschland. Sie paßte oben und unten, vorne und hinten nicht. Während der Soldat der Nationalen Volksarmee der DDR die modifizierte feldgraue Uniform der früheren Deutschen Wehrmacht anzog, trug der Soldat der Bundeswehr, wie bereits angesprochen, eine Uniform, die eine Art Uniform-Medley mit US-Akzenten war. Diese Uniform der Bundeswehr zeigte äußerlich eine wenig sichtbare Verbindung zur traditionellen Uniform der deutschen Soldaten. Dabei wurde das politische Bemühen sichtbar, nur dort, wo es unvermeidbar erschien, an die deutsche militärische Tradition anzuknüpfen. Dieser erste äußerliche Versuch der Amerikanisierung der jungen deutschen Armee entpuppte sich allerdings im Laufe der Zeit als mißglückt. Niemand mochte diese Uniform, und ihre Träger spotteten bald über das „Affenjäckchen". Die Uniform paßte einfach nicht zum traditionellen Bild des deutschen Soldaten. Sie war der Uniform eines Portiers auf St. Pauli in Hamburg stärker nachempfunden als der eines Soldaten der Wehrmacht. Dies war ein Ergebnis der politischen Besorgnis, den Alliierten politisch korrekt soweit wie möglich entgegenzukommen. Dabei war es den Amerikanern und Briten vollkommen gleichgültig, wie sich die neuen deutschen Soldaten öffentlich darstellten. Was für die Alliierten allein wichtig schien, war die Verstärkung der eigenen Kräfte durch deutsche Soldaten, die möglichst entnazifiziert waren und in ihren militärischen Qualitäten eine Kopie des deutschen Soldaten des Zweiten Weltkrieges in einer anderen Uniform sein sollten. Und wo irgend möglich, sollten die Deutschen ihre Ausrüstung in den USA kaufen. Auf Dauer, das zeichnete sich bereits damals ab, würde man den Deutschen eine eigene Rüstungsindustrie aber nicht versagen können.

Voller Hochachtung fragte der Oberbefehlshaber der US-Streitkräfte in Europa, General Otis, den Befehlshaber des Territorialkommandos Süd im Jahre 1983 nach einer NATO-Übung: „Wie weit warst du eigentlich im Kriege in Rußland, Gerd?" Auf meine Antwort „Ich kam bis Nikopol und Saporoschje" hin schaute der US-General auf die Landkarte, suchte die Orte irgendwo fünfhundert Kilometer weiter westlich, und zwar in der Nähe bei Kriwoij Rog bzw. dieser Gegend.

„Nein", sagte ich, „Sie müssen viel, viel weiter östlich suchen! Hier war es, General Glenn Otis, ein Stück westlich von Stalingrad."

„Verdammt", sagte der Amerikaner „natürlich, ihr kamt ja bis Stalingrad." Und er war sehr nachdenklich. Ja, dachte er wohl, solche Soldaten bräuchten wir, wenn wir so weit kommen wollten. Er sprach es aber nicht aus.

Er klopfte mir anerkennend auf die Schulter, als wäre dies im Zweiten Weltkrieg mein persönlicher Verdienst gewesen. „Wie habt ihr das damals nur geschafft mit euren unterlegenen Kräften?" dachte er mehr, als er es aussprach. Er dachte dabei wahrscheinlich nach über das Verhältnis von Raum, Zeit und Kräften – damals, von 1941 bis 1945, und heute.

Idar-Oberstein: Dem Frieden dienen, der Freiheit verpflichtet

Mit einem Koffer in der Hand – anders als 1949 mit einem Holzkoffer nun mit einem Lederkoffer – ging ich am 2. Juli 1956 vom Bahnhof Idar-Oberstein kommend den Klotzberg herauf und verschnaufte kurz vor dem Tor, denn der Anstieg war verhältnismäßig steil. Sollte ich hier wirklich durchgehen? Im Postenhaus stand ein französischer Soldat. Er schaute uns kritisch musternd an, kontrollierte flüchtig die Papiere und ließ uns passieren. Ich konnte mir nicht helfen, den Blick des Franzosen empfand ich als spöttisch bis arrogant. Dann lief uns ein US-Offizier über den Weg. Er musterte uns kurz, sagte „Hi" und verschwand wieder.

Wir waren also von diesem Tage an Soldaten der Bundeswehr – in der NATO – mit dem Dienstgrad eines Oberleutnants und unterstanden damit der Militärgerichtsbarkeit. Wir wußten schon, worauf wir uns mit der Freiwilligenmeldung da eingelassen hatten. Und wir wußten auch, daß wir nicht dort anfangen konnten, wo wir am 9. Mai 1945 aufgehört hatten. Auch konnten wir sicher nicht an den 2. April 1949 anknüpfen, den Tag der Entlassung aus der sowjetischen Kriegsgefangenschaft. Dazwischen lag die Zeit als Zivilist in einem zivilen Beruf, sieben lange Jahre lang in der Arbeitsverwaltung. Daneben arbeitete ich als freier Journalist und war auch politisch tätig.

Aber ich wollte zur Bundeswehr. Mich reizte die Herausforderung. So ganz sicher, ob das gutgehen würde, war ich mir am 2. Juli auf dem Klotzberg doch noch nicht. Bevor ich durch das Tor ging, schaute ich mich noch einmal um. Es war durchaus ein malerisches Bild, diese kleine Stadt dort unter dem Berg. Am gegenüberliegenden Bergrücken, unterhalb des Gipfels, war die Felsenkirche in eine Nische hineingebaut, wie mit einem Meißel hineingehauen. Ein Szenario, das ich gerne gemalt hätte. Vielleicht später einmal, dachte ich, wie ich ja 1944 den Blick von Warschau über die Weichsel gemalt hatte. Wo war das Bild wohl abgeblieben? Einige meiner Bilder, die ich als Schüler gemalt hatte, konnte meine Schwester Ruth auf der Flucht retten. Ich kann heute noch nicht verstehen, wie sie dies in dem Durcheinander der Flucht im Januar 1945 schaffen konnte. Die Bilder, darunter ein Ölgemälde von Friedrich dem Großen sowie ein Porträt von ihr selbst in einem zartrosa Kleid, hängen noch heute von ihr wohlbehütet wie ein ganz wertvoller Schatz in ihrer Wohnung.

Allmählich kamen immer mehr Männer in meinem Alter mit ihrem Gepäck den Klotzberg herauf. Wir wurden kurz von einem Oberst begrüßt und dann auf die Stuben verteilt, je sechs Offiziere mußten sich einen Raum teilen.

Was sollte man am ersten Abend des neuen Lebensabschnitts tun? Wir saßen in der Kantine und tranken zuerst Bier, dann Rum mit Cola und gegen den großen Durst noch ein Bier. Damit war der Verlauf des ersten Abends als Soldat der Bundeswehr ausgefüllt. Da saßen wir nun auf den Stuben, Soldaten um die 30, die in den letzten sieben Jahren sehr unterschiedliche Berufe ausgeübt hatten. Es war schon eigenartig, als wir am nächsten Morgen tatsächlich von einem UvD mit einer Trillerpfeife sehr laut um sechs Uhr geweckt wurden, und zwar genauso wie damals als junge Rekruten der Deutschen Wehrmacht.

Was dann kam, hatten wir so, wie es dann geschah, nicht erwartet. Natürlich wurden wir eingekleidet, das ging genauso wie in der alten Wehrmacht vor sich. „Paßt!" hieß es immer wieder, auch wenn es gar nicht paßte. Der Feldwebel hatte nun einmal auch in der Bundeswehr eine erhebliche Autorität, die durchaus gern ausgenutzt wurde. Die Aufteilung auf die Hörsäle war Routine. Wir mußten in acht Wochen unsere militärischen Grundkenntnisse wieder auffrischen, „Grüßen" und „Marschieren" lernen, Antreten und Wegtreten, Links- und Rechtsummachen; kurzum, wir lernten, uns als Soldaten anständig zu benehmen und zu bewegen.

Wir lernten erst einmal das militärische Gehen. Zuviel Schneid, ein Zuviel an militärischen Formen, das merkten wir bald, war nicht erwünscht. Das Ganze sollte nicht allzu preußisch aussehen. Auch die genagelten Knobelbecher waren ausgemustert. Der Soldat der Bundeswehr ging auf leisen Gummisohlen. Statt die Finger bei der Grundstellung lang an der Hosennaht zu strecken, mußten wir nun die Faust halbwegs, aber nicht ganz ballen. Alles mußte möglichst „zivil" aussehen. Unterrichtsstunden im Hörsaal wechselten sich mit praktischer Ausbildung ab. Am Sandkasten zuerst, aber dann möglichst oft einsatznah im Gelände auf dem Standortübungsplatz – unter feldmäßigen Bedingungen, so sollte es sein. Hier war der Ausbilder der Kamerad, der aus dem Bundesgrenzschutz zur Bundeswehr gekommen war. Bei ihm war alles der Wehrmacht ähnlich. Auch die Uniform. Und das Auftreten war ganz selbstverständlich soldatisch. Da war kein US-Einfluß zu erkennen.

Unser Artillerielehrer, ein Oberstleutnant, war ganz verzweifelt, als er merkte, daß unsere artilleristischen Kenntnisse keineswegs überragend waren.

„Mein Gott", sagte er einmal, „was haben Sie denn nur in den letzten Jahren gemacht?" Er konnte, wie er sagte, sich nicht vorstellen, daß sich ein Artillerieoffizier nach dem Krieg nicht mehr mit Vermessen, mit Logarithmen und anderen theoretischen Problemen der Artillerie befaßt hatte. Er jedenfalls hatte das seit 1945 immer getan. „Immer, meine Herren, immer!" Es war für ihn schwer zu verbergen, wie wenig wir seinen Vorstellungen von einem Artillerieoffizier entsprachen. Er selbst hatte wohl seit 1945 tatsächlich ständig damit gerechnet, eines Tages wieder Soldat zu werden. Das war für ihn ganz selbstverständlich.

Warum nun bin ich wirklich am 2. Juli 1956 wieder Soldat geworden? Diese Frage habe ich mir später durchaus und wiederholt gestellt, doch die Antwort darauf ist nicht einfach. Ich hatte damals – wie meine Kameraden – einen sicheren Platz im Berufsleben, war von keiner Kündigung bedroht, war verheiratet, und hatte zwei reizende Kinder.

Jeder Bewerber mußte sich vor seiner Einberufung bei der Prüfstelle für Offiziere einer zweitägigen Eignungsprüfung unterwerfen. Im Mittelpunkt dieser Prüfung stand ein politisch-psychologischer Test. Die Gretchenfrage, die jedem Bewerber gestellt wurde, lautete: „Wie halten Sie es mit den Männern des 20. Juli 1944?" Die Meinungen dazu waren in meiner Generation noch sehr unterschiedlich. Sie reichten von Hochverrat bis zur Erkenntnis der Notwendigkeit zum Handeln nach Stalingrad und vor allen Dingen nach der Schlacht bei Kursk im Juli 1943. Wer hier kein Bekenntnis zugunsten der Frondeure des 20. Juli 1944 ablegte bzw. zumindest ihre Haltung und ihr Handeln respektierte und anerkannte, der erhielt keinen Zugang zur Bundeswehr. Wer später dann, wie es zuweilen geschah, Kritik am militärischen Widerstand gegen Hitler übte, war nicht aufrichtig. Entscheidend für den Entschluß, Soldat zu werden, war wohl die Entwicklung der internationalen Lage mit der Blockade Berlins durch die Sowjets.

Stalingrad war der Schock für meine Generation. Ein solches Drama sollte es nie wieder geben. Es galt, alles zu tun, um dies zu verhindern. Gewiß, ich hatte, das muß ich zugeben, durchaus Freude am Marschieren, dem Singen dabei, am Kommandieren – doch war dies die entscheidende Motivation? Wir sahen einen neuen Konflikt auf die freie Welt und unser Volk zukommen. Wir hatten die Russen erlebt und ihren Kommunismus als Unterdrückung der Persönlichkeit verstanden. Entscheidend, so glaube ich, war das Motiv, einen neuen Krieg zu verhindern und, wenn notwendig, unser Land zu verteidigen. Alles aber war letztlich von einem ausgeprägten Nationalbewußtsein getragen. Wer dies leugnet, der lügt. Überdies wollten wir, falls es denn wirklich zu einem neuen Kriege käme, nicht noch einmal die Verlierer sein. Diesmal wollten wir auf der Seite des Gewinners stehen, und zwar an der Seite der USA. Die Sowjetunion war für uns kein akzeptables Modell.

Wir durchliefen die militärische Grundausbildung in verkürzter Form. Die Waffen kamen aus US-Produktion, die Ausbilder für dieses Fachgebiet – wie bereits erwähnt – vor allem vom Bundesgrenzschutz. Auch sie waren natürlich vorher Soldaten der Wehrmacht. Der Unterschied zu uns bestand darin, daß ihre Pause zwischen Wehrmacht und Bundeswehr kürzer war als unsere – und damit auch der psychologische Abstand.

Höhepunkt der Ausbildung war das Schießen im scharfen Schuß auf dem Truppenübungsplatz Baumholder mit einer Batterie von 105-mm-Haubitzen auf Selbstfahrlafetten. Dort wurde uns einmal eine US-Einheit mit ihrer gesamten Ausrüstung vorgeführt. Wir waren erstaunt, daß neben jedem Ausrüstungsstück und jeder Waffe – Kochgeschirr oder Maschinengewehr – ein Schild aufgestellt war, auf dem der Preis in US-Dollar ausgewiesen war. Jeder US-Soldat sollte wissen, was der Steuerzahler für seine Bewaffnung und Ausrüstung zu bezahlen hatte und daß deshalb mit Material und Ausrüstung sorgsam umzugehen war. Das kannten wir in der Wehrmacht nicht. Was unsere Ausrüstung kostete, interessierte im Kriege keinen deutschen Soldaten. Sie mußte nur gut und zweckmäßig sein, besser als die des Gegners, darauf alleine kam es an. Und als wir im Kriege entdeckten, daß die einfache und robuste russische Maschinenpistole besser war als die komplizierte deutsche, da nahmen wir einfach bei der ersten sich bietenden Gelegenheit einem Russen seine Maschinenpistole ab und schossen mit dieser. Ich handelte auch so und hatte bald eine russische MP vor dem Bauch, die ich dann bis zum 9. Mai 1945 tragen sollte.

Die US-Panzerkompanie, die uns vorgeführt wurde, war sehr sorgfältig ausgerichtet. Die Soldaten standen mit ihren Stiefelspitzen an einer geraden Linie, die vorher mit Kreide auf den Asphalt gezogen war. Vor den Männern lag auf einer Zeltplane, sauber geputzt und blank, auf Hochglanz poliert wie die Stiefel und Helme der GIs, das Gerät, das sie bedienen oder nutzen mußten. Bevor wir zur Besichtigung herantraten, hörte ich einen Lt. Colonel zu seinen Soldaten sagen: „Do your best. They are the best soldiers of the world." Und natürlich dachte ich in diesem Augenblick an den sowjetischen Major in der Tucheler Heide im Mai 1945, an dem wir deutschen Kriegsgefangenen vorbeimarschieren mußten, der Gleiches zu seinen Soldaten gesagt hatte: „Dort kommen die besten Soldaten der Welt!" US-Amerikaner wie Russen waren sich in der Bewertung des deutschen Soldaten einig. Und diesen deutschen Soldaten, der einmal durch die Hölle des Krieges von Danzig bis Stalingrad und zurück marschiert war, diesen Soldaten wollten die Amerikaner jetzt haben. Ob sie ihn wohl wie erwünscht bekommen sollten?

Im Verteidigungsministerium

Nach der erneuten Grundausbildung in Bremen-Grohn und einigen Wochen als Batterieoffizier wurde ich unerwartet in das Verteidigungsministerium in die Prüfstelle VM (Vorbeugende Maßnahmen) versetzt, die der Vorläufer des späteren MAD (Militärischer Abschirmdienst) war. Die Aufgabe, die große Selbständigkeit bei der Bearbeitung zuließ, war sehr interessant. In dieser Dienststelle wurde die Personalakte eines jeden Bewerbers darauf geprüft, ob der Bewerber für den Dienst in den Streitkräften geeignet erschien und zugelassen werden konnte oder aus Sicherheitsgründen abzulehnen war. Es wurde hier besonders sorgfältig vorgegangen, nicht nur, um ungeeignete Bewerber von der Bundeswehr fernzuhalten, sondern auch, um dem einzelnen gerecht zu werden. Es tat mir leid, einmal den Wunsch eines ehemaligen Generals auf Einstellung in die Bundeswehr ablehnen zu müssen. Doch dieser hatte sich in der Kriegsgefangenschaft nicht korrekt verhalten und dabei Charaktermängel gezeigt.

Es sah so aus, als wäre damals meine Laufbahn als Soldat in Richtung innere Sicherheit vorgezeichnet gewesen. Doch es kam ganz anders. Und ich wollte schließlich nach reiflichem Überlegen selbst auch einen anderen Weg in der Truppe gehen. Ich wollte führen. Mein Regimentskommandeur beim Artillerieregiment 3, Oberst A., setzte bei der Personalabteilung im November 1956 meine Versetzung vom Verteidigungsministerium zum Artillerie-Regiment 3 durch, obwohl diese mich bereits endgültig mit schriftlicher Verfügung in das Verteidigungsministerium versetzt hatte.

Der Deutsche Bundeswehrverband

Wir bekamen Besuch. Aus Munster-Lager kam Oberstleutnant Molinary von der Panzertruppenschule, der in der neuen Truppe für eine Art Soldatengewerkschaft, wie wir es damals verstanden, werben wollte. Wir Offiziere hielten eine solche Einrichtung für überflüssig wie einen Kropf. Verantwortlich für alles, was der Mann braucht, ist und bleibt in der Armee der Kommandeur allein. Er hat dafür zu sorgen, daß sein Soldat mit allem versorgt wird, was er braucht und was ihm zustand. Er führt und stellt sicher, daß der Soldat bestens ausgestattet und vorzüglich ausgebildet wird. So haben wir es schon im Kriege gemacht. Das hat sich an der Front, besonders an der Ostfront, bewährt. Wozu also diese Neuerung? Doch bald änderte sich unsere Meinung, und zwar in dem Maße, in dem wir erkannten, wo die Befugnisse des Vorgesetzten in der neuen Armee, der Bundeswehr, durch die Bundeswehrverwaltung begrenzt worden waren. Viele Beamte der Bundeswehrverwaltung haben das Wort von Clausewitz von dem Primat der Politik falsch interpretiert und als Forderung nach dem Primat des Zivilen verstanden, und sie benahmen sich zum Leidwesen der Generalität danach. Der Kopf für dieses neue und andere Konzept war Ministerialdirektor Wirmer. Er hat in den Anfangsjahren der Bundeswehr im Verteidigungsministerium eine bedeutende Rolle gespielt. Hier gab es zwischen militärischer und politischer Spitze ständig Probleme und Spannungen. Wirmer kämpfte darum, daß der Generalinspekteur auf keinen Fall mit dem Staatssekretär auf eine Stufe gestellt werden dürfe. Das mußte schon bei der Besoldungseinstufung immer sichtbar sein. Er bestand darauf. Primat der Politik bedeutete für den Ministerialdirektor, daß der Generalinspekteur stets die „nachgeordnete Instanz" war. So mußte es sein.

Der Deutsche Bundeswehrverband hat sich im Laufe seiner Geschichte um den Soldaten verdient gemacht. Die Bemühungen der etablierten Gewerkschaften, besonders der Gewerkschaft ÖTV (Öffentliche Dienste, Transport und Verkehr), in der Bundeswehr Einfluß und vor allem Mitglieder zu gewinnen, blieben ohne sichtbaren Erfolg. Die Gründe dafür waren offensichtlich. Wie konnte man einem Verband vertrauen, der gleichzeitig jede mögliche Gelegenheit nutzte, gegen den Soldaten auf die Straße zu gehen? Der Bundeswehrverband aber gewann im Laufe der Zeit das Vertrauen der Soldaten.

Anfangs rekrutierte er seine Mitglieder vor allem aus den Reihen der Unteroffiziere, später wurden auch Offiziere Mitglied des Verbands. Doch da dieser sich natürlich schwerpunktmäßig immer um die niedrigen Dienstgradgruppen kümmerte, wurde er von den Kommandeuren bald vor allem als eine Interessenvertretung der Unteroffiziere angesehen. Das gilt – cum grano salis – auch heute noch. Die Beziehungen zwischen der Armee und den Gewerkschaften waren nicht besonders freundschaftlich ausgeformt. Das aber lag nicht an der Truppe, die sich stets um eine Intensivierung der Beziehungen – meist vergeblich – bemüht hatte. Die Zurückhaltung gegenüber bzw. zum Teil auch Ablehnung der Bundeswehr seitens der Gewerkschaften und im gleichen Maße auch seitens der Sozialdemokraten führte zu Spannungen, welche die Truppe nicht gewollt hat. Bemühungen der Soldaten bis in die 1980er Jahre hinein, mit den Gewerkschaften in ein vertrauensvolles Gespräch zu kommen, scheiterten meist an der Zurückhaltung der Funktionäre im DGB, vor allem auf dessen mittlerer und unterer Ebene. Bei sämtlichen Demonstrationen gegen die Bundeswehr, bei jedem Großen Zapfenstreich, der in der Öffentlichkeit durchgeführt wurde, standen Gewerkschaftsfunktionäre Seite an Seite mit Jungsozialisten, dem Kommunistischen Bund Westdeutschland (KBW) oder der Deutschen Kommunistischen Partei (DKP) und störten die Veranstaltungen.

Der Soldat erkennt rasch, wo ein Politiker ihm aufrichtig gegenübertritt oder wo er der Truppe etwas verspricht, was er einige Tage darauf im Plenum des Deutschen Bundestages wieder vergessen zu haben scheint. Vielleicht hat nicht jeder Vorgesetzte die Gabe, hinter die Masken zu blicken, doch die meisten können es durchaus. Der Politiker, der hier mit gezinkten Karten spielt, wird rasch durchschaut.

Mit den Jahren hat sich das Verhältnis von Bundeswehr und deutschen Gewerkschaften deutlich entspannt. Das mag zum großen Teil auch daran liegen, daß an der Spitze der Gewerkschaften mittlerweile Männer stehen, die zur Armee ein ganz normales Verhältnis entwickelt haben. Dennoch wird die Mehrzahl der Soldaten, sofern sie eine Bindung außerhalb der Hierarchie sucht, sich an den Deutschen Bundeswehrverband anlehnen und hier die Unterstützung im sozialen Bereich suchen, die ihr der Dienstherr nach den geltenden Gesetzen nicht geben kann. Die Verbandsvorsitzenden wurden klug ausgewählt und haben Wesentliches zum guten Ruf in der Truppe wie auch in der Öffentlichkeit beigetragen. Heute kann keine politische Partei den Deutschen Bundeswehrverband ignorieren. Die meisten Politiker wollen das wohl auch nicht. Und viele Politiker, die mit der Truppe zu tun haben, sind inzwischen selbst Mitglieder im Deutschen Bundeswehrverband, im Soldatenhilfswerk oder im Bundeswehrsozialwerk. Die Mandatsträger des Verbandes konnten sich in der Truppe Anerkennung und Achtung erwerben. In vielen Bereichen sind sie echte Partner der Kommandeure und Befehlshaber geworden.

In Idar-Oberstein wurden die neuen deutschen Soldaten, die sich in ihrer Uniform nicht sogleich wohlfühlten, bald auf die aufzustellenden Divisionen verteilt. Mich schob mein Schicksal als Soldat zunächst nach Bremen-Grohn. Dort galt es nach kurzer Vorbereitung die ersten neu eingezogenen Soldaten auszubilden.

Wie sage ich es meinen Soldaten?

Anfang Oktober 1956 trat ich zum ersten Male nach dem Zweiten Weltkrieg vor eine angetretene Einheit neuer Rekruten. Ich war zunächst etwas unsicher. Das letzte Mal, als ich vor einer größeren Einheit von Soldaten gestanden hatte, war in sowjetischer Kriegsgefangenschaft. Was sollte ich den Männern sagen, die elf Jahre nach dem Krieg zur Bundeswehr einberufen worden waren? Jenen Männern, denen durch die Medien das Bild des „schlechten" Soldaten der Wehrmacht vermittelt wurde. Was sollte ich ihnen sagen mit meiner Erfahrung aus knapp sechs Jahren Krieg und sowjetischer Gefangenschaft? War es denn schön, Soldat zu sein? Mein Jahrgang hatte in der Schule noch gelernt, daß es „süß und ehrenhaft ist, für das Vaterland zu sterben". Mit solchen Worten hatte man im „Dritten Reich" 12- bis 14jährige Jungen begeistern wollen, zu den Waffen zu eilen, sich dem Feind entgegenzuwerfen. Ja, für das Vaterland, wie damals, 1914, bei Langemarck. Aber im Jahre 1956 war doch alles „Süße" entschwunden. Wir lebten wieder. Die Trümmerberge waren weggeräumt. Gewiß, es gab noch Spuren von Granaten- und Bombentreffern an verschiedenen Gebäuden. Auch der Dom zu Köln zeigte immer noch Spuren des Bombenkrieges an seinen Mauern. Der Offizier von 1956 konnte der Frage seiner Soldaten nicht ausweichen, warum er und auch sie Soldaten werden mußten. Er mußte eine Antwort auf nicht gestellte Fragen geben, von denen er aber wußte, daß diese die Männer vor ihm beschäftigten. Damals sagte ich meinen Soldaten unter anderem folgendes:

Soldaten der dritten Batterie, meine jungen Kameraden!

Neu eingekleidet in eine Uniform, die für Sie – aber auch für Ihre Vorgesetzten – ungewohnt ist, sind Sie nun Soldaten der Bundeswehr. Soldaten einer Armee in der Demokratie und für die Demokratie. Vor allem für die Erhaltung des Friedens! Es beginnt für Sie ein völlig neuer Lebensabschnitt, in neuer Umgebung, in der Gemeinschaft mit jungen Männern, die der Zufall zusammengeführt hat. […] Es wird Mut dazu gehören, in Uniform durch die Straßen zu gehen. Ich selbst bin am vergan-

genen Wochenende in einer Stadt des Ruhrgebiets beschimpft und angespuckt worden. Aber ich habe es auch erlebt, daß ein Busfahrer in derselben Stadt den Wagen anhielt und eine Frau, die mich als „Mörder" beleidigte, zum sofortigen Verlassen des Wagens aufforderte.
Lassen Sie sich durch solche Vorfälle, mit denen Sie rechnen müssen, nicht beirren. Unser Land braucht uns als Soldaten für seine Sicherheit. Und unser Volk wird uns den Platz in der Gesellschaft zuweisen, der unserer Aufgabe entspricht. [...]
Die Bedrohung unserer Freiheit – auch im Inneren – ist eine Tatsache, die Wahrheit. Halten wir es mit Schopenhauer, der einmal sagte: „Die Wahrheit kann warten, denn sie hat ein langes Leben vor sich." Und lassen wir uns nie entmutigen, sondern stets nach dem reiterlichen Grundsatz handeln: „Wenn du vom Pferd abgeworfen wirst, mußt du gleich wieder aufsteigen, bevor du Angst bekommst."
Wenn Sie zum ersten Mal in Uniform die Kaserne verlassen, müssen Sie sich auf die Begegnung mit drei Gruppierungen unserer Bevölkerung einstellen. Die einen werden Ihnen freundlich entgegentreten, andere gleichgültig, viele in offener Feindschaft. Wie sollen Sie sich denen gegenüber verhalten? Versuchen Sie stets durch Auftreten und Haltung die freundliche Einstellung zum Soldaten zu vertiefen, üben Sie Zurückhaltung, vermeiden Sie Streit, bleiben Sie in jeder Situation gelassen, diszipliniert und korrekt und werben und überzeugen Sie durch Ihre Haltung, um eine positive Einstellung zur Bundeswehr zu fördern. [...]

Habe ich damals in Bremen-Grohn die richtigen Worte gefunden? Ich denke doch. Denn bei einer Fragebogenaktion mußten die Rekruten angeben, wie sie ihre Vorgesetzten einschätzen. Mehrere sprachen sich über mich – anonym – anerkennend aus. Bei mir mache die Ausbildung besonders Spaß, hieß es in einem Beitrag, weil ich weniger brüllte als andere Vorgesetzte. – Und weil ich für die Soldaten immer viel Verständnis zeigte. Nichts erfreut das Herz eines Vorgesetzten mehr, als die Anerkennung der ihm anvertrauten und von ihm geführten Soldaten.

Heute frage ich mich, was wohl ein Kompaniechef im Jahre 2007 seinen Soldaten zur Begrüßung in der Armee sagt. Und ganz im stillen frage ich mich schon, ob ich mir denn in meinem Leben als Soldat noch einmal einen neuen Anfang vorstellen könnte? Doch für die Antwort, ob es denn „schön" sei, Soldat zu sein, will ich mir gerne noch etwas Zeit lassen.

Soldat im Dienste der NATO

Nach der erlebnisreichen Zeit als Einheitsführer – diese Verwendung hat jeden Offizier geformt – wurde ich im I. Korps zunächst als Ordonnanzoffizier beim Chef des Stabes, Oberst Joachim von Brunn, und später als Adjutant des Kommandierenden Generals in Münster/Westfalen eingesetzt.
  Bevor ich eine „zivile" Wohnung fand, hatte ich eine dienstliche Unterkunft in der Anlage einer Reit- und Fahrschule in einem ehemaligen Kasernengebäude. Zum Teil war es hier an den Abenden recht lustig. Die Reitschüler/-

innen, junge Damen und Herren, deren Eltern meist nicht ärmlich waren, vergnügten sich an den Abenden an der Reiter-Bar. Leider mußte man ja am Morgen viel zu früh aufstehen, was einfach ein ganz natürliches Erfordernis der Pferdepflege im Stall war. Es gab aber hier recht kurzweilige Stunden. Einige von uns Soldaten waren ja einst in der Wehrmacht beritten gewesen, wie ich, der ich mir einst die ersten Monate als Soldat im schönen Pommernland bei der berittenen Artillerie meine Sporen verdient hatte. Mein Gott, was hat man da mitten im Kriege alles mit uns 18-Jährigen angestellt. Wir mußten Dressur reiten. Wir mußten über den Kopf des Pferdes nach vorne abspringen. Wir mußten Hürden nehmen wie alte Hasen des Reitsports. Wir mußten auf dem Rücken des Pferdes im Trab stehen und durch den See reiten …

Leider hatten wir bei dieser harten Ausbildung einen Kameraden verloren, den ein weißer Berberhengst, den wir von der französischen Armee im Sommer 1940 nicht ganz freiwillig „übernommen" hatten, beim Galopp durch eine Waldschneise abgeworfen hatte, wobei der Reiter unglücklich mit dem Kopf gegen einen Baumstamm gestoßen war. Für ihn kam jede ärztliche Hilfe zu spät. Es war für mich die erste Begegnung mit einem toten Kameraden.

Die zweite folgte auf dem Übungsplatz in Grafenwöhr bei einer Übung mit scharfen Handgranaten. Wir übten das scharfe Handgranatenwerfen aus einem Schützenloch. Nach dem Ziehen der Schnur sollten wir von 21 bis 25 zählen und dann die Granate gegen den Feind werfen. Ein Kamerad stand im Schützenloch, zog die Schnur und verharrte ganz plötzlich wie versteinert. Er konnte die Granate einfach nicht werfen. Die dritte Begegnung folgte dann beim Einsatz an der Front in der Nähe von Nikopol. Von da an wurde es Routine. Wirklich? Nein, der Soldatentod wird nie zur Routine. Niemals. Auch ist er weder süß noch heroisch – er ist das Ende eines jungen Lebens.

Die Ausbildung wurde schließlich immer härter; man nannte es „gefechtsnah". Das bedeutete, daß wir scharfes MG-Feuer beim Angriff geduckt unterlaufen mußten. Es war ein sehr eigenartiges Gefühl, über sich scharfe Munition pfeifen zu hören. Die Kugeln flogen, von vorne oder von hinten abgefeuert, über unsere Köpfe. Verluste hatten wir dabei aber nicht.

Der Dienst beim I. Korps war, so denke ich, richtungweisend für meinen weiteren Weg in der Armee. Ich hatte in Oberst i. G. von Brunn, den Generalleutnants Gerhard Matzky und Heinz Trettner Vorgesetze, die mir, jeder auf seine Art, stets Vorbild waren. Der Chef des Stabes, Oberst von Brunn, gab mir im Dienst stets viel Freiheit. Er erwartete zugleich ein hohes Maß an Leistung. Das war eine ausgezeichnete Vorbereitung für die spätere Ausbildung zum Generalstabsoffizier an der Führungsakademie.

Joachim von Brunn war Generalstabsoffizier der alten Schule. Ich hatte in ihm einen Mentor gefunden, der wohl die entscheidenden Weichen für meine spätere Laufbahn gestellt hatte. Er beteiligte mich sogar an der taktischen Ausbildung der Generalstabsoffiziere im Korps. Bei den Truppenführerreisen, einer aus der Wehrmacht übernommenen Tradition, führte ich unter anderem Buch über die Noten der Offiziere, so daß ich mir früh vorstellen konnte, wer später einmal Karriere machen würde, und später auch wußte, warum ein anderer stolperte.

Von Brunn konnte gegenüber Untergebenen hart sein. Sehr hart. Er verlangte Leistung, nochmals Leistung und noch höhere Leistung – das allein zählte für die Qualifikation des jungen Offiziers. Als er einmal auf der Treppe vor dem Gebäude des Korpsstabes in der Hindenburgstraße einen Generalstabsoffizier fünf Minuten nach acht Uhr auf dem Weg zum Dienst antraf, fand er für dieses Zuspätkommen keinerlei Verständnis. Mir sagte er danach: „Komossa, merken Sie sich dies, der Generalstabsoffizier sitzt um acht Uhr an seinem Schreibtisch, hat den fiskalischen, gespitzten Bleistift in der Hand und beginnt zu arbeiten." (Kugelschreiber waren damals noch seltene Schreibgeräte.) Als mein kameradschaftliches Mitgefühl mich danach dazu trieb, beim Oberst Verständnis für das Zuspätkommen und den Zuspätgekommenen zu gewinnen, dauerte es eine ganze Weile, bis er eine Entschuldigung akzeptieren wollte. Allerdings war Oberst von Brunn ein Beispiel für hohe militärische Leistungsfähigkeit. Ich denke, daß es damals wenige Offiziere gab, die eine so hohe Qualifikation als Generalstabsoffizier hatten. Aber er paßte doch nicht mehr ganz in das Schema der Zeit. Das wußte er, und das hat ihm Enttäuschungen erspart.

Beide Kommandierenden Generale, Matzky und Trettner, waren beispielhafte Befehlshaber: Gerhard Matzky, ein Kavalier alter Schule und analytisch denkender Soldat, und Heinz Trettner, der Truppenführer, der mit dem Fallschirm über Holland und Kreta abgesprungen war. Sie waren beide unterschiedlich in ihren Persönlichkeiten, nicht in ihrem Charakter, aber beide waren Truppenführer, die ihren unterstellten Offizieren Beispiele ihres Könnens gaben. Sie waren militärische Vorbilder; Restbestände der alten Wehrmacht, die nicht hundertprozentig dem Idealbild der neuen Bundeswehr entsprachen. Für den Übergang von Wehrmacht zur Bundeswehr haben beide Männer ihrem Land große Dienste erwiesen. Ich werde später noch weiter auf beide Generale zu sprechen kommen.

An der Führungsakademie

„Zwei Jahre eines Soldatenlebens, zerronnen wie im Stundenglas der Sand!" – mit diesen Worten verabschiedete ich mich bei der Abschiedsfeier nach der Generalstabsausbildung an der Führungsakademie der Bundeswehr in Hamburg-Blankenese. Ich spielte hier eine gewisse Rolle, als es darum ging, im festlichen Rahmen den Vorgesetzten auf eine ganz besondere Weise Danke zu sagen. Oberst von Brunn sowie die Generale Matzky und Trettner hatten mich als besonders geeigneten Offizier für diese Aufgabe vorgeschlagen.

Die Ausbildung an der Führungsakademie der Bundeswehr ging schneller zu Ende als gedacht. Viel wäre hier über diesen Abschnitt militärischer Ausbildung – und, nicht zu vergessen, militärischer Bildung – zu berichten, doch würde ein solcher Versuch ganz gewiß den Rahmen dieser Chronik sprengen. Soviel aber sei hier gesagt: Es waren zwei sehr schöne und erfüllte Jahre. Die Lehrer und Dozenten waren hochqualifiziert und brachten ihre reiche Erfahrung aus dem Kriege mit ein.

Getrübt wurde die Freude an meiner Hamburger Zeit allerdings einige Jahre später, als ich Kommandeur für Funktions- und Sonderlehrgänge und Beauftragter des Inspekteurs des Heeres an der Führungsakademie wurde, und zwar durch den Einzug der Politik in die Führungsakademie. Es war die Zeit, als Verteidigungsminister Helmut Schmidt seinen – durchaus berechtigten – Sturmangriff auf die veraltete Offiziersausbildung in Hamburg begann. Er wollte alte Zöpfe abschneiden. Schmidt hatte, ich will es gerne gestehen, die besten Absichten, fand aber nicht immer die besten Männer für die Durchführung seiner Pläne. Immerhin, er hat die Ausbildung zum Offizier wesentlich verbessert, wenn man es mit Scharnhorstschen Prinzipien vergleichen möchte. Diese Feststellung wird mir sicher Schelte einbringen, aber auch Zustimmung. Dessen bin ich ganz sicher.

Zunächst ging es Helmut Schmidt um die Ausbildung zum Offizier schlechthin. Dafür beauftragte er den Politikwissenschaftler Professor Thomas Ellwein, ein entsprechendes Konzept zu entwickeln, an dessen Ende die Bildung von zwei Bundeswehrhochschulen, die eine in Hamburg, die andere in München, stand. Helmut Schmidt aber setzte höhere Ziele und strebte folgerichtig auch eine Reform der Generalstabsausbildung an. Hier suchte er eine größere Nähe zu den Universitäten, als es sie bisher gab. Eine Art Universität sollte die Führungsakademie nicht werden, aber doch etwas Ähnliches.

Als ersten Schritt einer Modernisierung schuf der Minister an der Akademie ein Konsilium, das aus den Kommandeuren und zivilen Beamten bestand. Dieses Gremium brachte – leider – zu sehr die Parteipolitik in die Akademie, die ja die höchste Bildungsstätte der Bundeswehr sein sollte. Und diese Politik war einseitig ausgerichtet. Sie entsprach den Vorstellungen einer Partei. Der Konflikt zwischen Beamten, Wissenschaftlern und Soldaten war somit unausweichlich. Darunter mußten die Lehre und die Ausbildung leiden und letzten Endes auch Schaden nehmen. In den Sitzungen des Konsiliums kam es immer wieder zum Streit zwischen den Kontrahenten. Der Streit wurde nahezu jedes Mal von den Wissenschaftlern provoziert. Unter den Kommandeuren war die Einstellung in allen politischen Fragen beinahe ungeteilt. Man dachte konservativ. Nur ein General der Luftwaffe fiel aus dem Rahmen und schlug sich auf die Seite der „Moderne". Er sei Mitglied der SPD gewesen, sagte man. Und so verhielt er sich auch. Ich habe es nie für gut gehalten, wenn Offiziere oder gar Kommandeure parteipolitisch eingeordnet werden konnten. Der Kommandeur muß Dialogpartner für alle Parteien sein. Es schadet der Armee, wenn seine politische Orientierung zu stark in den Vordergrund rückt.

Trotz mancher kritischer Bemerkungen über Helmut Schmidt bleibt eines festzustellen: Er war ein herausragender und kluger politischer Kopf.

Während der Ausbildung wurde ich bei Planübungen durch den Leiter des Hörsaals 4, Oberstleutnant i. G. Niederlein, auf allen Ebenen als Kommandeur eingesetzt. Ich war Brigadekommandeur, Divisionskommandeur, Kommandierender General und schließlich zum Abschluß als Befehlshaber der Roten Front eingesetzt. Das bereitete mir viel Freude und versetzte mich zugleich in Erstaunen. Ob dem eine bewußte Planung zugrunde lag, habe ich natürlich nicht erfahren können. Es ist auch unbedeutend. Wahrscheinlich war es Zufall. Ich hatte aber den Eindruck, daß Niederlein mich sehr schätzte. Er war wohl der Überzeugung, daß ich bei Oberst von Brunn eine vorzügliche Vorausbildung für die Generalstabsausbildung genossen hätte. Die Verwendung auf allen Führungsebenen aber war im Ergebnis eine solide Grundlage für alle möglichen künftigen Verwendungen im Bereich der militärischen Führung. Vor meinen größeren „Auftritten" im Moltkesaal mit mehr als einhundert Teilnehmern hat mir Oberstleutnant Niederlein geraten, eine Pikkoloflasche Sekt zu trinken, das würde er selbst stets tun, und es hätte ihm bisher immer geholfen. Lampenfie-

Amtsübergabe im Oktober 1969 auf der Bonner Hardthöhe: Der scheidende Bundesverteidigungsminister Gerhard Schröder (CDU, links) übergibt seinem Nachfolger Helmut Schmidt (SPD) die Amtsgeschäfte. Eines der Ziele von Schmidt war die Reformierung der Offiziers- und Generalstabsausbildung der Bundeswehr.

ber vor einem großen Gremium hielt er für eine ganz natürliche Sache, alle Schauspieler hätten Lampenfieber, dem man aber mit einem Schlückchen Sekt gut begegnen könne. Nun denn, ich tat es. Geschadet hat es wirklich nie.

In Schwierigkeiten geriet ich nur ganz am Ende des Lehrgangs, als der Zeitpunkt nahte, dem Fachlehrer in Kriegsgeschichte die „Jahresarbeit" vorzulegen. Die Jahresarbeit war so etwas wie eine Quasi-Doktorarbeit für den „Schlieffenpimpf" (so nannte man damals den Generalstabsaspiranten; er hatte General Schlieffen nachzueifern). Der Kriegsgeschichtelehrer hatte mir das Thema zugewiesen: „Frühjahrsoffensive 1918 und Ardennenoffensive 1944 – Vergleich der deutschen Führung."

Ausgedehnte Spaziergänge am Ufer der Elbe waren meine Schwäche. Dafür wurden später ja dann auch fleißigere Kameraden als ich Generalinspekteur – oder auch nicht.

Führungsakademie der Bundeswehr in Hamburg-Blankenese: Hörsaalleiter Oberstleutnant i. G. Niederlein während des Unterrichts (Zeichnung: Autor).

Dann schließlich nahte der Zeitpunkt, zu dem die schriftliche Arbeit vorzulegen war. Im Anschluß daran mußte sie dann in freier Rede im Hörsaal vorgetragen werden. Und so blieb mir nichts anderes übrig, als vor dem Ende des Lehrgangs einige Wochen sehr fleißig an meiner militärgeschichtlichen Aufgabe zu arbeiten. Sie muß aber letzten Endes doch ganz gut gewesen sein, denn der Kriegsgeschichtelehrer bat darum, die Arbeit behalten zu dürfen.

Zu den besonderen Ereignissen an der Führungsakademie (in der Zeit, als ich bereits Kommandeur war) zählten die „Nationalen Informationstage". Da an der Akademie viele Offiziere aus NATO-Staaten, aber auch aus anderen Ländern, wie Pakistan, Argentinien, Brasilien, Sudan und dem Irak, studierten, bot es sich an, diese Teilnehmer einzuladen, um einmal einen Nationalen Informationstag durchzuführen. Hier begegnete man sich in lockerer Atmosphäre und lernte andere Kulturen kennen. Für die Ausländer war es eine günstige Gelegenheit, einmal ihr Land, aus dem sie kamen und das sie ja auch repräsentierten, positiv darzustellen, zum anderen aber auch, um für die Zukunft Verbindungen für eine fruchtbringende Zusammenarbeit anzuknüpfen. Die meisten ausländischen Lehrgangsteilnehmer wurden später als Generale bekannt und stiegen in ihrer nationalen Armee bis zum Generalstabschef auf.

Der Vertreter des Sudans machte mir im Rahmen seines nationalen Tages ein Angebot, in sein Land zu kommen und die Armee nach deutschen Führungsgrundsätzen zu modernisieren. Das aber war für mich weniger reizvoll, als weiterhin in verantwortungsvollen Dienststellungen in der Bundeswehr meinem Land zu dienen. Vielleicht war es aber auch eine meiner Fehlentscheidungen?

Hierzu gehört auch die Option einer Verwendung als Attaché in Moskau oder – in einem anderen Falle – in den USA. Beides wollte ich nicht. Möglicherweise war das wirklich ein Fehler, der sich später nachteilig für mich ausgewirkt hat.

Da zu meinen Aufgaben als Kommandeur der Funktions- und Sonderlehrgänge die Ausbildung der ausländischen Offiziere gehörte, war die Begegnung mit diesen Offizieren für mich immer ein besonderes Erlebnis. Andererseits aber brachte mir diese Aufgabe auch die Kritik der DDR-Presse und sogar von Radio Moskau ein. In einer konzertierten Aktion wurde in der DDR berichtet, daß ich in Hamburg südamerikanische Junta-Offiziere ausbildete. Ich sei eine „Gefahr für die Demokratie", wurde gedruckt. Das bezog der Schreiber jener Zeilen vor allen Dingen auf die Ausbildung chilenischer Offiziere unter meiner Verantwortung in Hamburg.

Nach zweijähriger Ausbildung an der Führungsakademie waren die Generalstabsaspiranten gerüstet für eine Verwendung in höheren Stäben der Streitkräfte von der Führungsebene der Brigade aufwärts. Der Hörsaalleiter hatte kurz vor dem Abschluß der Ausbildung die geplanten Verwendungen bekanntgegeben. So durfte ich, dies war damals als Privileg zu verstehen, als Erstverwendung G3 einer Brigade werden, was, es sei zuzugeben, auch meine Wunschverwendung war. Es war zwar nicht die Voraussetzung, aber doch ein Hinweis für die künftigen Verwendungen als Truppenführer. Das fügte sich auch logisch in bestimmter Weise mit meinen Einsätzen während der Ausbildung in der Akademie zusammen.

Wer nach der Ausbildung an der Führungsakademie so seinen Dienst begann, der konnte hohe Ziele erreichen. In einer meiner damaligen Beurteilungen hieß es bereits: „Komossa wird in der Bundeswehr höchste Positionen erreichen, wenn er mit seiner Gesundheit zu haushalten versteht." Die Gesundheit war in der Tat ein schwacher Punkt bei mir. Kein Wunder nach Kriegseinsatz und vierjähriger Kriegsgefangenschaft in sowjetischem Gewahrsam!

Doch wie so oft in der Armee kam es wieder einmal ganz anders als gedacht. Kurz vor dem wirklichen Abschluß wurde ich „umgepolt" und in das NATO-Hauptquartier CENTAG (Central Army Group Central Europe/Planungsstab der Armeegruppe Europa-Mitte) versetzt. Also packte ich brav meinen Tornister und meldete mich wenige Tage später bei meinem US-Oberbefehlshaber in Mannheim. Dort erhielt ich eine Aufgabe, die neu für einen deutschen Generalstabsoffizier geschaffen wurde, nämlich die des „Stabsoffizier G3 Nuclear Plans". Ich hatte mich also mit der nuklearen Planung der Operationsabteilung G3 zu befassen. Für diese Aufgabe waren wir angehenden Generalstabsoffiziere an der Führungsakademie aber leider nicht gerade schwerpunktmäßig ausgebildet worden. Mit anderen Worten: Ich betrat militärisches Neuland.

Dies bedeutete, daß ich damals bei meinem Dienstantritt keinerlei schriftliche Vorgänge vorfand, auf die man sich bei einer neuen Aufgabe in der Armee meist abstützen konnte. Die Frage nach dem Vorgang konnte von mir nicht gestellt werden. Dazu kamen die Probleme mit der englischen Sprache, die ich als normaler Truppenoffizier damals für eine Verwendung in einer internationalen Kommandobehörde doch nicht im ausreichenden Maße beherrschte.

Atomare Kriegsplanung

Das Leben im Hauptquartier der CENTAG war eigentlich ganz angenehm. Man trat morgens um neun Uhr seinen Dienst an, und zwar hinter zwei gesicherten Panzertüren, durch die kein Mensch hindurchkommen konnte, der nicht wiederholt auf seine Sicherheit überprüft worden war oder die Qualität eines professionellen „Schränkers" hatte. Voraussetzung für die Arbeit im Operationsraum war die Zulassung zur höchsten Sicherheitsstufe der NATO mit dem Zusatz „atomal"; „nach oben" gab es darüber hinaus nichts mehr.

Sehr lange Zeit hätte ein junger Offizier hier leben können, ohne richtig beschäftigt zu werden. Auf meine Fragen, was ich denn zu tun hätte – ich wollte doch endlich mit der Arbeit anfangen –, wurde ich damit vertröstet, daß ich doch zunächst die Vorschriften lesen sollte. Das ging wohl gute zwei Monate so, dann bat ich darum, endlich „Dienst machen zu dürfen". Mir wurden dann tatsächlich einige Aufträge erteilt. Es zeigte sich, daß ich durchaus auch anspruchsvoller als bisher beschäftigt werden konnte. Ich mußte in der Folge Vorträge über die nukleare Planung aufgrund der mir vorgelegten Unterlagen vorbereiten und durfte sie dann auch selbst halten. Zunächst vor dem Chef der Gruppe (Section), dann vor dem Chef der Abteilung 3, schließlich vor dem Chef des Stabes und endlich sogar vor dem Oberbefehlshaber. Da ich recht gut zeichnen kann, untermalte ich meine Vorträge mit einer Vielzahl von bunten Folien, die über einen Prokischreiber an die Leinwand geworfen wurden. Man war auch in der NATO damals technisch noch nicht so gut ausgestattet wie heute, wo nahezu jeder Grenadier seinen Computer vor dem Bauch trägt. So entdeckte man mein besonderes Talent zum Zeichnen, wie seinerzeit vor Warschau, und dies wurde auch wirklich genutzt. Von nun an begann die richtige Stabsarbeit.

Nun wird man verstehen, daß hier nicht über die Techniken atomarer Einsätze durch die NATO die Rede sein darf, obwohl dies für viele Leser sehr spannend sein könnte, vor allen Dingen für Experten ausländischer Nachrichtendienste. Wer dies hier erwartet, wird leider – zumindest bedingt – enttäuscht werden müssen. Hier wird nichts angesprochen werden, was im Interesse der Sicherheit unseres Landes verschlossen bleiben muß. Aufschlußreiches wird der Interessierte dessenungeachtet aber doch erfahren. Ich als Chronist muß mir aber hier eine ganz besondere Zurückhaltung auferlegen, was letzten Endes aber jedermann verständlich sein müßte.

Allmählich lernte ich im Hauptquartier die Planung verstehen und machte mir zusehends Sorgen. Denn parallel zum Verständnis wuchs meine Anschauung darüber, wie Europa nach einem künftigen Kriege aussehen könnte, wenn dieser wirklich, wie zu planen meine Aufgabe es ja war, unter Einsatz atomarer Waffen geführt werden würde; dies galt auch dann, wenn diese Waffen von seiten der NATO nur unter ganz besonders festgelegten Bedingungen und erheblichen Einschränkungen, wie zum Beispiel unter einer höchstmöglichen Schonung der Zivilbevölkerung, zum Einsatz kommen würden. Keineswegs tröstlich war, daß vor allen Dingen das gegnerische Gebiet weit im Osten am Rande unseres Kontinents zerstört worden wäre. Die „Fall-out-Wolken" wären sicher auch weit nach Westen gezogen, je nach Richtung des Windes. Sie hätten gewiß die damalige ČSSR, Österreich und Deutschland erreicht, wahrscheinlich auch den östlichen Teil Frankreichs. Mir schauderte beim Anblick der Karten an der Wand. (Siehe hierzu im Anhang S. 212.)

Nun kann man fragen, ob ein Soldat es denn verantworten kann, an einer solchen Aufgabe überhaupt mitzuarbeiten. Ja, man kann, wie es sich allein an zwei Beispielen erklären läßt.

Bei einem Vortrag über die aktuellen nuklearen Einsatzpläne erkannte ich, daß in einem Fall ein erheblicher Schaden für die westdeutsche Bevölkerung und den nordöstlichen Teil Österreichs entstehen würde, falls, wie geplant, zwei Einsätze durch Kräfte der Luftwaffe zu einer Zerstörung einer Talsperre geführt hätten und ein weiterer Fall auch noch im Salzkammergut finden sollte. Ich trug also vor, stoppte aber an einer Stelle, und erklärte, daß die von mir hier vorgetragenen Zielpunkte zu unvertretbaren Verlusten führen müßten und damit im Interesse meines Landes und der benachbarten Republik Österreich abzulehnen seien. Ich müsse dies sagen, obwohl ich natürlich nicht autorisiert sei, für Österreich zu sprechen. Deshalb müsse ich darum bitten, daß diese Zielpunkte aus der Planung herausgenommen werden. Es gab eine längere Diskussion, in deren Verlauf die möglichen Vor- und Nachteile der Operation auch mit Blick auf die geplanten nichtatomaren Einsätze der Heerestruppen diskutiert wurden; die Auseinandersetzung drohte sogar ins Politische abzugleiten. Ich insistierte. Der US-Chef des Stabes erläuterte seine Bedenken zur Streichung dieser Ziele in der Zielliste. Ich aber, der deutsche Major, der „Nur-Major", faßte Mut und war so kühn zu erklären, daß ich auf keinen Fall zustimmen könne, falls die Liste nicht geändert würde.

Das Ende der Debatte überraschte mich. Der Oberbefehlshaber nickte mir zu, sagte dann – ganz langsam in die Runde blickend –, er könne meinen Einwand verstehen. Er, der Major, diene schließlich nicht in der NATO, um dabei mitzuwirken, daß Teile seiner eigenen Heimat durch alliierte Einsätze zerstört würden. Das müsse man hier berücksichtigen. „Die Folgen kennen wir hier im ‚briefing room' ja besonders gut", sagte der Viersternegeneral, „die Verluste an Menschenleben könnten wir berechnen. Nein", sagte er, „das ist wirklich nicht zu akzeptieren." Ich hatte im Frieden einen Sieg errungen. Darauf bin ich noch heute stolz.

Der aufmerksame Leser wird hier wahrscheinlich innehalten und fragen, darf man denn darüber heute reden oder gar schreiben? Ich denke, daß man das darf und auch tun muß. Daß der nuklear geführte Krieg auch auf deutschem Boden geführt worden wäre, konnte sich nahezu jeder ausrechnen, der die westliche Strategie kannte, nämlich den Gegner nicht durch eine Offensive zu überraschen, sondern auf seine Offensive hin mit einer Gegenoffensive zu reagieren, um ihn über die Demarkationslinie oder, wie man später sagte, die innerdeutsche Grenze, zurückzuwerfen.

Dieser Fall zeigt aber zugleich, für wie wichtig der Einwand eines deutschen Offiziers durch einen US-Oberbefehlshaber erachtet wurde. Einen solchen Einfluß hat aber natürlich nur der, der mitarbeitet, der Mut hat zur anderen Position und nicht von außen zuschaut, wie Beschlüsse gefaßt werden. Das bedeutet natürlich auch die Übernahme von Mitverantwortung. Hier zählt alleine die Möglichkeit, auf Operationen durch Beteiligung an der Planung Einfluß zu nehmen. Also ist es doch sinnvoll und vernünftig, an dieser Planung mitzuwirken und dabei immer und grundsätzlich das Interesse des eigenen Landes einzubeziehen und – wo geboten – auch durchzusetzen.

Interessant wäre hier, die Frage zu stellen und auch eine Antwort darauf zu hören, wie weit ein Offizier der ehemaligen NVA im Stabe des Oberkommandos des Warschauer Paktes – oder, wie ehemalige Offiziere der NVA immer noch sagen, „des Warschauer Vertrages" – die gleiche Möglichkeit zur Einflußnahme auf die operative Planung im Bereich der nuklearen Waffen hatte und diese auch nutzen konnte, wenigstens in der Planung solcher oder ähnlicher Einsätze. Ich wünschte mir mehr als 15 Jahre nach Beendigung der Teilung ein offenes Bekenntnis. Aber diese Antwort kennt nur derjenige, der damals, vor dem Ende des Kalten Krieges, auf der anderen Seite in gleicher Aufgabe wie ich als deutscher Bundeswehr-Major in der Nuklearen Planungsabteilung eines NATO-Hauptquartiers in Mannheim-Seckenheim stand.

Nach diesem „command briefing" konnte im übrigen bald beobachtet werden, daß ich im Stabe nicht etwa Schaden genommen, sondern an Ansehen gewonnen hatte.

Das Pershing-Projekt und die deutsch-amerikanische Kooperation

Im NATO-Hauptquartier CENTAG konnte ich mit Fleiß und Mühe mein Englisch verbessern, das ich zu meinem Bedauern während der Ausbildung an der Führungsakademie zu sehr vernachlässigt hatte. Ich hatte mich damals für Russisch entschieden, was allerdings nicht gelehrt wurde und mir auf diese Weise ein Mehr an Freizeit und Spaziergängen am Elbeufer in Blankenese einbrachte. Die US-Vorgesetzten, durchwegs hochqualifizierte Offiziere, die für eine Verwendung in NATO-Stäben besonders sorgfältig ausgewählt worden waren, setzten mich vermehrt als „briefer" bei Besuchen von hochrangigen Militärs der

NATO-Kommandobehörden ein und demonstrierten so die enge Zusammenarbeit amerikanischer und deutscher Offiziere im Generalstabsdienst. Wie schon erwähnt, gab ich mir besonders viel Mühe, meine Vorträge mit eigenen Zeichnungen und Graphiken interessant und anschaulich zu gestalten. Auch kam es schon einmal vor, daß ich von meinem US-Kameraden gebeten wurde, beim Besuch des US-Generalstabschefs einen Vortrag an seiner Stelle zu halten. Bei den Franzosen war es umgekehrt. Sie holten sich schon einmal beim amerikanischen Kameraden Hilfe. Wenigstens dann, wenn es um die Sprache ging. Bob Dunn, mein US-Kamerad, war besorgt, daß dieser Vortrag aus gewissen Gründen, die heute keine Rolle mehr spielen, eventuell für seine Laufbahn ungünstig hätte sein können. Es wäre wohl besser, meinte Bob, ein Deutscher würde den Vortrag halten, denn dem Deutschen gegenüber wäre der hohe Gast nicht so kritisch wie einem US-Offizier gegenüber. Es gab in der US-Armee eine ganze Reihe von Vorgesetzten, die gefürchtet waren. In der Bundeswehr war dies nicht der Fall.

Es soll nun von einem Vorfall die Rede sein, der durchaus typisch war für das Verhältnis von Deutschen und Amerikanern im Bündnis. Prüfer wollen bitte unbesorgt sein, denn ich werde keinen Hinweis auf ein Gelände oder einen KT-Wert geben oder auf eine Einheit; nach Verrat von militärischen Geheimnisse zu suchen, ist nicht lohnend.

Im Jahre 1964 erhielt ich den Auftrag, Einsatzgrundsätze für das neu einzuführende nuklearfähige Raketensystem Pershing – eine Mittelstreckenrakete – auf dem möglichen europäischen Kriegsschauplatz zu erarbeiten. Es war das Ziel, auch die Pershing-Raketen wie die atomaren Einsatzträger der Luftwaffe, also Jets, unter QRA-Status (Quick reaction alert/Status schneller Reaktion) zu halten. Das heißt, die Raketen sollten innerhalb von Minuten einsatzbereit sein und gestartet werden können. Die Amerikaner demonstrierten damit, wie ich meine, ihr besonderes Vertrauen mir gegenüber, denn zu der damaligen Zeit war bei diesem Projekt die Sicherheitsstufe „US only" festgelegt, was nichts anderes bedeutete, als daß bestimmte Informationen nur für US-Offiziere zugänglich sein durften. Ich war mehrere Monate mit dem Projekt beschäftigt und ordnete schließlich, als ich meinte, es abschließen zu können, eine Überprüfung des Systems im Einsatz an, also im simulierten „scharfen" Schuß. Dafür hatte ich dem 7. U.S. Corps in Stuttgart den Auftrag erteilt, für diesen Test ein geeignetes Gelände auszuwählen, welches öffentlich wenig zugänglich war und die Möglichkeit bot, in bewaldetem Gebiet mehrere Feuerstellungen zu beziehen.

Nachdem alle Vorbereitungen als abgeschlossen gemeldet waren, konnte der Zeitpunkt für den Test festgelegt werden. Dabei war es selbstverständlich, daß ich als Projektoffizier der NATO diesen Test auch persönlich beobachten mußte und das Ergebnis zu berichten hatte. Am Nachmittag vor der geplanten Durchführung sprach mich Bob Dunn an, der hiermit bisher nicht befaßt war; er wies darauf hin, daß ich ja am nächsten Tag den Pershing-Test beim 7. U.S. Corps beobachten werde und fragte, ob ich Einwände hätte, wenn er mich dabei begleiten würde, es interessiere ihn sehr. Natürlich konnte ich keine Einwände haben.

Am nächsten Morgen fuhren wir gegen 5.00 Uhr in den Übungsraum. Dort angekommen, meldete mir der zuständige US-Offizier, ein Oberstleutnant aus dem Stab des 7. U.S. Corps, daß die Truppe einsatzbereit sei. Mein Kamerad Bob Dunn aber sagte etwas hastig, ich sollte doch noch warten, er müsse vorher mit dem Oberstleutnant etwas abklären. Es wunderte mich zwar, doch war es nicht ungewöhnlich, daß Amerikaner sich von Zeit zu Zeit unter vier Augen austauschten. (Die deutsche Seite praktizierte ein derartiges Verfahren nicht.) Sie besuchten in der Regel auch vor jeder Entscheidung in der NATO – wie ich wiederholt beobachten konnte – ihr nationales Hauptquartier USAREUR (US Army Europe) in Heidelberg und gaben erst nach US-Zustimmung ihr „NATO – GO!".

Doch diesmal gefiel es mir nicht. Nachdem die Herren ihr Gespräch beendet hatten, kamen sie wieder zu mir zurück. Was der Oberstleutnant des 7. U.S. Corps nun sagte, schien ihm selbst sehr unangenehm gewesen zu sein. „Sir", sagte er, „Sie können nicht in die Feuerstellung kommen. Das ist hier eine nationale US-Angelegenheit, sorry! Sie sind dafür nicht zugelassen. Sie haben keine Clearance, US only! You understand?"

Das, so dachte ich, hätte man mir auch schon in Mannheim am Vortage sagen können. „Ist das wahr?" fragte ich meinen Kameraden Bob. „Ja, sorry, es tut uns leid!"

Hier war für mich also nichts mehr zu besprechen. Ich schlug Bob vor, sich für die Rückfahrt nach Mannheim einen Wagen des 7. U.S. Corps geben zu lassen, drehte mich kurz um, bestieg meinen Dienstwagen und fuhr zurück in das Hauptquartier nach Mannheim. Ich tat es ohne Verzug, denn ich wußte, daß es keinerlei Sinn hatte, dieses Gespräch fortzusetzen und vielleicht zu versuchen, sich durchzusetzen.

Nach Rückkehr in das Hauptquartier in Mannheim führte ich ein Telefongespräch mit dem zuständigen Projektoffizier der vorgesetzten Kommandobehörde LANDCENT (Allied Land Forces Central Europe/Alliierte Landstreitkräfte Europa-Mitte) in Fontainebleau bei Paris. Auf die Frage, wie denn der Test verlaufen sei und ob eine kurze Reaktionszeit, wie gewünscht, zu erreichen war, schilderte ich den Ablauf der Übung, die ich nicht hatte beobachten dürfen.

Nein, kam die Antwort, daß kann die NATO sich nicht von den Amerikanern bieten lassen. „Wir schlucken doch nicht mehr jede Kröte. Ich werde das morgen dem Oberbefehlshaber in der Morgenlage vortragen."

Ich fand das natürlich richtig, hatte aber doch sogleich ein ungutes Gefühl. Es kam dann so, wie ich es erwartet hatte. Der Oberbefehlshaber der CENTAG in Mannheim erhielt aus Paris einen Rüffel und den Befehl, den Test in meiner Gegenwart zu wiederholen. Das schien mir nun ein neuer Umgangston zu sein. Die Tage gingen dahin. Ich merkte bald, wie ich von den Amerikanern regelrecht geschnitten wurde wegen meiner Meldung des Vorfalls an die vorgesetzte Kommandobehörde. So etwas tut man ja im Normalfall auch nicht. Aber war dies ein normaler Fall? Ich hatte Zweifel. Danach schien man in Mannheim keine Aufgabe mehr für mich zu haben. Vielleicht würden sie nun sogar meine Versetzung erreichen, dachte ich. Doch es kam völlig anders als ich erwartet hatte. Ich wurde von Colonel Crittenberger, dem Leiter der Abteilung G3 (Operative Planung), informiert, daß der Chef des Stabes mich zu sprechen wünsche, ich sollte mir möglichst heute noch einen Termin geben lassen. Natürlich zögerte ich nicht und stand schon eine halbe Stunde später im Dienstzimmer von Generalmajor Fergusson. Ich erhielt von ihm persönlich einen neuen, interessanten Auftrag.

Als ich mich abmelden wollte, sagte der General beiläufig, als sei dies, was er nun sagte, ohne jede besondere Bedeutung: Er habe gehört, daß es da kürzlich ein Problem wegen des Pershing-Projekts gegeben habe. Das müsse ein Mißverständnis gewesen sein. „Sie können den Test natürlich wiederholen, Major Komossa!"

Und ich dachte in diesem Augenblick an den Befehl des russischen Kommandanten zur Erfassung des Holz- und Kohleverbrauchs für die Winterperiode im Gefangenenlager Tilsit 445/3 im Jahre 1948: „Machen Sie es mit deutscher Gründlichkeit!" sagte der Russe zu mir. „Tun Sie ihr Bestes!" sagte nun der Amerikaner. „Yes, Sir! Jawohl! Mit deutscher Gründlichkeit! Herr General!" Oder wie in der Gefangenschaft gegenüber Major Pawlitschenko: „Tak Totschno! Gospodin Major! S nemjetzkoij Totschnosti!" – mit deutscher Gründlichkeit!

Die darauffolgende Zeit war mit Arbeit ausgefüllt, ließ aber auch Raum für gesellschaftliche Veranstaltungen. Die regelmäßigen WINTEX-Übungen waren immer sehr anstrengend. Es wurde schichtweise gearbeitet. Während dieser Übungen war ich in der gemeinsamen Stabsgruppe von CENTAG und 4. ATAF (Allied Tactical Air Forces/Alliierte taktische Luftstreitkräfte) als einziger deutscher Heeresoffizier in der „Decision Group". Wir arbeiteten in einem Bunker tief unter der Pfälzer Erde. Der Bunker war nach dem Krieg großzügig ausgebaut worden und galt als atomsicher. In dieser Gruppe saßen die hochrangigen Stabsoffiziere an einem großen Konferenztisch vor einer großen Karte, auf der die militärische Lage in Zentraleuropa fortlaufend dargestellt wurde. Dabei war es immer besonders spannend, wenn wir vor einer Entscheidung zum Einsatz der ersten Atomwaffe gebannt auf die Lagekarte starrten.

Regelmäßig kamen hochrangige NATO-Generale aus Brüssel und Fontainebleau, der CINCENT (Commander in Chief Allied Forces Central Europe/NATO-Oberbefehlshaber Europa-Mitte) gar, und ließen sich über die Lage informieren. Es waren immer nur Übungen, aber oft hatten wir tief unter der Erde doch das Gefühl, vor dem Ernstfall zu stehen. Tagelang verfolgte man die Entwicklung der Lage und entwickelte dabei allmählich das Gefühl, als wäre das Ganze keine Übung mehr.

Als einziger deutscher Heeresoffizier hatte ich natürlich keinen Ersatz für mich, wenn ich übermüdet war und Ruhe brauchte. Ich legte mich meist in der Nacht kurz für einige Stunden auf ein amerikanisches Feldbett, wenn damit zu rechnen war, daß die Lage sich in den nächsten Stunden nicht dramatisch entwickeln würde. Schließlich braucht der Feind doch auch Schlaf, dachte ich.

Bei der letzten WINTEX-Übung war ich kurz vor Ende aber so übermüdet, daß der amerikanische Wachtposten, der mich wecken sollte, mich regelrecht auf die Beine stellen mußte. Ich hörte kein Rufen, kein Schreien, ich nahm kein Geräusch wahr, und erst physische Gewalt zwang mich zum Einsatz.

Bei diesen kriegsnahen Einsatzübungen, die auch in Ausweichhauptquartieren in der ehemaligen Maginotlinie stattfanden, war das Leben auch in anderer Hinsicht hart. Die Unterbringung der Soldaten, auch der höheren Offiziere, war einfach unzumutbar. Doch unsere Kameraden von der US-Army nahmen es gelassen hin. Man mußte sich einfach daran gewöhnen, etliche Jahre nach dem Kriege seine Notdurft in einer Holzlatrine zu verrichten.

Das gesellschaftliche Leben im „Headquarter" spielte sich in unterschiedlichen Formen ab. Es gab natürlich regelmäßig den CENTAG-Ball als das ganz besondere Ereignis im Winter. Dann luden die einzelnen Nationen zu Partys ein, und schließlich gab es kleine Essen in kleinen Kreisen und kleinen Räumen. Es wurden zuweilen auch Ausflüge mit einem Bus unternommen, besonders gerne in die naheliegenden Weinstädtchen in der schönen Pfalz. Dabei kam man sich unter der Wirkung des Weines natürlich schnell besonders nahe.

Festzuhalten bleibt, daß wir Deutsche nicht immer sehr glücklich bei der Auswahl der Offiziere für die hohen NATO-Stäbe waren. Man konnte zuweilen den Eindruck gewinnen, als würden Offiziere, für die man keine passende Verwendung in der Truppe fand, dorthin versetzt. Doch dies galt, das sei hier unterstrichen, nur für die damalige Zeit.

Ich kann mich erinnern, daß im NATO-Hauptquartier einmal ein deutscher Oberst seinen Dienst antrat, der die englische Sprache nicht besonders gut beherrschte. Schon bei der ersten Besprechung wechselte er nach kurzer, holpriger Eröffnung der Sitzung in englischer Sprache „Good morning, gentlemen!" zur deutschen Sprache und sagte: „Herr Komossa, am besten übersetzen Sie. Mein Englisch ist nicht so gut." „Yes, Major Komossa will translate!" Mir schien, daß dies im Hauptquartier keinen besonders guten Eindruck gemacht hat.

Doch soll hier festgehalten werden, daß trotz solcher „Vorkommnisse" die deutschen Offiziere in den Hauptquartieren der NATO in der Regel einen guten Eindruck hinterließen. Zuweilen aber übertrieben einige Herren die Zurschaustellung ihrer Einstellungen. Das heißt, sie benahmen sich amerikanischer als die Amerikaner und auch zuweilen französischer als die Franzosen und glaubten damit wohl, „NATO-minded" zu sein.

Die Verwendung in der NATO aber war für jeden Offizier eine höchst interessante Erfahrung. Es entstanden hier Freundschaften, die über viele Jahre andauerten.

Auf dem Hügel im Schatten des Festspielhauses

Nach dreijährigem Dienst in der CENTAG in Mannheim, den ich insgesamt als sehr angenehm empfunden hatte, wurde ich nach Bayreuth als Kommandeur zum Panzerartilleriebataillon 125 versetzt.

In meinem privaten Bücherschrank hatten die gesammelten Werke von Richard Wagner einen besonderen Platz. Das lag nicht daran, daß ich begabt und fähig genug gewesen wäre, Wagner-Kompositionen auf dem Klavier zu spielen oder gar noch eine Partie zu singen, obwohl ich es durchaus schon einmal in meinen jungen Jahren versucht hatte, mich an den „Meistersingern" zu üben oder den Dank „Lohengrins" an seinen geliebten Schwan nachzusingen. Nein, diese Gabe war mir, dem „Lorbaß" aus den masurischen Wäldern, leider nicht gegeben. Ich hatte bis dahin Wagner weder gesungen noch gespielt, sondern nur gelesen, und das fand ich durchaus auch spannend. Daß ich Wagner weder singen noch spielen konnte, habe ich oft bedauert. Trotz meiner großen Liebe zu Beethoven, meiner Zuneigung zu Händel und zur musikalischen Heiterkeit eines Mozart oder dem dritten Akt des „Freischütz": Diese einmalige Musik vermittelte in mir nicht das Gefühl, das Richard Wagner in mir schon in jungen Jahren entzündet hatte.

Und nun kam ich in die „Wagner-Stadt" Bayreuth.

Meine Liebe zur Oper hatte ich schon in der Behringschule in Hohenstein entwickelt, nähergebracht wurde sie mir von der Sängerin Anne N., die eine Zeit bei uns in Allenstein wohnte. Eine sehr schöne Sängerin!

Carl Maria von Weber hatte mich im Jahre 1940 zu dem Entwurf eines Bühnenbildes für den dritten Akt des „Freischütz" inspiriert, das im Foyer des Treudank-Theaters in Allenstein ausgestellt wurde. Es war nicht so, daß ich mich nicht an ein Bühnenbild von Richard Wagner herangewagt hätte, nein, dafür reichte mein Mut schon noch, doch ich wollte mir Wagner wohl noch für spätere Zeiten aufheben. Und nun war ich in Bayreuth. Nicht als Sänger oder wenigstens als Musiker, nein, ich näherte mich Wagner in Bayreuth als Soldat. Und das erweckte in meinem Inneren besondere Empfindungen. Diese Musik nahm ich in mein Gemüt auf wie eine besondere Gabe. Schön war sie, schwer, gewaltig! Der Donner großer Stimmen rollte durch das Festspielhaus von der Bühne über die Köpfe des andächtigen Publikums hinweg, als sei es das Präludium zum letzten Gericht. Wagners Musik zu verstehen, dazu war ich nicht in der Lage. Wohl aber dazu, sie voll in mich aufzunehmen, mich in sie zu versenken und sie als großartige Gabe für die Menschheit zu begreifen.

Während meiner zweijährigen Dienstzeit als Kommandeur des Panzerartilleriebataillons 125 hatte ich die wohl einmalige Gelegenheit, zum Teil auch auf persönliche Einladung von Wolfgang Wagner, alle Bühnenwerke des großen Künstlers persönlich im Festspielhaus zu erleben. Häufig erlebte ich die Werke bei den Generalproben. War es Zufall, war es Gnade, wer weiß es schon?

Man hatte mich vor dem Ende meiner Dienstzeit als nuklearer Planungsoffizier beim NATO-Hauptquartier CENTAG in Bonn gefragt, ob ich eine Versetzung nach Bayreuth akzeptieren würde. Welch eine Frage! Gerade noch hatte ich mich drei Jahre lang mit den Szenarien eines atomar geführten Krieges beschäftigt, in dessen Folge der Untergang Europas mir nahezu sicher schien, da kam die Chance, große Werke europäischer Musik an dieser besonderen Stätte zu erleben, und zwar „auf dem Hügel"! Oh, Gott, dachte ich immer wieder, welch' ein Glück! Nach dem geplanten und in seinen Auswirkungen errechneten Inferno kam nun die Öffnung des Vorhanges zur „Götterdämmerung".

Ich hatte mich zu diesem Zeitpunkt drei Jahre lang mit der Einsatzplanung nuklearer Waffen beschäftigen müssen; ich lernte es, ihre Wirkungen exakt zu berechnen und zu analysieren, wo sie dem Feind den größten Schaden zufügen würden, und dabei darauf zu achten, wie die Schäden an der Natur, der Umwelt wie auch an der Bevölkerung der großen Städte nach sorgfältigster Wirkungsanalyse so gering wie möglich gehalten werden können. Niemand wird ernsthaft erwarten können, hier über Techniken, Taktik und Strategien im atomar geführten Krieg etwas Genaueres zu erfahren. Vielleicht wissen es ja die Experten, die damals auf verschiedenen Seiten standen, die die Möglichkeiten der Einsätze abzuwägen hatten gegen die erwünschte und zu erreichende Wirkung. In Manövern wurde bewertet, ob ein „Hit" oder ein „Doubt" vorlag; die Wirkung wurde auf den Generalstabskarten farbig markiert.

Warum bin ich nur in Erinnerung an meine Dienstzeit in Bayreuth auf solche apokalyptischen Gedanken gekommen? Dort erwartete mich doch damals eine konventionelle Aufgabe, nämlich die Führung eines ganz normalen Artilleriebataillons, das mit der Panzerhaubitze M 109 mit dem Kaliber 155 mm ausgerüstet war. Dieses Bataillon war, das muß hier gesagt werden, atomar einsatzfähig.

Es war ein gutes Bataillon. Mein Vorgänger, Oberstleutnant Hans Sachs (!) hatte als Kommandeur gute Arbeit geleistet. Die Männer waren gut ausgebildet, und das Bataillon hatte einen festen Platz im Herzen der Bayreuther. Auch das gab es damals, anders als in manch anderen Garnisonen. Die Angriffe gegen die Bundeswehr von außen, im eigenen Lande, mit denen ich mich dann einige Jahre später als Chef des Militärischen Abschirmdienstes zu beschäftigen hatte, waren allgemein bekannt. In Bayreuth war, wie gesagt, alles anders, friedlicher. Das Verhältnis von Soldaten und Zivilisten war von Vertrauen und Harmonie geprägt. Friedlich war vor allem der bayerische Kanonier, wenn er zur Mittagsmahlzeit sein Maß Bier auf dem Tisch hatte. Es gab eine Zeit – leider war ich damals Kommandeur des Bataillons –, wo per Ukas aus Bonn das Trinken von Bier auch in bayerischen Kasernen verboten war. Es kann kein Bayer gewesen sein, der diesen törichten Befehl herausgegeben hat. Ich gestehe hiermit ein Dienstvergehen ein. Diesen Befehl habe ich nicht umgesetzt, obwohl ich kein Bayer war. Ich bekam später lediglich die bayerische Staatsangehörigkeit von Franz Josef Strauß, nach einer heftigen Auseinandersetzung wegen einer angeblichen Observation seiner Geschäftsstelle in der Münchner Lazarettstraße durch den MAD, über welche an anderer Stelle zu berichten sein wird, verliehen.

Strauß hielt mich für einen anständigen Bayern. Als ich später General geworden war, bedauerte er allerdings mir gegenüber während eines Empfangs in der Würzburger Residenz meinen offensichtlichen Mangel an bayrischen Sprachkenntnissen. Strauß war ein Mann, wie es wenige in seiner Zeit gab. Übrigens sei schon hier vermerkt, daß es über angebliche Verstrickungen von Strauß in der Lockheed-Affäre um den Kauf des „Starfighters" von den USA in dem Dossier, das ich im Panzerschrank des Amtschefs des MAD unter Verschluß hielt, keinen konkreten Hinweis gab. Was damals deutsche Politiker und Journalisten sagten und schrieben, war die Unwahrheit; es gab nicht einmal eine begründete Vermutung. Einen Hinweis aber hatte ich doch gefunden, nämlich daß gewisse Kräfte davon ausgingen, es werde schon etwas hängenbleiben von dieser Behauptung, wenn sie nur oft genug wiederholt würde, und zwar auch dann, wenn es nur eine Vermutung war. Franz Josef Strauß mußte an dieser Sache Schaden nehmen. Als er mit an Sicherheit grenzender Wahrscheinlichkeit wußte, was seine Akte enthielt oder nicht hergab, kümmerte ihn die Sache „Lockheed" nicht mehr. Er konnte es sich leisten, zu schweigen.

Ich hatte mir bei meiner Kommandoübernahme vor allem zwei Aufgaben gestellt:

Erstens wollte ich aus dem Bataillon einen schlagkräftigen Verband formen, der für alle Aufgaben kriegsnah auszubilden war, und zweitens wollte ich zwischen Soldaten und der Bevölkerung, einschließlich der Spitze der Stadt, ein Vertrauensverhältnis entwickeln, welches nicht von Einflüssen der politischen Parteien belastet sein sollte.

Jedermann sollte davon überzeugt werden, daß wir Soldaten unseres Landes waren, unseres deutschen Volkes. Voraussetzung dafür war eine positive Einstellung des Soldaten zu den diesen Staat bejahenden Parteien, das waren eben nicht alle, die es damals gab, und strikte Zurückhaltung auf dem Felde der Parteipolitik.

Diesem Grundsatz folgend, konnte ich bei meinem Bemühen um die Integration des Soldaten in der Stadt Gutes bewirken. Die Zusammenarbeit mit dem damaligen Oberbürgermeister Hans Walter Wild (SPD) war beispielhaft für eine vertrauensvolle Zusammenarbeit der Stadt mit ihren Soldaten. Ich veranstaltete in Bayreuth die ersten Internationalen Militärmusikkonzerte nach dem Krieg und übergab den Erlös dem Oberbürgermeister der Stadt für den Bau von Sportstätten. Schon im nächsten Jahr wiederholte ich das Konzert und schuf damit den Grundstein für die Militärmusikkonzerte, die heute in Bayreuth wieder Tradition haben, fast – ich will nicht übertreiben – wie die Werke Richard-Wagners.

Dann half ich einmal nach einem furchtbaren Unwetter über der Stadt einem kleinen Zirkus in Not, dessen Zelt vom Sturm zerfetzt worden war, indem ich das ganze Bataillon in eine Sondervorstellung führte und den Erlös vom Verkauf der Karten dem Zirkus überließ. Von diesem Zeitpunkt an war ich stets Begleiter des Oberbürgermeisters bei jeder besonderen Aktion in der Stadt. Hans Walter Wild rief immer in der Kaserne an, wenn er etwas Besonderes plante, und dann marschierten der Oberbürgermeister und ich nahezu brüderlich nebeneinander durch die Stadt, von den Bayreuthern freudig begrüßt.

Schon vorher hatte das Bataillon in der Nähe von Bayreuth in Bischofsgrün im Fichtelgebirge eine Sprungschanze für das Skispringen gebaut. Dafür hatte sich die Gemeinde mit einem Grundstück für eine Skihütte in Schanzennähe revanchiert. Als ich die Führung des Bataillons übernahm, war es selbstverständlich, daß ich bei allen Bürgermeistern der Region mit einem zünftigen Abendessen empfangen wurde. Und zum Neujahrsabend fuhr regelmäßig ein Brauereiwagen vor und rollte ein Faß Bier für durstige Soldatenkehlen in der Kantine ab, ohne Bezahlung, versteht sich. Von Bischofsgrün wurde im Auftrage des Bürgermeisters für die Soldaten eine Brotzeit angefahren, und der Skilehrer Martin Puchtler erschien zu Weihnachten bei mir mit einer anständigen Rauchwurst. So war es damals um das Verhältnis zwischen Bürgern und Soldaten in Bayreuth bestellt.

Bei Übungen im Gelände mußte ich schon sehr darauf achten, daß meine Soldaten in den Zelten nächtigten, wozu sie der Dienstplan verdammte, und nicht in einem angenehmen fränkischen Wohnzimmer. Es war so ähnlich wie während des Krieges in Ostpreußen. Dort verließ auch kein deutscher Soldat sein Quartier, ohne vorher eine Pfanne Bratkartoffeln mit etlichen Spiegeleiern genossen zu haben. Nach einer solchen Übung war die Heimfahrt in die Kaserne

Der bayerische Ministerpräsident Franz-Josef Strauß mit bayerischen Bundeswehr-Kommandeuren (Dritter von links: der Autor)

auch meist anstrengend. Einmal, es war spät in der Nacht, hörte ich von Ferne die Stimme meines Fahrers, des Obergefreiten Bund, der höflich sagte: „Herr Oberst, nehmen Sie bitte ihren Stiefel vom Gaspedal!" ... Und ich hatte mich im Unterbewußtsein gewundert, warum Bund heute so schnell fuhr ... Ja, so war es im Frankenland, und so ist es wohl auch heute noch.

Es ist verständlich, daß es in Bayreuth fast einen Bürgeraufstand gab, als Verteidigungsminister Peter Struck im Jahre 2004 zuerst die Markgrafenkaserne und dann später den ganzen Standort schließen ließ. Dafür mag es ja Gründe gegeben haben. Das vertrauensvolle Zusammenwirken von Bürgern und Soldaten aber wurde dadurch in dieser schönen Stadt der Kunst und Kultur beendet.

Bayreuth war nicht nur wegen der Kunst eine angenehme Garnison. Die Bürger wählten immer wieder ihren Hans Walter Wild zum Oberbürgermeister, obwohl sie in der Mehrheit der CSU ihre Stimmen gaben. So ergab sich die besondere und wohl auch typisch bayerische Situation, daß die Bürger schwarz dachten und wählten, wie auch ihr Regierungspräsident und der Landrat von der CSU gestellt wurden, der Oberbürgermeister aber ein Mann der SPD war. Dies hat der Stadt und dem Land nicht geschadet, zumal es auch noch preußische Einflüsse aus alten Zeiten gab, die in Bayreuth bis heute spürbar sind. Oberbürgermeister Hans Walter Wild hatte mir seinerzeit nach einer Diskussion über Grundsätze der Führung erklärt, er führe die Stadt nach militärischen Gesichtspunkten. Das sei der Schlüssel seines Erfolges in der Stadt Bayreuth. Recht hatte der OB!

Bayreuth und die Militärmusik

Bayreuth ist und bleibt die „Wagner-Stadt". Doch in den Jahren meiner Zeit als Kommandeur des Panzer-Artillerie-Bataillons 125 hat sie, wie oben bereits angedeutet, zusätzlich den Rang einer Militärmusikstadt bekommen. Nun wird man – wie so oft im Leben – auch hier nicht vergleichen dürfen. Immerhin aber habe ich beim Studium der Geschichte der Stadt entdeckt, daß sie nach dem Ersten Weltkrieg eine Stadt war, in der die Militärmusik zur Blüte kam. So gelang es mir mit Unterstützung des Kommandeurs der 4. Jägerdivision, Generalmajor Rüdiger von Reichert, und seinem Musikkorps 4, im Jahre 1967 die Tradition der Militärmusik neu zu beleben. Nach dem bereits angesprochenen 1. Internationalen Militärmusikkonzert folgten weitere Konzerte mit Beteiligung von Musikkorps aus den USA, den Niederlanden, aus Belgien, Großbritannien und Frankreich.

Ich wollte mit meinen Soldaten einmal das Interesse an der Militärmusik im internationalen Rahmen wecken und das Besondere dieser Musikart und eines so großen Klangkörpers vermitteln. Zum anderen wollten wir sichtbar zum Ausdruck bringen, daß wir Soldaten, also Franzosen, Amerikaner und Deutsche, zusammengehören und einer gemeinsamen Aufgabe verpflichtet sind, nämlich unser Volk in der Gemeinschaft der freien Völker vor Gefahren von außen zu schützen. Dies sollte zugleich ein Bekenntnis für die Notwendigkeit gemeinsamer Anstrengungen sein und der Verständigung unserer Völker dienen.

Es sollte vor allem zeigen, daß die Streitkräfte der drei Nationen im süddeutschen Raum in Kameradschaft herzlich miteinander verbunden waren.

In meiner Begrüßung sagte ich: „Ich glaube, daß ein solches Konzert die dem Soldaten angemessene Art ist, einer Stadt seine ‚Liebe zu erklären'." Wir Panzerartilleristen wollten unserer liebenswerten Stadt Bayreuth gewissermaßen ein Ständchen bringen. Und ich bin auch heute noch der Überzeugung, daß sich Richard Wagner und die Militärmusik in dieser Stadt nicht ausschließen.

Dieses erste große Internationale Militärkonzert in Bayreuth, dem viele andere folgen sollten, wurde gestaltet von der Band der 4. US-Panzerdivision, der französischen 24e Groupe de Chasseurs Portes und dem Musikkorps 4 unter der musikalischen Gesamtleitung von Major Ludwig Kühlechner. Die Schirmherrschaft hatte mit mir Oberbürgermeister Hans Walter Wild übernommen. Dieses Internationale Militärmusikkonzert gab die Initialzündung für den Ausbau Bayreuths zu einer Stadt des Sports. Viele Jahre erhielt ich von Chefredakteur Fischer aus Bayreuth den „Nordbayerischen Kurier" nachgeschickt, wo immer ich meinen Dienst auch versah. Die Stadtsparkasse Bayreuth machte später eine Ausstellung in ihren Geschäftsräumen, bei der das Zusammenwirken von Bürgern und Soldaten in der Markgrafenstadt während meiner Zeit als Kommandeur als besonders beispielhaft gewürdigt wurde.

Als ich viele Jahre danach, im Jahre 2004, in Bayreuth einen Vortrag hielt, betrat ich die alte vertraute Markgrafenkaserne unter einem großen Protesttransparent gegen die Schließung des Standorts. Doch geholfen hat die Aktion nicht, denn Minister Struck führte die Bundeswehr oder „seine Soldaten", wie er nach Rückkehr der ersten Maschinen aus dem Einsatz in Indonesien im Januar 2005 sagte, als wären sie sein persönlicher Besitz. Für ihn zählten nur militärische Gesichtspunkte.

Amberg

Im Leben des Soldaten, der noch eine Zukunft, sprich Aussicht auf eine Beförderung hat, wird es immer Veränderungen geben, ob er nun darauf eingestellt ist oder nicht. Die stete Veränderung ist ihm vorgegeben. Denn der Soldat muß immer nach vorne blicken, selbst wenn er in einer so liebenswerten Stadt wie zum Beispiel Bayreuth gerne einmal verschnaufen möchte. Er ist zur Veränderung verurteilt, wie es seine Aufgabe bleibt, immer wieder in das Ungewisse und damit auch in die Gefahr hinein zu handeln. Für den Soldaten mit Zukunft gibt es nichts, was der NATO-Pause des Obergefreiten gleicht. Dieser kann sich bei jedem Halt auf dem Marsch sofort in das Gras legen und auf die Wolken blicken. Der Vorgesetzte aber hat keine Zeit dafür. Auf dem Marsch wird er sich in der Pause sofort nach vorne orientieren, wird fragen, was denn los sei, wann es weitergehe und dergleichen. Er hat ja die Verantwortung. Der einfache Soldat ruht, das Gewehr zwischen seinen Beinen, im Gras ... Wenn es aber ernst wird, dann sind die Soldaten die ersten am Feind. So ist eben das Soldatenleben geregelt. Auf, auf, Marschordnung herstellen oder aufsitzen, ein Lied, und schon geht es weiter.

So erhielt ich nach meiner vierjährigen Verwendung im Verteidigungsministerium in Bonn den Marschbefehl für Amberg, die soldatenfreundliche Stadt in der Oberpfalz mit dem Nabburger Tor und der Brücke, die sich in der Stille des Flusses spiegelt. Es bedurfte keiner übermäßigen körperlichen Anstrengung, an der alten Stadtmauer entlang diese mittelalterliche Stadt einmal ganz zu umrunden. Bei jungen Soldaten waren die Nischen neben den Toren, die durch die Mauer in die Innenstadt führten, besonders beliebt. Hier waren Bänke aufgestellt, alle ein wenig hinter Gesträuch verborgen, so daß man dort an lauen Abenden bis zum Zapfenstreich mit einer schönen Ambergerin manche Stunde verplaudern konnte. Ja, ich mußte zurück nach Amberg, wenn ich weiterkommen wollte als Soldat! Und dafür ist nun einmal, wie dargelegt, der häufig ausgestellte Marschbefehl die beste Voraussetzung.

Ich hatte schon als 19jähriger Offizieranwärter meine sehr persönlichen Erfahrungen in der Stadt gesammelt. Auf den Bänken an der Stadtmauer zum Beispiel, im Schatten der Kirchen. Doch das gehört nicht hierher, denn ich berichte ja über das Leben in der Bundeswehr und nicht über das eines Soldaten der Wehrmacht.

Die Kaiser-Wilhelm-Kaserne in Amberg hatte ich im Jahre 1943 etwas verschönert, indem ich die Wände unserer Stube mit Fresken ausmalte. Ich erinnere mich unter anderem an ein Bild, vor dem die Mädchen des nahen Lyzeums, die gerne am „Tag der Wehrmacht" in die Kaserne kamen, neugierig stehenblieben, um dann von ihren Müttern rasch fortgezogen zu werden. Ich hatte damals breit über die Stubenwand geschrieben: „Wovon kann der Landser denn schon träumen ..." Und das hatte ich dann in Figur und Farbe versucht darzustellen. Es waren Farbtöne und auch Formen, die man als weiblich weich bezeichnen könnte. Und vor allem die hier dargestellten Formen, die ließen ein Soldatenherz schon höher schlagen als normal. Nun, der Landser träumte eben „davon" ... Nichts war da übertrieben und nur wenig blieb verhüllt. Na ja, meine Töchter hätte ich vielleicht auch nicht so gerne in dieser Stube vor dieser Wand oberhalb meines Bettes verweilen lassen. Natürlich waren die Fresken über den Betten meiner Kameraden von ähnlicher Art. Daß ich dann aber so viele Jahre danach in diese Kaserne, die nach Kaiser Wilhelm benannt war, zurückkehrte, das könnte man schon als ein Wunder bezeichnen. Ja, es war wohl ein Wunder, nach diesem Kriege!

In der Kaiser-Wilhelm-Kaserne hatten wir einen Traditionsraum eingerichtet, in dem die alten Bindungen an den Kaiser gepflegt wurden. In einer Vitrine bewahrten wir einen Brief seiner Majestät an das damalige Regiment auf, dessen Ehrenkommandeur der Kaiser war, wie die Könige oder Königinnen von Großbritannien Ehrenkommandeur ihres eigenen schottischen Highlander-Regiments sind.

In Amberg hat politische Dummheit dazu geführt, daß dieser Brief des Kaisers aus der Vitrine verschwand. Arme Soldaten sind es, die nicht stolz sein dürfen auf die soldatischen Leistungen, die sie heute erbringen, und auf jene, die ihre Väter und Großväter in einer anderen Zeit, in der aber auch Mut, Tapferkeit und Treue herausragende Tugenden des Soldaten waren, in vorbildlicher Erfüllung ihrer Pflichten erbracht haben. Heute wird Soldaten dienstlich befohlen, wen sie zu achten und zu ehren haben. Dies sollen heute möglichst Überläufer der Wehrmacht aus dem Zweiten Weltkrieg sein, die durch Verrat den Tod vieler Kameraden in Rußland und anderswo zu verantworten hatten. So wie, um hier nur ein Beispiel zu nennen, jener Überläufer bei Schievenhorst an der Weichsel, der wenige Tage vor Ende des Krieges den Sowjets die eigenen Stellungen verraten hatte – mit furchtbaren Folgen, konnte doch die russische Artillerie aufgrund des Verrats punktgenau in die deutschen Linien schießen, was hohe Verluste zur Folge hatte.

Ein Minister mit Herz für die Truppe

In der Zeit, als ich Kommandeur der Panzerbrigade 12 in Amberg war, wollten meine Unteroffiziere einmal ein großes Fest veranstalten. Es sollte etwas ganz Besonderes werden. Als mir der verantwortliche Hauptfeldwebel sein Konzept für die Wochenendveranstaltung vortrug, lobte ich ihn und sagte, hier fehle ja nur noch der Minister als Gast. Begeistert wurde der Satz aufgenommen.

„Natürlich, Herr Oberst", entgegnete der Hauptfeldwebel, „Sie kennen doch den Minister persönlich. Können Sie ihn nicht zu unserem Fest einladen? Bitte, Herr Oberst!"

Warum nicht, dachte ich und wollte es wenigstens versuchen. Es bedurfte tatsächlich nur eines Telefonanrufes in Bonn, und schon bekam ich die Zusage des Ministers. Wenn es um seine Unteroffiziere ging, dann war Georg Leber immer anzusprechen. Und wenn es möglich war, dann kam er zu seinen Unteroffizieren. Er war zweifelsohne ein Befehlshaber mit Herz für die Truppe.

So ging an einem Samstag der Wunsch meiner Unteroffiziere in Erfüllung, und ein gut gelaunter Verteidigungsminister schwebte auf dem Weg von Bonn nach München aus den Wolken herab auf unsere „Amberger Wiese", auf der „viel Volk Mensch war und sein durfte". Ich habe Minister Leber selten so gut gelaunt erlebt wie hier im Festzelt bei seinen Unteroffizieren. Wir tranken eine Maß oder auch zwei und hatten eine schöne Zeit. Die Idylle wurde nur kurz durch einen Gewerkschafter gestört, der den Genossen Leber um ein „Scheinchen" bat. Die Situation war mir sehr unangenehm, ich wollte schon eingreifen, doch Leber schmunzelte, griff in die Jackentasche, winkte mir zugewandt ab und gab dem Bittsteller einen Zehnmarkschein.

Als der Hubschrauber in Richtung München abhob, hinterließ der Minister sehr glückliche Soldaten. Und auch deren zivile Gäste freuten sich, selbst wenn von ihnen – in der Oberpfalz – natürlich nur wenige die Partei des Ministers gewählt hatten. In Bayern, in der Wagner-Stadt Bayreuth, in Amberg am Mariahilfsberg oder in der Residenzstadt Würzburg am schönen Main zählt zuerst der Mensch und dann die Partei.

Es war Georg Leber, der mich später nicht nur zum Brigadegeneral beförderte, sondern von Hamburg nach Bonn holte, um den Militärischen Abschirmdienst (MAD) wieder zu normaler nachrichtendienstlicher Tätigkeit zu führen, und der schließlich eines Tages nach einem mehrstündigen Vortrag kurz vor Mitternacht zu mir sagte: „Herr General, das ist mein Rücktritt."

Dieser Erklärung war ein spannender Abend vorausgegangen. Ich mußte den Minister über die Lauschmitteleinsätze des MAD unter meinem Vorgänger informieren. Darunter war auch ein Einsatz in Frankfurt am Main gegen den KBW, der in einem Hinterzimmer einer Gastwirtschaft regelmäßig konspirative Treffen abhielt. Über den Gasträumen sollen damals Leute gewohnt haben, die es nicht unziemlich fanden, Polizisten niederzutreten und andere „revolutionäre Taten" dieser Art zu vollbringen.

Es waren schon einige delikate Fälle, die ich da vorzutragen hatte. Sie hatten alle einen kommunistischen bis terroristischen Hintergrund. Georg Leber schien mir damals, so hatte ich den Eindruck, direkt nach einem Grund für seinen geordneten Rückzug aus dem Amt zu suchen. Daß er politisch über Kommunisten stolpern sollte, gefiel ihm offensichtlich, so jedenfalls mein damaliger Eindruck. Ich aber erachtete die Einsätze von Lauschmitteln gegen konspirativ agierende Feinde unseres Staates keineswegs als hinreichenden Grund für einen Rücktritt. Doch Georg Leber hatte sich entschieden. Er wollte offensichtlich nicht mehr.

Nachdem sein Entschluß gefaßt war, befahl er die Abteilungsleiter und Inspekteure für Mitternacht zur Besprechung. Er trug den Sachverhalt vor und teilte der versammelten Bundeswehrführung seine Absicht mit, schon morgen seinen Rücktritt vom Amt des Verteidigungsministers zu erklären.

Die Versammlung der hohen Beamten und Generale war betroffen und entsetzt. „Sie dürfen nicht zurücktreten, Herr Minister", hieß es in Übereinstimmung, „das ist kein Grund für einen Rücktritt. Das Land braucht Sie!"

Aber Georg Leber hatte seinen Entschluß gefaßt. Er befahl mir, ein Protokoll über die nächtliche Besprechung zu fertigen und ihm vorzulegen.

Nur einer aus der Runde, es war Admiral T., der seine politische Heimat in der CDU hatte, sagte: „Doch, Herr Minister, Ihr Entschluß ist richtig! Treten Sie zurück. Es ist die einzig richtige Entscheidung."

Georg Leber lächelte leicht, dankte dem Admiral für seine Empfehlung und wünschte allen Teilnehmern mit seinem Dank für ihr Erscheinen zu mitternächtlicher Stunde eine gute Nacht. Die Bonner und andere deutsche Zeitungen hatten am nächsten Morgen eine politische Sensation zu berichten. In der Berichterstattung schwang oft der Ausdruck des Bedauerns mit, und zwar nicht nur bei jenen Blättern, die der SPD nahestanden.

Minister Leber bat mich, bei der Sitzung des Deutschen Bundestages am nächsten Morgen gleich hinter ihm auf der Regierungsbank Platz zu nehmen. Bevor ich Platz nehmen konnte, reichte mir der Staatssekretär das Manuskript der Rede zur Mitprüfung. Als ich den Text gelesen hatte, empfahl ich dringend, die Formulierung „Dies war der einzige Fall" durch die Wendung „… dieser Art" zu ergänzen. Das schien mir wichtig.

Ich hatte nach gründlicher Prüfung dem Minister in meinem letzten Vortrag vor seinem Rücktritt elf Einsätze der Lauschtrupps melden müssen. Wenn man dies alles mit den Praktiken der richterlich genehmigten Lauscheinsätze des Jahres 2005 vergleicht, dann scheint das fast bedeutungslos. Heute gibt es pro Jahr mehrere tausend Abhöreinsätze. Damals kamen zu den elf Einsätzen des MAD vermutlich noch einige des BND und der Verfassungsschutzämter hinzu. Doch diese standen hier nicht zur Debatte. Es fragte kein Abgeordneter danach. Insgesamt waren es wohl weniger als einhundert.

Als Georg Leber seine Rede vortrug, wartete ich auf die entscheidende Stelle „dieser Art". Doch er sprach diese zwei Wörter nicht aus. Der Würfel war damit gefallen.

Der Minister hatte dem Parlament die Unwahrheit gesagt. Korrigieren wollte er sich nicht mehr.

Georg Leber wurde mit Großem Zapfenstreich und viel Sympathie seitens seiner Soldaten von der Bundeswehr verabschiedet. Viele denken heute noch gerne an die Zeit, als sie seiner Führung und Fürsorge anvertraut waren. Er war in der Truppe beliebt.

Der Rücktritt von Bundeskanzler Willy Brandt

Szenenwechsel: Hauptquartier der NATO in Brüssel, 1970er Jahre. Die Generalstabschefs des Bündnisses hatten sich zu einer Sitzung der Nuklearen Planungsgruppe (NPG) am Rande der Frühjahrskonferenz aller NATO-Mitglieder versammelt und berieten am späten Abend im exklusiven Kreis der „Sieben" über eine Revision der bisherigen Planung für den Einsatz nuklearer Waffen in Europa.

Die NPG ist das Instrument, das der Bundesrepublik gestattet, an der Einsatzplanung nuklearer Waffen mitzuwirken, ohne selbst im Besitz solcher Waffen zu sein. Die Bundesregierung hatte vorher in aller Form verbindlich auf den Besitz atomarer, chemischer und biologischer Waffen verzichtet. Die Mitgliedschaft in der NPG verschaffte ihr aber das Mitspracherecht für den Einsatz dieser Waffen. Dieser Verzicht schließt allerdings den Besitz von atomaren Einsatzmitteln nicht aus. Die Sprengköpfe blieben im Besitz der Amerikaner.

Diese Sitzungen der NPG hatten ihr eigenes Ritual. Hier trafen sich jene Partner, die im Besitz von nuklearen Waffen waren mit jenen, die an den Planungen für deren Einsatz ohne eigenen Waffenbesitz ein besonderes Interesse hatten. Der frühere Generalinspekteur der Bundeswehr, General Heinz Trettner, hatte als Kommandierender General des I. Korps in Münster/Westfalen seinem Adjutanten in einem der üblichen „Morgengebete" – so nannte man die erste Besprechung des Kommandierenden am Morgen mit seinem Adjutanten, in dem die Planung für den neuen Tag festgelegt wurde – erklärt: „In der Welt ist durch die nuklearen Waffen eine Zeitenwende eingetreten. Ein Staat, der im Besitz nur einer einzigen derartigen Waffe ist, verändert das Kräfteverhältnis. Eine Drohung, diese Waffe einzusetzen, bedeutet eine Veränderung der Lage im globalen Maßstab, mag dieser Staat im Spiel der Mächte sonst auch noch so bedeutungslos sein."

Dies dürfte auch heute noch unverändert gelten. Blickt man auf die Entwicklung im Nahen Osten, im Iran besonders, so kann man nicht ohne Sorge sein. Hier erwächst ein Potential, das die Welt verändern kann. Waren die USA hinsichtlich des Irak unter Saddam Hussein unsicher, ob dieser tatsächlich im Besitz atomarer Waffen war oder sie nur anstrebte, so ist der Iran eine reale Bedrohung. Der Besitz nuklearer Waffen scheint nur noch eine Frage der Zeit zu sein.

Der bei der Truppe ungemein beliebte Bundesverteidigungsminister Georg Leber (Juni 1977); im Hintergrund: Harald Wust, der von 1976–1978 Generalinspekteur der Bundeswehr war.

Am späten Nachmittag der Brüsseler Tagung erhielt ich als Adjutant des Generalinspekteurs in der Sitzung ein Fernschreiben aus dem Bonner Außenministerium, das über die Regierungskrise in Bonn informierte, die durch den Rücktritt von Bundeskanzler Willy Brandt ausgelöst worden war. Ich legte das Fernschreiben unverzüglich dem Generalinspekteur vor, der dazu bemerkte, daß dies ja nur konsequent sei und von ihm schon erwartet worden war. Ich schlug vor, die Sitzung zu verlassen und sofort nach Bonn zu fliegen. „Weshalb?" fragte der Generalinspekteur und wies darauf hin, daß der Rücktritt eines Regierungschefs doch etwas völlig Normales in einer Demokratie sei. Ich widersprach. „Ein Kanzler-Rücktritt ist nie normal", sagte ich und fügte hinzu: „Jeder britische oder amerikanische Generalstabschef, Herr Admiral, würde in einer solchen Lage unverzüglich in seine Hauptstadt fliegen und sich dort zur Verfügung halten." Das überzeugte den Admiral. Und so flog er also nach Bonn. Mir, seinem Adjutanten, aber sagte er, und er lächelte ein wenig spöttisch: „Bravo, Zulu." Das heißt in der Signalsprache der Marine so viel wie „Gut gemacht".

Der Rücktritt von Willy Brandt war die politische Sensation jener Zeit, doch die deutsche Politik, durch dieses Ereignis stark erschüttert, kehrte bald zur Normalität zurück. Aber es brauchte doch seine Zeit. Am Morgen nach der Rückkehr von der Sitzung in Brüssel betrat der Generalinspekteur, pünktlich wie immer, um 9.00 Uhr sein Dienstzimmer. Und wie immer bemühte ich mich, dem Admiral aus dem Mantel zu helfen. Doch der war – wie immer – etwas schneller als ich und entledigte sich selbst dieses Kleidungsstücks, das aus bestem englischen Marinetuch gefertigt war.

Nun muß der Ordnung halber gesagt werden, daß ich bei dem Angebot meiner Hilfe keineswegs eine besonders ausgeprägte Schnelligkeit zeigte. Dem Admiral blieb also genügend Zeit, auf diese Hilfe zu verzichten. Adjutanten in der deutschen Armee standen ganz allgemein in dem Ruf, „Aktenträger" ihres Herrn zu sein. Hier und da nannte man sie auch „Zigarrenabbeißer", und das empfand keiner von ihnen als eine Auszeichnung. So bemühten sich manche, das Gegenteil zu demonstrieren. Ich sah die Sache etwas differenzierter. Der Adjutant war der erste Gehilfe seines Chefs. Sein Rat war durchaus gefragt und erwünscht.

Der Admiral setzte sich an seinen Schreibtisch und warf einen kurzen Blick auf die Papiere, die ich vorgelegt hatte. „Wir haben einen neuen Minister", sagte ich. „Ja, sicher, Leber heißt er, das war zu erwarten", sagte der Admiral. „Ich denke", so schlug ich vor, „wir sollten uns dem Minister anbieten." Was das heißen solle, fragte der Admiral. „Nun, Minister Leber war zwar im Zweiten Weltkrieg Soldat, Feldwebel, wie ich meine, doch er kennt zum Beispiel sicher nicht das heutige Zeremoniell der Bundeswehr in allen Einzelheiten. Er braucht natürlich eine Einweisung." Von dem bisherigen Verteidigungsminister Helmut Schmidt wußte man, daß dieser es bei Entgegennahme der Meldung eines Offiziers vor einer angetretenen Einheit nicht über seine Lippen brachte, den Soldaten ein „Guten Morgen" zuzurufen, obwohl es ihm die Herren der Protokollabteilung immer wieder empfohlen hatten. So konnte man in der Ära Schmidt auf dem Bonner Hardtberg nie ein fröhliches „Guten Morgen, Herr Minister" aus vielen Soldatenkehlen über den Appellplatz schallen hören. Der Hanseat mochte es nicht, es war ihm wohl zu intim, und er liebte nun einmal die Distanz. Nun, wie es auch immer zu erklären war, Georg Leber sollte es anders machen als Helmut Schmidt.

Und dann gab es ja natürlich noch andere Dinge, die ein neuer Verteidigungsminister bei der Kommandoübergabe wissen und beherrschen mußte. Man müßte ihm eine Antrittsrede ausarbeiten, zumindest aber einen Entwurf vorlegen, meinte ich. „Na gut", sagte der Generalinspekteur, „dann bieten Sie sich doch an, Herr Oberst!" Ich machte mich also auf den Weg in das Postministerium, um mich Minister Leber „anzubieten". Dort wartete bereits ein Oberstleutnant des Heeres, der freudig erregt schien, weil er den Minister aus dessen Wahlkreis kannte und es wohl als nicht unwichtig empfand, ihm rasch persönlich zum neuen Amt zu gratulieren, um sich auf diese Weise für gehobene Verwendungen zu empfehlen. Er war, wie ich später erfahren konnte, Mitglied in der Partei des Ministers.

Die Sekretärin des Ministers öffnete die Tür zum Ministerzimmer, und zu meiner Überraschung durfte ich sofort eintreten, der antichambrierende Genosse Oberstleutnant aber noch nicht. Er mußte warten. Minister Leber stand vor seinem Schreibtisch und befand sich in einem offenbar sehr ernsten Gespräch mit seinem Nachfolger Lauritz Lauritzen. Nachdem ich mein Anliegen vorgetragen hatte, bedankte sich Georg Leber für das Angebot, meinte jedoch, daß die Zeit sehr knapp sei und fragte, ob ich nicht besser am Sonntag in seine Privatwohnung am Taunus kommen könne. Dort hätten wir genügend Zeit. Und so kam es denn, daß ich mit einem Redeentwurf für den Amtsantritt in der Aktentasche am Sonntag zu Minister Leber fuhr und mich auf diese Weise „anbot".

Es war ein schöner Nachmittag. Der Minister führte mich durch sein Haus und zeigte mir auch den schönen Garten mit einem sehr großen Schwimmbad in der Mitte. Alles war äußerst gepflegt und großzügig angelegt. Die Villa lag auf einer kleinen Anhöhe mit einem wunderschönen Blick auf dieses herrlich grüne Land am südlichen Fuße des Taunus. Weit ging der Blick über Hügel und Obstgärten und verlor sich in der Ferne. Am Horizont konnte man die Hochhäuser von Frankfurt mehr erahnen als wirklich sehen. Ein schönes Fleckchen Erde hatte sich der Minister dort für seinen „privaten Gefechtsstand" ausgesucht. Später fand er dann aber offensichtlich einen noch schöneren Platz in den Voralpen.

Frau Leber hatte den Kaffeetisch bereits gedeckt, nur die Getränke mußten noch aufgebrüht werden. Alsbald saßen wir bei Tee, Kaffee und gutem Gebäck, und der Minister, der jetzt viel Zeit zu haben schien, erzählte von seinem letzten Besuch in der Sowjetunion, der ihn von Moskau auch nach Leningrad geführt hatte. Die Russen seien sehr freundlich gewesen, doch sie verstanden auch zu mauern, wenn sie es für angebracht hielten, sagte der Minister. Man hatte Georg Leber in Vorbereitung des Besuchs in Bonn zu erkennen gegeben, daß die Russen in ihren Kunstsammlungen eine Anzahl von hervorragenden Picasso-Arbeiten hätten, die aber nie ausgestellt würden. Nein, Picassos hätten sie nicht, sagten die Russen auf den Wunsch des Ministers hin, einige Werke sehen zu dürfen. Jedoch, wie es seine Art war, ließ sich Georg Leber nicht so ohne weiteres abweisen. Und schließlich führte man ihn in ein Kellergewölbe des Kremls und zeigte ihm die „sowjetischen" Picassos. Es sollen nach Lebers Worten nicht wenige Kunstwerke gewesen sein.

Die Russen hätten ihm, so erzählte er weiter, übrigens auch eine Handvoll Zigarettenpäckchen mitgegeben. Ich wurde neugierig. „Na", sagte ich, „hoffentlich hat man Ihnen nicht nur Papirossi aus Machorka-Tabak gegeben." „Ich kenne keine russischen Zigaretten", sagte der Minister und fragte: „Was sind denn gute russische Zigaretten?" Er holte daraufhin aus dem Bücherschrank etliche Päckchen Zigaretten. Es waren die üblichen russischen Zigaretten, die einem Menschen aus dem Westen die Zunge und den Geschmack zerstören konnten. „Halt", sagte ich, „da ist eine Schachtel Kasbek, das sind die besten, die ich kenne und auch die teuersten russischen Zigaretten."

Georg Leber ließ sich das Päckchen geben, schaute es sich ganz genau an, nahm eine Geruchsprobe und reichte mir die Schachtel mit den Worten: „Nehmen Sie! Ich schenke Ihnen die Schachtel"

Als das Geschirr wieder abgeräumt war, nahm Frau Leber die Schachtel Kasbek und legte sie wieder auf den Bücherschrank. „Halt", sagte Georg Leber, „die Schachtel gehört dem Herrn Oberst!" – und drückte sie mir in die Hand.

Das Dienstliche war dann bald besprochen. Georg Leber las sehr sorgfältig den Entwurf seiner Antrittsrede, den ich ihm in seine Villa im Taunus mitgebracht hatte. Dann schaute er mich an, lächelte ein wenig und meinte, man wolle ihn wohl politisch schonen.

„Nun", sagte ich, „Herr Minister, Sie müssen ja nicht gleich bei Ihrer Amtsübernahme in die offenen Messer ihrer Jusos rennen."

Der Minister antwortete darauf: „Gut, einverstanden, in Ordnung, die Rede gefällt mir. Aber machen Sie noch einen Zusatz, egal wo, schreiben Sie in die Rede das Wort ‚Vaterland' und auch vom ‚treuen Dienen des Soldaten'. Dann bin ich einverstanden."

Ich führte seinen Befehl nur zu gerne aus. Vor Georg Leber hatte ich Respekt bis zu seinem Ausscheiden aus dem Ministeramt. Und natürlich auch danach.

Als ich ihm einige Jahre später einmal zu einem runden Geburtstag gratulierte, schenkte ich ihm Ölfarben mit Malblock und Pinsel. Er hat sich im Kreise der Genossen, mit denen er Sekt und Bier trank, sehr darüber gefreut. Nicht alle wußten damals, daß Georg Leber recht ordentlich mit dem Pinsel umgehen konnte.

Als alter Maurer wies er oft darauf hin, daß alles Politische auf einem soliden Fundament ruhen müsse. Wenn das Fundament nicht solide sei, meinte er, dann tauge später der ganze schöne Bau nicht.

Am Tage seiner Kommandoübernahme hielt Georg Leber eine bemerkenswerte Rede, in der er grundlegende Probleme soldatischen Dienens ansprach. Er bekannte, daß er dort, wo er gerade herkomme, nicht gerade leichten Herzens weggegangen sei. Er fügte aber ebenso offen hinzu, daß er den Auftrag, hierher zu gehen und dieses Amt zu übernehmen, auch gerne angenommen habe.

Er übernehme dieses verantwortungsvolle Amt in einer Zeit, in der es nicht überall bequem sei, von Landesverteidigung zu sprechen und sich zur Existenz und Funktion der Streitkräfte zu bekennen. Entspannung sei Teil unserer Sicherheitspolitik. Sie könne nur gelingen, wenn sie gleichermaßen ununterbrochene Verteidigungsanstrengungen voraussetze. Das müßten die Bürger im Lande wissen. Unsere Bundeswehr sei leistungsfähig. Diese Bundesregierung werde sie weiterhin als ein zuverlässiges Instrument der Verteidigung in der Hand des

Willy Brandt (1913–1992) mit dem 1995 verstorbenen DDR-Spion Günther Guillaume (rechts im Bild). Guillaume war seit 1972 der persönliche Referent Brandts. Seine Verhaftung im April 1974 führte zum Rücktritt Brandts als Bundeskanzler (6. Mai 1974).

Staates erhalten. Es sei dabei unabweisbar, daß die Sicherung des Friedens und unserer Freiheit Opfer erfordert. Georg Leber zeigte sich überzeugt davon, daß die große Mehrheit unseres Volkes dies so verstehe und auch so bejahe, und er glaubte, daß die große Mehrheit unserer jungen männlichen Staatsbürger auch bereit sei, die staatsbürgerliche Pflicht des Dienens in der Bundeswehr auf sich zu nehmen.

„Ich habe das Wort ‚dienen' gebraucht", sagte Georg Leber „Ich habe es gebraucht, obwohl ich weiß, daß es in den Augen von vielleicht nicht ganz wenigen als ein wenig altmodisch gilt. Wenn das so ist, dann wäre ich getrost auch ein wenig altmodisch. Dieses Dienen (handschriftlich von Leber im Redemanuskript unterstrichen; d. V.), wie ich es verstehe, ist ein Element der Freiheit und des freiheitlichen Gemeinwesens. Freiheit ist nicht nur frei sein von etwas! Freiheit darf nicht als Freisein des Bürgers von seiner Fürsorge (unterstrichen) und von seiner Verantwortung (unterstrichen) für den freiheitlichen Staat empfunden werden. Das von der Freiheit geprägte und von ihr bestimmte Gemeinwesen, wenn es in sich gefestigt und von Bestand sein soll, ist darauf angewiesen, daß es sich auf der Treue seiner Bürger gründet."

Leber betonte, daß die Autokratie auf Treue verzichten könne. Sie fordere Unterwerfung, sie gebiete die Pflicht, sie verordne den Drill und stelle die Untreue unter Strafe. Die Demokratie lebe davon, daß der Bürger ihr in Freiheit jenes Maß an Verantwortung, Pflichtbewußtsein, Dienstbereitschaft und Treue entgegenbringe, die den demokratischen Staat in die Lage versetze, auch Freiheit selber als hohes Lebensgut zu schützen und zu sichern (von Georg Leber handschriftlich in das Konzept eingefügt).

Georg Leber, der frühere Gewerkschaftsführer und Unteroffizier im Zweiten Weltkrieg, vormals Bundesminister für Post und Fernmeldewesen, trat am 7. Juli 1972 seinen Dienst als Bundesminister der Verteidigung an. Ich war der erste Soldat, der dem Minister in dessen neuer Funktion gegenüber gestanden hat, der sich ihm „anbot", bei der Kommandoübernahme auf dem Hardtberg behilflich zu sein. Aus dieser ersten Begegnung entstand ein Vertrauensverhältnis, das später dazu führte, daß Minister Leber mir, dem damaligen Adjutanten des Generalinspekteurs, eines Tages die Urkunde zur Beförderung zum Brigadegeneral aushändigen konnte.

Leber hatte mit seinem Amtsantritt bis zum dramatischen Ende seiner Amtszeit in der Bundeswehr Gutes bewirkt. Er widerstand allen persönlichen Eitelkeiten, allen Verlockungen des Amtes, auch dessen Versuchungen und nahm die Soldaten der Bundeswehr in seine persönliche Fürsorge, so wie er forderte, daß der Staat den Soldaten in seine Fürsorge nehmen sollte. Nicht nur die Zwänge und Realitäten des Einzelplans 14 im Bundeshaushalt standen dieser Forderung des Ministers entgegen. Die Bundeswehr blieb für viele Politiker lange Zeit, für einige auch heute noch, ein ungeliebtes Stiefkind. Und das hat die Truppe immer gespürt.

Was der Neue wissen muß

Bundesminister Georg Leber war zwar Mitglied der Bundesregierung, doch waren seine Kenntnisse in Fragen der konkreten Sicherheitspolitik mehr oder weniger auf das begrenzt, was ein Kabinettsmitglied wissen mußte. Von großem Nutzen erwies sich schon in den ersten Tagen nach seinem Amtsantritt Lebers besonderes Interesse für alles, was mit Sicherheit zusammenhängt.

Er hatte einen Blick für das Wesentliche und Notwendige, was damals von besonderer Bedeutung war: Er vertraute seinen Soldaten und vergaß nie, daß er selbst gedient und im Kriege gekämpft hatte.

Die Bundeswehr – und hier besonders ihre militärische Spitze – hat viele Minister erleben und auch ertragen müssen. Georg Leber war für seine Soldaten immer da, wenn er gebraucht wurde, das führte schon bald zu einem besonderen Vertrauensverhältnis zwischen politischer Spitze in Person von Georg Leber und militärischer Führung, was nicht bei jedem „Inhaber der Befehls- und Kommandogewalt" so ausgeprägt war.

Schon kurz nach Übernahme des Kommandos informierte der Generalinspekteur den neuen Minister und trug ihm am 11. Juli 1972 die wichtigsten Projekte vor. Man muß berücksichtigen, daß es in der damaligen Zeit um grundlegende Veränderungen bei der Sicherheitspolitik ging und Lebers Vorgänger, Verteidigungsminister Helmut Schmidt, einige richtungsweisende Weichen gestellt hatte, wie zum Beispiel die Einrichtung des Kollegiums – des „Kleinen" und des „Großen Kollegiums" –, der Blankeneser Erlaß und auch die verteidigungspolitischen Richtlinien. Helmut Schmidt hatte die Bundeswehr auf eine neue Grundlage gestellt. Hinzu kam ein verändertes strategisches Denken in der NATO, welches direkte Auswirkungen auf unser Land in einem künftigen Kriege haben mußte. Hier stand die Frage des Einsatzes von nuklearen Waffen im Vordergrund. Es war die Zeit, die auf die Diskussion über „Atomminen" als modernes Mittel einer Grenzsperre folgte, in deren Verlauf der Vorgänger von General de Maizière, General Heinz Trettner, in der Öffentlichkeit heftig attackiert wurde. Aber Trettner war es, der sehr früh, nämlich schon als Kommandierender General des I. Korps in Münster, erkannt hatte, daß der Einsatz einer einzigen nuklearen Waffe den Charakter des Krieges verändern würde und der Besitz einer solchen Waffe dem Staat eine neue und besondere Stellung im Konzert der Mächte einräumen würde.

Zudem war es die Zeit, als öffentlich und durch die Bundesregierung angeregt, die Debatte um eine neue Wehrstruktur entbrannte. Es war ja zu erwarten, daß die Sozialdemokraten nach Übernahme der Regierungsverantwortung dieser Frage eine besondere Aufmerksamkeit schenken würden. Wehrpflicht- oder Milizarmee, das wurde unter Verteidigungsminister Schmidt zur ernsthaften Frage, zu deren Beantwortung ihn die Ortsvereine seiner Partei drängten.

Zur Frage des Einsatzes von nuklearen Waffen betonte Admiral Zimmermann die Notwendigkeit der Einflußnahme der deutschen Seite im Bündnis vornehmlich durch Mitarbeit in der Nuklearen Planungsgruppe, da im Falle eines

Einsatzes von nuklearen Waffen das Gebiet der Bundesrepublik besonders betroffen sein würde. Er informierte den Minister über den Umdenkprozeß auf nuklearem Gebiet, der in den letzten Jahren innerhalb der Bundeswehr stattgefunden hatte und anfangs nicht ohne Schwierigkeiten verlief. Inzwischen aber habe sich der Gedanke durchgesetzt, daß man verteidigen, aber nicht zerstören müsse, daß jeder Ersteinsatz nuklearer Waffen eine qualitative Veränderung des Krieges bedeute und daß, wenn ein solcher Einsatz beschlossen sei, er dosiert erfolgen müsse und dabei das Land, das von diesem Einsatz betroffen wäre, besonders angehört werden müsse. Dies alles waren Gedanken, die ich aus Erfahrung aus meiner Tätigkeit als Nuklearer Planungsoffizier in der CENTAG General Trettner unter Umgehung des Dienstweges vorgetragen hatte. Hier fand ich diese vom Generalinspekteur berücksichtigt. Der Minister wurde dann über die bilateralen Vereinbarungen der Bundesrepublik mit den USA informiert.

Diesem ersten Grundsatzvortrag, vom Generalinspekteur dem Minister Leber vorgetragen, folgten Einzelvorträge der Inspekteure der Teilstreitkräfte. Der neue Minister fühlte sich nun gut gerüstet und betrat die sicherheitspolitische Arena, in der er – auch bei den Verbündeten – bald Vertrauen und Ansehen gewinnen sollte. Hatte noch vor wenigen Tagen Minister Leber mir gegenüber unter vier Augen erklärt, daß er früher sehr gerne Verteidigungsminister geworden, aber dann doch mit seinem Postministerium verwachsen wäre, der Parteidisziplin aber folgen wolle, so spürte man zuerst auf der Hardthöhe in Bonn und dann im Lande, daß die Bundeswehr mit Georg Leber einen „politischen" Chef erhalten hatte, dem der Soldat vertrauen durfte.

Der neue Verteidigungsminister hatte starke Sympathien für den Soldaten und empfahl der Politik, ihn in die Fürsorge zu nehmen. Leber hat dies praktiziert und ist seinem bei Amtsübernahme abgelegten Bekenntnis treu geblieben. Es erwies sich als eine glückliche Wahl, einen Verteidigungsminister zu ernennen, der als Soldat im Kriege an der Front gestanden und das „Soldatsein" auf der Mannschaftsstube erlebt hatte.

An Bonn kommt kein Generalstabsoffizier vorbei

Wer in der Bundeswehr Karriere machen will, für den führt kein Weg am Verteidigungsministerium vorbei. Als ich nach Bonn abberufen wurde, sah ich zwar nicht gerade einen Traum in Erfüllung gehen, aber ich nahm die Entscheidung der Personalabteilung mit einer gewissen Ergebenheit in mein militärisches Schicksal und die künftige Laufbahn hin. An Bonn kommt kein Generalstabsoffizier vorbei. Vor allen Dingen dann nicht, wenn er noch höhere Laufbahnerwartungen hat. Also, auf nach Bonn!

Meine erste Verwendung im Verteidigungsministerium war in der Unterabteilung III des Führungsstabes des Heeres, in welcher unter anderem über die

Organisation des Heeres nachgedacht wurde. Brigadegeneral Hantel, Ostpreuße und ein Soldat, wie ihn nur die Deutsche Wehrmacht hervorbringen konnte, war Leiter der Unterabteilung. Er kannte in der Erfüllung der Dienstpflichten keine Kompromisse, und was befohlen war, das wurde auch gemacht. So hatte er es noch in den Spätjahren der Reichswehr gelernt. Man mag es nicht glauben, doch die Reichswehr mit ihrem Korpsgeist wirkte über die Wehrmacht hinaus noch tief in die Bundeswehr hinein. Wer in der Reichswehr gedient hatte, der war ein guter Soldat. Und wer die Kriegsschule besucht hatte, der war für jede gehobene Verwendung gut zu gebrauchen.

General Ulrich Hantel war als militärischer Führer ohne Zweifel ein Vorbild. Dazu war er Ostpreuße, also zuverlässig und treu, gewissenhaft und bescheiden. Von General Hantel lernte ich im Hinblick auf das Thema Disziplin über das hinaus, was mir ohnehin bereits beigebracht worden war, noch einiges dazu. Schon nach einigen Monaten erkannte ich an der Zuweisung von Aufträgen, daß ich vom Unterabteilungsleiter FüH III offenbar den anderen Kameraden gegenüber leicht bevorzugt wurde. Schwierige Aufgaben übertrug er mir anstatt einem alten „Ministerialhasen". Und er freute sich über gute Arbeitsergebnisse.

Nun, ich muß heute zu meinem Bedauern gestehen, daß ich in jener Zeit und in meinem Zuständigkeitsbereich nicht gerade besonders eifrig oder gar fleißig gewesen war. Ich tat immer genau das, was befohlen war, ließ aber einige Vorgänge auch schon einmal über längere Zeiträume hinweg auf dem Schreibtisch liegen. Erstaunt war ich ab und zu, Unterlagen, die von ihrem Verfasser als außerordentlich wichtig erachtet und mit Eilvermerk versehen worden waren, nach etlichen Monaten in meinem Panzerschrank wiederzufinden und durch die Zeitabläufe als erledigt ansehen zu können. Das Zusammensetzen von Organisationskästchen zu einer Kompanie oder einem Bataillon war ja auch nicht gerade eine besonders herausfordernde Aufgabe, die mich mit Genugtuung erfüllt hätte. Aber auch diese Arbeit mußte natürlich pflichtbewußt erledigt werden. Da machte mir die Ausfertigung von Zustandsberichten des Heeres schon mehr Freude. Hier endete die Zusammenfassung aller Teile in einem Urteil über den Zustand des deutschen Heeres, wie etwa „Bedingt abwehrbereit!", was seinerzeit dem „Spiegel" zu einer wesentlichen Erhöhung der Auflage verhalf und meinem späteren Freund Conrad („Conny") Ahlers Unliebsamkeiten einbrachte. Der Zustandsbericht bestand aus reinen Textpassagen; ich konnte hier formulieren, wie Journalisten es zu tun pflegen. Schreiben machte mir einfach Freude. Das war natürlich etwas völlig anderes als die Überlegung, ob ein Zug auf zwei Dienstposten im Friedensdienst verzichten könnte oder auch nicht.

Mein Dienst in der Unterabteilung III war eingestandenermaßen nicht gerade eine besondere berufliche Herausforderung oder gar Erfüllung. Mit meinem Vorgesetzten hatte ich keine Probleme, das wäre auch kaum vorstellbar gewesen, denn ich war ja wie er geborener und auch überzeugter Ostpreuße. Und der Ostpreuße General Hantel war mit meiner Arbeit offensichtlich sehr zufrieden.

Jeden Tag versammelte sich die Unterabteilung mittags pünktlich um 12 Uhr um ihren Chef und marschierte gemeinsam in das Kasino zum Mittagessen. Hantel achtete auf militärische Ordnung in jeder Beziehung. Beim Essen wurde das dienstliche Gespräch nicht unterbrochen, aber es gab doch auch unmilitärische Bemerkungen. Witze waren willkommen. Dabei wurde Politik nicht ausgeklammert. Der Offizier der Bundeswehr konnte damals über politische Probleme im Kreise seiner Kameraden offen reden. Das sollte sich allerdings später etwas ändern, als mit den veränderten politischen Rahmenbedingungen und einer bald zu beobachtenden Politisierung des Offizierkorps ein anderer Geist in die Bundeswehr Einzug hielt.

Die Deutsche Wehrmacht war zwar auf Adolf Hitler eingeschworen, aber in ihrem Kern war sie – von Ausnahmen abgesehen – völlig unpolitisch bis zum bitteren Ende. Der 20. Juli 1944, das war eben etwas ganz Besonderes. Es war eine politische Tat, sie entsprang nur am Rande dem Ergebnis militärischer Lagebeurteilung. Gewiß, die Männer des Widerstands um Feldmarschall von Witzleben und Oberst Graf Stauffenberg handelten im Angesicht einer sich abzeichnenden militärischen Katastrophe. Ihr Entschluß zum Tyrannenmord war zweifelsohne politisch motiviert.

Im Rahmen einer deutschland- und sicherheitspolitischen Arbeitstagung der Gesellschaft für die Einheit Deutschlands in Strausberg bei Berlin – welche, wie insgesamt 73 Tagungen der Gesellschaft für die Einheit Deutschlands, durch die Bundeszentrale für politische Bildung gefördert wurde – habe ich im Hofe des Bendlerblocks in Berlin an der Stelle, an der Stauffenberg und seine Kameraden erschossen wurden, ein Blumengebinde niedergelegt. An meiner linken Seite stand Generalmajor a. D. Peter Steurich aus Strausberg, ein Soldat der ehemaligen Nationalen Volksarmee (NVA). Gemeinsam verneigten wir uns vor den Opfern des 20. Juli 1944. Dies war von uns beiden deutschen Generalen nicht als Geste gedacht, sondern als Bekenntnis.

Ich reichte dem General die Hand, der sie ganz fest drückte. Es erinnerte mich an den Augenblick, als ich bei einer Tagung gemeinsam mit einem anderen Teilnehmer aus dem früheren Ostberlin die Basilika „Vierzehnheilige" in Oberfranken verließ. Die Sonne neigte sich gen Westen, als der Freund aus dem früheren Ostberlin spontan meine Hand ergriff und sagte: „Herr General, hier habe ich heute bei Ihnen mein Deutschland gefunden."

Mit Aufstellung der Bundeswehr im Jahre 1955 wollten die meisten Offiziere der neuen Armee dort anknüpfen, wo sie 1945 aufgehört hatten. Sie wollten mit ihren Kriegserfahrungen neue Formen der Ausbildung einführen, sie dachten aus Überzeugung an das Bild des modernen Soldaten als eines Soldaten in der Demokratie, der Geist der neuen Armee aber sollte doch weitgehend unpolitisch bleiben. Das konnte natürlich nicht ganz funktionieren. Es konnte einfach schon deshalb nicht gelingen, weil der neue deutsche Soldat nicht von allen Parteien gleichermaßen respektiert wurde. Da die Politik und die Parteien den Soldaten der Bundeswehr unterschiedlich beurteilten oder zum Teil sogar ablehnten, verachteten und haßten, konnte die Politik vom Soldaten nicht ferngehalten werden. So, wie die Politik sich bekennen mußte, und zwar für oder gegen den neuen deutschen Soldaten, so war der Soldat gefordert, sich zu entscheiden – für oder gegen eine politische Partei. Die meisten Soldaten haben das sehr bedauert. Ihnen wäre das alte Modell der Reichswehr doch viel sympathischer gewesen.

Man wird hinsichtlich der politischen Orientierung des Offizierkorps zum Zeitpunkt der Aufstellung der Bundeswehr feststellen müssen: Der Offizier wollte unpolitisch bleiben, doch es wurde ihm versagt. Später sollte sich herausstellen, daß Politik in der Kaserne durchaus eine Gefährdung für die Kameradschaft bedeuten konnte. Es war die Zeit, als mit der rot-gelben Koalition der erste heftige Einbruch der Politik in die Kasernen erfolgte. Die Bundeswehr hatte damals, in den Jahren 1968/69, bereits ihre ersten größeren Probleme hinter sich. Mit Helmut Schmidt war ein neuer Geist auf die Hardthöhe eingezogen. Damals hatte ich gerade den Zustandsbericht des Heeres gefertigt und marschierte mit ihm zum Vortrag in das Büro des Stellvertreters des Inspekteurs des Heeres. Generalleutnant Ernst Ferber, der Stellvertreter, schien mit dem Ergebnis meiner Arbeit einverstanden gewesen zu sein. Als ich mit dem Vortrag zum Ende kam, fragte er mich mehr oder weniger unvermittelt: „Was halten Sie davon, wenn Sie zu mir kommen und für mich arbeiten? Ihr Bericht ist gut."

Kurze Zeit nach Übernahme der Befehls- und Kommandogewalt durch Minister Schmidt gab es in Bonn die sogenannte Grashey-Affäre. Generalleutnant Hellmut Grashey, damals Stellvertreter des Inspekteurs des Heeres, hatte auf einer Veranstaltung der Führungsakademie der Bundeswehr in Hamburg-Blankenese vor den Generalstabsaspiranten die flapsige Bemerkung gemacht, die Innere Führung sei zu Beginn der Aufstellung der Bundeswehr gewissermaßen ein Feigenblatt oder eine Maske gewesen. Das veranlaßte den Kommandeur Generalmajor Dr. W. zu einer spontanen kritischen Replik im Moltke-Saal der Führungsakademie. Er verwahrte sich energisch gegen seinen Bonner Vorgesetzten und entschuldigte sich vor den Lehrgangsteilnehmern für die verbalen Entgleisungen des Generals von der Bonner Hardthöhe. Das war eine einmalige Situation.

Grashey wurde postwendend versetzt, und Generalleutnant Ferber folgte ihm auf seinen Bürostuhl auf dem Fuße. In Folge der „Grashey-Affäre" gab es weitere personelle Veränderungen im Verteidigungsministerium. Der bisherige Stabsoffizier beim Stellvertreter des Inspekteurs des Heeres war offensichtlich auch in Ungnade geraten und mußte sein Dienstzimmer räumen. „Wollen Sie seine Nachfolge antreten, Komossa?" fragte mich General Ferber. Warum eigentlich nicht, dachte ich, und sprach es auch aus. „Und wann, Herr General, soll ich anfangen?" fragte ich. Die Antwort war schlicht und militärisch knapp: „Morgen!"

Als ich mit der Entscheidung des Generals zu meinem Unterabteilungsleiter General Hantel kam, erlebte ich einen Ausbruch von Gefühlen. Doch dieser verebbte bald und hatte keine weiteren Folgen, denn Befehl war schließlich Befehl! Dieses Prinzip galt auch in der Bundeswehr – wie zuvor bereits in Wehrmacht und der Reichswehr. Also räumte ich meinen Schreibtisch auf und richtete die noch unerledigten Papiere für meinen zu diesem Zeitpunkt noch unbekannten Nachfolger. Schon am nächsten Morgen begrüßte ich den Stellvertreter des Inspekteurs des Heeres mit einem fröhlichen „Guten Morgen, Herr General!".

Die Arbeit mit und für General Ferber war in jeder Hinsicht angenehm. Der General war ein sehr gebildeter Offizier. Er stammte zudem aus einer Familie, die einen großen deutschen Maler hervorgebracht hatte. In seinem Auftreten war er stets korrekt, geradezu ein Gentleman in Uniform. Seine stets geübte, offensichtliche Anpassung an den neuen politischen Stil war allerdings nicht so ganz nach meinem Geschmack.

Es bildete sich bei der Bundeswehr in den Jahren 1968/69 ein Prozeß der Anpassung an den politischen Willen aus. Natürlich war das Prinzip des Generals von Clausewitz vom „Primat der Politik" keineswegs in Frage gestellt. Es wurde wohl im allgemeinen auch von der Generalität nicht immer mit besonderer Freude, aber eben doch als Grundprinzip akzeptiert. Gerade weil die Generale sich bereitwillig der Politik unterordneten, war es besonders ärgerlich, wenn hohe Beamte, wie zum Beispiel der Ministerialdirektor Ernst Wirmer, diesen Grundsatz als Prinzip des Primats des Zivilen mißdeuteten. So wurde stets sorgfältig darauf geachtet, daß der Staatssekretär im Rang über dem ranghöchsten Soldaten stand. Auf der höchsten Führungsebene im Ministerium gab es so seit Gründung der Bundeswehr nicht nur Rivalitäten, nein, es gab auch ein stetes Gerangel um Einfluß auf den Minister bzw. um Reputation, was in Wahrheit, man sollte es zugeben, ein Kampf um Macht war.

Immer wieder gab es Versuche der Generalität, den überproportionalen Einfluß der Staatssekretäre auf die politische Spitze auf das zwingend Notwendige zu begrenzen. Sie scheiterten jedes Mal am Widerstand des Inhabers der Befehls- und Kommandogewalt, gleichgültig, ob dieser nun Schröder, von Hassel, Schmidt, Leber oder Apel hieß.

Ernst Wirmer war in den Aufbaujahren der Bundeswehr die graue Eminenz. Er war der Mann der ersten Stunde und hatte als Abteilungsleiter III/Verwaltung großen Einfluß auf den Prozeß des Aufbaus der Bundeswehr. Wirmer kam aus einer westfälischen, katholischen Beamtenfamilie. Durch enge Bindungen an seinen Bruder, der zu dem Kreis der führenden Männer des Widerstands gegen Hitler gehörte, geriet auch er in Opposition zu den Machthabern im Dritten Reich und war zeitweise in Haft.

Als eines der jüngsten Mitglieder war er im Parlamentarischen Rat und arbeitete mit an der Schaffung des Grundgesetzes. Adenauer machte ihn zu seinem persönlichen Referenten und ernannte ihn als Mann seines Vertrauens zum ersten Mitarbeiter des späteren Verteidigungsministers Theo Blank. Wirmer gewann maßgebenden Einfluß auf die Konzeption des Verteidigungsbereichs. Man hat ihn auch als „Vater der Bundeswehrverwaltung" bezeichnet. Ohne

Zweifel hat er sich ganz besondere Verdienste beim Aufbau der Militärseelsorge erworben. Diese lag ihm als gläubigem Christen ganz besonders am Herzen. Die entsprechenden Staatsverträge für den Aufbau der Militärseelsorge als ständigem Begleiter und Betreuer des deutschen Soldaten der Bundeswehr waren sein Werk. Ernst Wirmer hatte gleichermaßen starken Einfluß auf die Gestaltung der Wehrverfassung und der Wehrgesetzgebung. Zu seinen Verdiensten gehört sicherlich die Einbindung der Bundeswehr in die gesellschaftliche Struktur unseres Staates. Trotz des stets gespannten Verhältnisses der Generalität zur administrativen Spitze des Ministeriums in Gestalt von Wirmer kann ihm die Anerkennung für seine persönlichen Verdienste bei Schaffung und Aufbau der Bundeswehr nicht bestritten werden.

Die Aufbauphase der Bundeswehr war vom Streit zwischen oberster Verwaltung und dem Militär geprägt. Die jeweiligen Minister wußten es. Sie nahmen es zur Kenntnis. Der „Blankeneser Erlaß" von Helmut Schmidt, der für knapp 35 Jahre Bestand hatte und das Verhältnis der politischen zur militärischen Spitze regelte, schaffte für das Verhältnis „hier Militär, dort Administration" eine gewisse Klärung, doch die Probleme löste er nicht. Der Erlaß erhielt im Jahre 2004 durch Minister Struck eine Modifizierung, die man als Schönheitsoperation bezeichnen kann. Spannungen wurden damit nicht aus der Welt geschafft.

Der Generalinspekteur konnte – immerhin – seinen Inspekteuren nun endlich Befehle erteilen; einen militärischen Oberbefehlshaber aber gab es weiterhin nicht in der deutschen Armee. Ein wenig mehr als nur politischer Berater der „Leitung" war der Generalinspekteur im Jahre 2005 schon, aber die Position seiner Kameraden im Bündnis, der Generalstabschefs, blieb ungleich stärker als die seinige. Und daran wird sich auf absehbare Zeit wohl auch nichts ändern.

Die Generalität unter dem sozialdemokratischen Oberbefehl gehorchte ihrer politischen Führung. Zuweilen tat sie dies etwas unwillig, aber die klar gezogene Grenze wurde nie überschritten, von keinem Generalinspekteur. Und wenn es dann einmal wirklich an die Grenze des Erträglichen ging, dann wurde nicht widersprochen, nicht öffentlich, nicht in der Ministerrunde. Einmal war eine Entscheidung des Ministers für General Ferber, damals Stellvertreter des Inspekteurs des Heeres, nicht nur nicht verständlich, nein, sie war für ihn einfach nicht akzeptabel. Er kam an diesem Tage aus dem Ministerkabinett zurück, und es schien mir, als wenn er sich nur sehr schwer beherrschen konnte. Dann platzte es förmlich aus ihm heraus; sein Zorn, seine Enttäuschung, vielleicht gar seine Wut: „Das ist doch unmöglich, die Höhe ist das, das kann der Minister doch nicht tun!" Sein Unmut machte sich in einer plötzlichen Handbewegung Luft, mit der er die Akten von seinem Schreibtisch fegte, mir direkt vor die Füße. „Nein, das geht zu weit!" fand er. Ich fand es auch. Zwar hatte ich bis dahin noch nicht voll verstanden, worum es in der Konferenz gegangen war, doch der Minister muß seinen Generalen schon ziemlich viel zugemutet haben.

Als Adjutant kannte ich nach mehrjährigem Dienst meine Pflichten recht gut, aber in diesem Augenblick fühlte ich mich unsicher. Was sollte ich nur tun?

Wahrscheinlich mußte ich mich bücken und die Akten wieder aufheben, dachte ich. Aber gehörte das wirklich zu den Pflichten eines Adjutanten? Ist das die Aufgabe eines Offiziers? Ich zögerte, sah den General an und wartete – zu lange vielleicht? Der General sah mich nun an, ein feines Lächeln huschte über seine Gesichtszüge, ohne eine Reaktion von mir abzuwarten, beugte er sich vor, hob die Akten auf und ordnete sie auf dem Schreibtisch. „Das ist eine Schweinerei", sagte der General. Ich war nicht sicher, was genau er damit meinte ... und war unsicher, ob ich mich in dieser besonderen Situation als Adjutant richtig verhalten hatte.

Über Aufgabe und Pflichten eines Adjutanten auf höchster militärischer Ebene wäre an dieser Stelle einiges zu sagen. Im Gespräch mit meinem, von mir hochverehrten Generalinspekteur Admiral Armin Zimmermann bemerkte ich einmal vor einer Paradeaufstellung zum Empfang des NATO-Oberbefehlshabers auf dem Antreteplatz im Ministerium, daß ich mich hinter ihn in der zweiten Reihe aufstellen würde. „Ich bin hinter Ihnen im zweiten Glied, Herr Admiral. Direkt hinter Ihnen", sagte ich. „Unsinn, Komossa", so der Generalinspekteur, „Sie gehören in das erste Glied!" So wurde es dann auch gehalten. Nicht allen hohen Generalen hätte dies gefallen. Doch war auch hier Befehl eben Befehl.

Übrigens habe ich es in meinem Soldatenleben immer wieder begrüßt, daß mir der Dienstherr die Freiheit einräumte, mich politisch offen zu bekennen oder auch nicht. In Bonn habe ich ja erlebt, wie schwer ein politisches Bekenntnis für einen Soldaten sein konnte. Natürlich besonders dann, wenn er Führungsfunktionen innehatte. Als Kommandeur auf verschiedenen Ebenen habe ich es immer für gut empfunden, wenn mich niemand politisch genau einordnen konnte. Das hat mir dann wenigstens einen von beiden Fragestellern nicht zum Feind gemacht. Und das war in Ordnung.

Nun dauerte es aber auch in dieser Verwendung als Persönlicher Stabsoffizier beim Stellvertreter des Inspekteurs des Heeres nicht sehr lange, bis eines Tages der Dienstposten des Adjutanten beim Generalinspekteur neu zu besetzen war. Dr. Gottfried Greiner, der bisherige Inhaber, mußte in die Truppe, denn er sollte ja noch „etwas werden", und suchte dringend einen Nachfolger. Das tat er natürlich nicht alleine. Und es gab sogar auch Bewerber, die, wie sie später bekannten, sich selbst zur Verfügung hielten. Mir wurde eines Tages vertraulich mitgeteilt, daß der Generalinspekteur überlege, ob ich als Nachfolger für Dr. Greiner in Betracht käme. Nicht lange danach wurde ich zum Generalinspekteur befohlen, der mir, wie bereits erwähnt, seine Absicht bekanntgab und dabei versicherte, daß diese Verwendung auf ein Jahr begrenzt sein würde, weil er dann – man habe sich mit dem Minister bereits verständigt, daß eine Verlängerung seiner Dienstzeit nicht in Frage käme – in den Ruhestand versetzt würde. Dann würde auch ich frei sein für eine Verwendung als Brigadekommandeur, auf die ich ja, wie er wisse, bereits sehnsüchtig wartete. Das mit dem Warten war schon richtig. Aber, was ist ein Jahr im Leben eines Soldaten? Was konnte ich da noch sagen? Einem Generalinspekteur verweigert man sich nicht. Das war eine Sache der Ehre. Und so nahm denn alles seinen Lauf.

Als ich mich aber dann nach einem Jahr beim Ausscheiden von General de Maizière wieder auf mein Kommando als Brigadekommandeur freute, sagte Admiral Zimmermann, sein Nachfolger im Amt des Generalinspekteurs, bei seinem Dienstantritt: „Und nun, Herr Oberst, freue ich mich auf eine Zusammenarbeit mit Ihnen. Für ein Jahr! Dann übernehmen Sie ihre Brigade."

Und so kam es dann auch. Eines sei hier festgehalten: Wenn die Kriegsgefangenschaft für mich die Hohe Schule des Lebens war, in der ich mit allen Aspekten menschlicher Stärken und Schwächen konfrontiert wurde, dann waren die zwei Jahre als Adjutant des Generalinspekteurs in Bonn die interessantesten Jahre meiner Laufbahn als Soldat. Sie waren keineswegs die schönsten, aber die erlebnisreichsten.

Diese Jahre an der Nahtstelle zwischen Politik und Militär hatten zu Beginn ihren besonderen Reiz. Am Ende erwiesen sie sich als die wichtigsten im Leben eines Soldaten. Wichtig allein durch die Persönlichkeiten, die hier in besonderer Aufgabe zusammengeführt wurden, wie auch durch die ganz besondere Zeit, die von Aufbruch in vielerlei Hinsicht gekennzeichnet war. Die SPD war in die Verantwortung für die Bundeswehr getreten, die „68er" drängten nach dem Motto „Koste es, was es wolle" an die Macht. Josef „Joschka" Fischer, der Mann, den die Sicherheitsdienste damals observieren mußten, stand in seinen politischen Startlöchern. Daß dieser „Joschka" Fischer eines Tages die Bundesrepublik und später das wieder vereinte Deutschland als Außenminister repräsentieren würde, das hätte damals wohl niemand für möglich gehalten.

Die Sache mit dem Tritt Fischers nach einem am Boden liegenden Polizeibeamten war ja nicht nur „ein Fall dieser Art". Als Chef des MAD in jener Zeit hatte ich einen besonders privilegierten Einblick in das politische Geschehen auf den Frankfurter Straßen und in den Wohngemeinschaften, in denen heute ältere und ergraute oder rot- oder schwarzgefärbte Damen und Herren ihre lustreichen Jahre verbracht haben. Leider habe ich dabei in einer Gaststätte in Bahnhofsnähe beim Einsatz gegen Terroristen und Extremisten einen meiner Unteroffiziere verloren.

Der Militärische Führungsrat

Der Militärische Führungsrat (MFR) trat in der Regel alle vier Wochen zusammen. Ihm gehörten der Generalinspekteur der Bundeswehr, die Inspekteure der Teilstreitkräfte Heer, Luftwaffe, Marine und Sanitätswesen sowie der Leiter der Abteilung Personal an. Über jede Sitzung wurde durch den Adjutanten des Generalinspekteurs ein Protokoll geführt. Während die Teilnehmer der Runde an einem großen Konferenztisch im offenen Viereck saßen, hatte ich als Adjutant meinen Platz am sogenannten Katzentisch in der Ecke des Raumes am Fenster.

Das Ritual war immer gleich. Der Generalinspekteur eröffnete die Sitzung und stellte die Anwesenheit fest. Dann bat er bei Punkt 1 der Tagesordnung um Stellungnahme oder Zustimmung zum Protokoll der letzten Sitzung. In der Regel gab es geringfügige Änderungswünsche, manchmal aber wurde auch um einige Formulierungen regelrecht gestritten. Meist kamen die Einsprüche aus der Ecke, in der der Inspekteur der Luftwaffe seinen Platz hatte.

Der Inspekteur der Marine zeichnete sich durch eine besondere Zurückhaltung aus. Dies vor allem dann, wenn es sich um Dinge handelte, die für die kleinste Teilstreitkraft der Bundeswehr ohne Gewicht waren. Einmal, wohl in Anlehnung an die kanadische Regelung, wurde beraten, ob die Uniformen der Teilstreitkräfte vereinheitlicht werden sollten. Wenn der Marine das blaue Tuch genommen worden wäre, dann, so ist zu vermuten, hätte es wohl den ersten Aufstand der Generale (in diesem Fall: der Admirale) in der Geschichte der Bundeswehr gegeben.

Die Tagesordnung des MFR wurde von mir entworfen und dem Generalinspekteur zur Genehmigung vorgelegt. Sie enthielt in der Regel Tagesordnungspunkte, die mit der aktuellen Lage der Bundeswehr in Verbindung standen.

Ein Beispiel mag die Arbeitsweise und die Themen, mit denen sich der MFR beschäftigte, beleuchten: Der Inspekteur des Heeres hatte festgestellt, daß die Inspekteure der Teilstreitkräfte nicht an allen wichtigen Entwicklungen durch die Leitung des Hauses beteiligt wurden. Er bat darum, daß in allen schwerwiegenden Fragen, wie zum Beispiel in denen, die den Einsatz nuklearer Waffen betrafen, die Inspekteure als Berater des Ministers und des Generalinspekteurs in Fragen ihrer Teilstreitkraft Gelegenheit erhielten, vor Ministerkonferenzen ihre Auffassung vorzutragen. Die Inspekteure Luftwaffe und Marine schlossen sich dieser Auffassung an.

Der Inspekteur des Heeres forderte darüber hinaus, auch die Kommandierenden Generale der Korps und die Divisionskommandeure über die deutsche Auffassung zu unterrichten, da diese auf dem nuklearen Gebiet überwiegend den Einflüssen der alliierten Kommandobehörden unterworfen waren.

Der Generalinspekteur stimmte dem Antrag des Inspekteurs des Heeres zu und versprach, die Sache dem Minister vorzutragen.

Der Generalinspekteur verstand sich in dem MFR als Primus inter pares. Wenn es auch bei den Sitzungen hier und da zu Auseinandersetzungen zwischen den Teilstreitkräften kam, so herrschte doch ein kollegiales Verhältnis vor.

In der Frage der Bildung einer Sozialabteilung im Ministerium betonten die Inspekteure das starke Interesse ihrer Teilstreitkräfte und versuchten, es auch durchzusetzen. Als der DGB und vor allem die damalige Gewerkschaft ÖTV massive Versuche unternahmen, die Streitkräfte zu unterlaufen und mit ihren Aktivitäten sowie mit Unterstützung des Ministers in den Kasernen Fuß zu fassen, stemmten sich die Inspekteure nach intensiven Beratungen im MFR gegen dieses Vorhaben. Schon in der Anfangsphase legte der Generalinspekteur dem Minister schriftlich die Auffassung der Inspekteure dar und äußerte die Bedenken des MFR. Der Minister nahm dies zur Kenntnis und erklärte, daß die Vorlage „Bestandteil der Aktenunterlagen" sci. Die Inspekteure beharrten auf ihrer Forderung, daß in der Schlußfassung des Erlasses das Hausherrenrecht der Kommandeure gewahrt werden müsse. Auch hier stimmte der Generalinspekteur zu. Der weitere Verlauf der gewerkschaftlichen Versuche, in den Kasernen tätig zu werden, ist Geschichte. Der Streit hatte indirekt oder eher auch direkt zum Rücktritt von Generalinspekteur Heinz Trettner geführt, der nicht hinnehmen wollte, daß der Generalinspekteur bei der endgültigen Entscheidung über die Tätigkeiten der Gewerkschaften in den Kasernen nicht beteiligt wurde.

Der MFR war keineswegs ausführendes Organ der Leitung. Er hatte den Generalinspekteur zu beraten. Wie in der Frage der gewerkschaftlichen Aktivitäten in den Kasernen, so wurden auch politische Vorgänge mit möglichen Auswirkungen im Bereich der Sicherheitspolitik kritisiert. Ich erinnere mich an einen Flug von Egon Bahr im Jahre 1971 nach Ost-Berlin. Die politische Leitung hatte den Flug geheimhalten wollen und ein Schweigegebot verhängt. Der damalige Inspekteur der Luftwaffe äußerte sein Befremden darüber, daß er als beteiligter truppendienstlicher Vorgesetzter infolge dieses Schweigegebotes erst aus der Presse über den Flug erfahren hatte, nachdem er bereits durchgeführt worden war. Der Generalinspekteur hatte sich kritisch über die Durchführung dieses Fluges geäußert, und zwar besonders wegen der möglichen bündnispolitischen Auswirkungen. Die politische Leitung nahm auch diese Kritik der hohen Militärs zur Kenntnis. Mehr geschah nicht.

Wo Abstimmungen oder Entscheidungen nicht notwendig waren, wurde der MFR zur gegenseitigen Information durch die Inspekteure über deren Teilstreitkraft genutzt. Intensiv befaßte sich das Gremium mit Haushaltsfragen der Bundeswehr und Ausrüstungsproblemen, vor allem auch mit der Inneren Führung und der Bundeswehrplanung. Ich erinnere mich auch an lange Debatten um die mögliche Ausrüstung der Bundeswehr mit einer einheitlichen Uniform nach der Art der kanadischen Streitkräfte.

Bei Uniformfragen gab es einen richtigen Streit. Wie breit sollten wohl die Streifen auf dem Ärmel oder der Schulterklappe sein? Und welche Farbe mußten sie haben? Vor Einführung des kleinen Gesellschaftsanzugs gab es besonders lebhafte Debatten. Die Luftwaffe machte sich für den „kleinen Gesellschaftsanzug" in Smokingform stark, mit Kummerbund, gestickten Dienstgradabzeichen am Unterarm und Tätigkeitsabzeichen auf der rechten Brust. Das Revers sollte spitz sein.

Der Inspekteur des Heeres trug seine Vorstellungen vor und schlug einen Anzug auch in Smokingform, allerdings schwarz, vor. Hinsichtlich der Form des Revers wollte das Heer im Sinne einer einheitlichen Lösung dem Vorschlag der Luftwaffe folgen.

Der Generalinspekteur legte schließlich Wert darauf, daß der kleine Gesellschaftsanzug nicht nur auf Offiziere beschränkt sein sollte. Nach seiner Vorstellung sollten auch die Unteroffiziere die Möglichkeit bekommen, den Anzug zu tragen. Es sollte dies aber keine Frage der Selbsteinkleidung sein. Die Initiative für die Einführung des kleinen Gesellschaftsanzugs war von der Luftwaffe ausgegangen. Sie wollte sich den Gepflogenheiten und dem Aussehen der Verbündeten anpassen, was ja auch tatsächlich zu begründen war. Ein wenig komisch sieht es schon aus, wenn Briten, Franzosen und Amerikaner mit geschmückter Brust glänzen, und die Deutschen stehen in ihren Arbeitsanzügen beim festlichen Bankett daneben. Schließlich fand der Vorschlag der Luftwaffe im MFR die Zustimmung des Generalinspekteurs, allerdings gab er dem Inspekteur des Heeres zu überlegen, ob statt schwarz nicht doch eine andere dunkle Farbe in Frage käme. Damit war der Weg frei für die weiteren Erörterungen der Anzugsfrage in der Abteilungsleiterkonferenz des Ministers.

Ähnlich interessant waren die Beratungen zur Haartracht des Soldaten, die ja bekanntlich dem damaligen Minister Helmut Schmidt gleichgültig war. Ob es wirklich so war, blieb unbewiesen. Schwierig wurde es erst, als deutsche Soldaten mit Zopf und Haarnetz bei den Olympischen Spielen in München 1972 die deutschen Streitkräfte repräsentieren sollten. Was haben die Generale damals leiden müssen! Aber man mußte sich der Politik beugen. Lange zog sich diese Qual in der Truppe wie im Ministerium dahin, bis schließlich Admiral Zimmermann bei einem Segeltörn in der Ostsee dem Minister das Zugeständ-

Der Autor (links) mit Admiral Armin Zimmermann, von 1972–1976 5. Generalinspekteur der Bundeswehr. Zimmermann war der erste Marineoffizier in diesem Amt.

nis abpreßte, daß er darauf bestehe, daß wieder geschnitten und rasiert werde; andernfalls würde er, der Admiral, den Dienstposten des Generalinspekteurs nicht übernehmen. Seit damals steht die Frage im Raum: Wie weit geht die persönliche Freiheit in Uniform? Bei der „Verteidigung deutscher Interessen am Hindukusch" (Ex-Verteidigungsminister Peter Struck [SPD]) ist dies heute keine Frage mehr. Hier könnte man höchstens die Frage stellen, in welche Richtung der deutsche Soldat beobachten muß, wenn er an einem blühenden Mohnfeld vorbei Patrouille fährt ...

Der MFR war ein wichtiges Instrument der militärischen Führung und Planung, während die Abteilungsleiterkonferenz (ALK) alle Elemente des Ministeriums – die militärischen und zivilen – um einen großen Tisch versammelte. Die Bedeutung des MFR wird häufig nicht ausreichend gewürdigt. Was hier besprochen und beschlossen wurde, drang nie an das Licht der Öffentlichkeit. Die Mitglieder waren Generale. Dies allein gab dem Generalinspekteur die Sicherheit, daß aus den Sitzungen kein Wort an die Öffentlichkeit drang, ja nicht einmal in die Abteilungen des Ministeriums.

Die bisher absolute Geheimhaltung in diesem Gremium schien einmal nicht mehr gesichert zu sein, als der MFR um einen Beamten erweitert wurde. Es wurde überlegt, ob man bei einigen brisanten Konferenzen den zivilen Abteilungsleiter besser nicht einladen sollte. Aber das ging wohl nicht. Wie die Beamten dem Soldaten oft mißtrauisch begegneten, stieß hier nun ein Beamter durch eine ministerielle Entscheidung auf das Mißtrauen der Militärs. Es wurde beraten und überlegt, ob man nicht nach dem von Minister Schmidt vorgegebenen Modell des „Großen" und des „Kleinen Kollegiums" einen „Großen" und einen „Kleinen MFR" installieren sollte. Doch wurde dieser Plan sogleich wieder verworfen. Was also war zu tun? Man ließ es zunächst auf einen „Truppenversuch" ankommen, das hatte sich ja bisher immer als sehr praktisch erwiesen. Die Generale schluckten also die Kröte – widerwillig zwar – und konnten bald feststellen, daß ihre Befürchtungen wohl nicht begründet waren. Das neue zivile Mitglied im MFR gab keinerlei Anlaß zur Besorgnis. Er blieb ihnen gegenüber stets loyal.

Für den Minister hatte diese Lösung aber natürlich den Vorteil, daß er, wenn er denn wollte, einen Vorsprung an Information bekam, bevor eine Sache in der Abteilungsleiterkonferenz vorgetragen wurde und er vom Generalinspekteur unterrichtet wurde. Helmut Schmidt war ein Taktiker. Und auch auf diesem Gebiet ein wirklich großer Könner, nein, nicht nur auf diesem Gebiet. Man muß in der Politik schon sehr lange nach seinesgleichen suchen.

Ein Bereich besonders interessanter Erörterungen im MFR waren die Beförderungsfragen, insbesondere die der Generale, die in Gegenwart des Abteilungsleiters Personal beraten wurden. Es ist schon hochinteressant, wie in Bonn auf der Hardthöhe Generale gemacht wurden. Sicherlich gab es hier nie ein „Versehen", wie manche meinten, aber die Wege, die zur Beförderung führten, waren zuweilen doch von einer Art, die der normale Mensch nicht verstehen zu können glaubte. Mir ist es in meinem Leben als General zweimal passiert, daß mir

Kameraden ihre große persönliche Enttäuschung bei meiner Beförderung oder Verwendung – zum Beispiel als Chef des MAD – aussprachen. Sie hielten sich für wesentlich besser als mich geeignet. Das vertrauten mir zwei Herren mit großer Bitterkeit an. Ungeachtet dieser hohen Wertschätzung ihrer eigenen Person haben sie die sich selbst gesetzten Ziele trotz umfangreicher Bemühungen und Klageandrohungen nicht erreichen können.

Meine Erinnerung an den MFR ist überschattet durch ein Ereignis, das mich noch heute persönlich sehr berührt. Eines Tages, es war um die Mittagszeit, rief mich in Hamburg der damalige Generalinspekteur, Admiral Armin Zimmermann, an. Er wollte sich bei mir „Luft verschaffen" und klagte mir sein Leid. Es mußte wohl in der Konferenz am Vormittag Spannungen gegeben haben. Der Admiral war verärgert.

Einige Stunden später erhielt ich wieder einen Anruf aus Bonn. Sehr erregt informierte mich die Sekretärin des Admirals, daß dieser während der Konferenz des MFR zusammengebrochen sei. Er sei bewußtlos in sein Dienstzimmer gebracht worden, und die Ärzte bemühten sich um ihn. Ich war sehr betroffen, denn mir war ja bekannt, daß der Admiral im Kriege am Kopf verletzt wurde und ihm eine Silberplatte eingesetzt worden war. Jeder Sturz konnte für ihn tödlich sein. Die Bundeswehr verlor mit ihm einen Generalinspekteur, der immer ein Herz für die Truppe gehabt hatte und zugleich ein Gentleman gewesen war.

Die Spanienreise

Kurz vor Ende seiner Dienstzeit wollte Generalinspekteur Ulrich de Maizière einen offiziellen Besuch bei seinem spanischen Kollegen abstatten. Ich hatte die Reise sehr sorgfältig für Anfang März mit hervorragender Unterstützung durch die spanische Botschaft vorbereitet. Die spanische Seite war an diesem Besuch sehr interessiert. Ich erfuhr bei den Vorbereitungen zur Reise, daß man in Madrid dem Generalinspekteur einen Vorschlag zum Ankauf von 500 Panzern Leopard I unterbreiten wollte. Die Ausrüstung der spanischen Armee war ja auf dem Stand des Bürgerkriegs stehengeblieben. Die spanische Armeespitze wollte an die früheren guten Beziehungen zur Wehrmacht anknüpfen und die Waffenbruderschaft aus dem Bürgerkrieg (Legion Condor!) und dem Ostfeldzug wiederherstellen. Bei allen Gesprächen in der spanischen Botschaft zur Vorbereitung der Reise fand ich ein bemerkenswertes Entgegenkommen. Schließlich konnte ich dem Generalinspekteur ein sehr interessantes Programm für die Reise anbieten. Es gab auf deutscher Seite nur ein Problem, das für Minister Helmut Schmidt von entscheidender Bedeutung, ja Bedingung, für die Durchführung der Reise war: Auf keinen Fall dürfe es zu einer Begegnung mit Caudillo Franco kommen. Ich war darüber erstaunt, denn die Öffentlichkeit der Welt wußte zu dieser Zeit, daß Franco selbst den Übergang Spaniens in eine moderne Monarchie vorbereitet hatte und König Juan Carlos bereits vorbereitet und eingeweiht Gewehr bei Fuß stand, um Spanien zu einer konstitutionellen Demokratie zu machen. Die politische Spitze der Bonner Hardthöhe hatte eine weitere Bedingung gestellt: Der Generalinspekteur dürfe einen Ankauf von Leopard-II-Panzern durch die Spanier nicht favorisieren, das heißt, er bekam hier einen politischen Maulkorb verpaßt.

Wie wenig habe ich doch damals Helmut Schmidt verstanden! Dort, in Madrid, lag ein Mann in der Endphase seines Lebens, und die ganze spanische Nation, diese stolze Nation, bereitete sich auf eine Wende von historischem Ausmaß vor. Sie suchte die Freundschaft mit Deutschland. Und dieses Deutschland hatte ein großes Maß an Sympathie im Land. Man hat auf deutscher politischer Seite die spanische Oberschicht völlig falsch beurteilt. Die Revolution war vorbei. Spanien war wieder im Begriff, ein vollwertiges Mitglied in der Völkergemeinschaft zu werden. Spanien war stolz, daß es die kommunistische Gefahr auf der iberischen Halbinsel abwenden konnte und dabei von Deutschland unterstützt wurde. Und die Bonner Regierung? Die sah dort unten im fernen Süden nur Faschisten! Alles Faschisten! Kein Zweifel, die Bonner Politik jener Jahre hatte keinerlei politischen Weitblick. Sie sah nur die Genossen, die an der Seite der Kommunisten gegen das faschistische Spanien, das es nicht mehr gab, Front machten.

Dann kam der Tag des Abflugs von Köln-Wahn. Das heißt, es kam zwar der Tag, wir jedoch flogen nicht in Richtung Spanien ab. Ich wachte morgens mit 39 Grad Fieber auf. Mein Gott, dachte ich, du mußt jetzt den Generalinspekteur anrufen und den Flug absagen. Das ist doch unmöglich.

Doch zuvor wollte ich das Frühstück einnehmen. Da klingelte das Telefon. Ich hielt es, man möge es mir glauben, nicht für möglich, was dann geschah. Am anderen Ende der Leitung vernahm ich – etwas verzerrt – die Stimme des Generalinspekteurs. „Herr Komossa", sagte er, „es ist etwas Schreckliches passiert, ich habe die Grippe mit sehr hohem Fieber, wir müssen den Flug nach Spanien absagen!" Ich zögerte, ob ich ihm sagen sollte, daß ich auch krank sei. Ich sagte es nicht. Was dann passierte, war organisatorische Routine, die man auch mit hoher Temperatur erledigen konnte. Es gab nur ein Problem, das ich gleich befürchtet hatte: Die spanische Seite hat die Krankheit von Generalinspekteur und Adjutant nicht ernstgenommen. Es gab rasch diplomatische Komplikationen. Natürlich wußten die Spanier, daß die Bundesregierung über diese militärische Reise nach Spanien nicht gerade erfreut war. Eine solche Reise aber am Tage des Abflugs abzusagen, war sicherlich äußerst ungewöhnlich. Doch der General und ich waren wirklich sehr krank ... nur glauben wollte es uns keiner.

In der Folgezeit bemühte ich mich, auf der Arbeitsebene jedwede Vermutung, daß die Reise aus politischen Gründen abgesagt worden sei, auszuräumen. Das gelang mir allerdings erst in dem Augenblick, in dem ich dem spanischen Botschafter mitteilen konnte, daß der neue Generalinspekteur nach Übernahme seines Amtes den ersten Auslandsbesuch in Spanien machen würde. Das war natürlich ungewöhnlich, denn es widersprach allen bisherigen Gepflogenheiten. Der neue Generalinspekteur machte seinen Dienstantrittsbesuch zuerst immer in den USA oder in Frankreich, danach in Großbritannien und dann in allen anderen NATO-Staaten. Dafür gab es aber keine von der Protokollabteilung festgelegte Reihenfolge. Hier hatte ich als Adjutant des Generalinspekteurs durchaus die Möglichkeit, die zu besuchenden Staaten nach persönlicher Einschätzung auszuwählen. Nach der ausgefallenen Reise von General de Maizière nach Spanien setzte ich nun alle mir zu Gebote stehenden Tricks ein, so daß am Ende der neue Generalinspekteur Admiral Zimmermann keine Wahl mehr hatte, als die Reise zu akzeptieren. Ich konnte ihn davon überzeugen, daß jede andere Entscheidung zwangsläufig zu diplomatischen Verwicklungen geführt hätte. Dazu aber sollte doch die Bundeswehr keinen Beitrag leisten. Admiral Zimmermann also entschied: „Herr Oberst, wir fliegen nach Spanien! Aber sorgen Sie dafür, daß wir Franco nicht vorgeführt werden."

Die Reise wurde zu einem besonderen Erlebnis. Sie begann in Madrid und führte über Santiago de Compostela zum Alcazar. Nach der Landung fanden wir im Hotel eine Einladung des Deutschen Botschafters zur Begrüßung der Gäste aus Bonn vor. Wir waren eine kleine Gruppe, der Generalinspekteur mit seiner Frau, Vizeadmiral Trebesch und ich. Beim Empfang wurde die Stimmung gleich freundschaftlich, ja herzlich. Ich war bald umringt von spanischen Generalen, die alle etwas Deutsch sprechen konnten und es auch offensichtlich besonders gerne taten. Ein schlanker, hochgewachsener General schaute sich besonders interessiert meine Auszeichnungen an der Uniform an. Neben dem Bundesverdienstkreuz interessierten ihn aber besonders meine Auszeichnungen aus dem Zweiten Weltkrieg. Die spanischen Offiziere in meinem Alter hatten – wie ich – Kriegserfahrungen in der Sowjetunion. Sie gehörten zur „Blauen Division", die Generalissimus Franco als Dank für den Einsatz der deutschen Legion Condor im Spanischen Bürgerkrieg an der Seite der Deutschen Wehrmacht im Osten eingesetzt hatte.

Wir tauschten unsere Erlebnisse aus. „Ja", sagte mein Gegenüber, „ich habe die gleichen Auszeichnungen wie Sie, bis auf die Nahkampfspange in Silber. Ich trage die Auszeichnungen zu meiner Uniform, allerdings nicht hier auf ‚deutschem Territorium', in der Botschaft der Bundesrepublik Deutschland." Er sah mein Erstaunen im Blick. Ich müßte es verstehen, meinte er. Er trage seine Auszeichnungen so, wie sie ihm 1944 in der Originalfassung verliehen worden waren.

Am nächsten Abend waren wir Gäste des spanischen Verteidigungsministers. Mein Gesprächspartner vom Vorabend in der deutschen Botschaft begrüßte mich erfreut wie einen alten Kameraden. Er deutete auf seine Brust und die Ordensspange, auf der er neben seinen spanischen Auszeichnungen auch die deutschen trug. Auf der linken Brusttasche des Uniformrocks war das Eiserne Kreuz I. Klasse in seiner Originalfassung, darunter das Sturmabzeichen in Silber.

Nach dem Empfang besuchten wir auf Wunsch des Admirals einen berühmten Flamenco-Club in Madrid. Man führte uns ganz vorne an die Bühne, doch Frau Zimmermann wollte nicht so weit vorne sitzen. „Die Damen schwitzen so furchtbar", meinte sie und ließ dort lieber den Generalinspekteur und Admiral

Trebesch Platz nehmen. Es war ein vernünftiger Rat, den die First Lady gab. Der Anblick von so viel nackter und nasser Haut war in der Tat nicht sehr appetitlich. Doch die Vorführung war einfach grandios. Es war die berühmteste und beste Tänzerin, die wir dort erlebten. Admiral Trebesch war vor Jahren einmal in Südamerika und muß wohl den Flamenco gelernt haben, und die Spanier schienen es zu wissen. Plötzlich beugte sich die Tänzerin von der kleinen Bühne herunter, reichte dem Admiral die Hand und zog ihn auf die Bühne. Er leistete nur symbolischen Widerstand. Und dann wirbelte die Tänzerin mit dem Admiral über die Bühne. Deutschen Admiralen hatte man schon vieles zugetraut, aber das hier war ohne jegliches Beispiel. Der Admiral tanzte in Madrid.

Als ich mich später im Bonner Verteidigungsministerium mit einem Umtrunk verabschiedete, schrieb mir Konteradmiral Herbert Trebesch zusätzlich einen persönlichen Brief. Darin hieß es:

Da ich nicht weiß, ob wir bei der Gelegenheit in Ruhe miteinander sprechen können, möchte ich Ihnen auf diesem Wege sagen, wie gerne ich in den vergangenen zwei Jahren mit Ihnen zusammengearbeitet habe. Ich meine, daß Sie nicht nur ein vortrefflicher Adjutant sowohl des alten als auch des neuen Generalinspekteurs gewesen sind. Sie haben Ihre dienstliche Hingabe verbunden mit einer bemerkenswerten Kontaktfähigkeit und gleichbleibender Geduld. Keiner weiß besser als ich, wieviel Konzentration das erfordert, und ich gehöre auch zu denen, die sehr wohl ermessen können, welches Maß an Arbeit mit dieser Tätigkeit verbunden ist.

Der Höhepunkt unserer persönlichen Kontakte war für mich die gemeinsame Spanienreise im November 1972. Ich glaube, daß sie unsere harmonische Zusammenarbeit zur vollen Reife gebracht hat.

Herzlichst, Ihr getreuer H. Trebesch.

Die spanischen Gastgeber lasen uns förmlich die Wünsche von den Augen ab. Noch im Flugzeug schwärmte Admiral Zimmermann einmal von „frutti de mare", und nach der Landung war das Essen serviert, wie es sich der Admiral erträumt hatte. Unvergeßlich waren für mich der Besuch in der Kathedrale von Santiago de Compostela und der Besuch im Alcazar. Hier ein Herz der Kirche und dort militärische Geschichte!

Vor dem Alcazar stand in einem Innenhof eine Formation in Stärke eines Bataillons. Es war eine Stille, die man körperlich zu spüren glaubte. Dann, ganz plötzlich, setzten aus mehreren hundert Kehlen Kampfgesänge ein, die wie ein Signal zu einem Angriff wirkten. Und dann die Nationalhymne! Der ganze Stolz des spanischen Soldaten klang weit über die Anlage und die Stadt. Es lebe Spanien! Das war ein Aufschrei. Schweigend verließen wir den Appellplatz in der Erinnerung, daß hier einst ein Vater am Telefon hören mußte, wie Kommunisten seinen Sohn erschossen. Lang lebe Spanien! In diesem Augenblick kamen mir die letzten Worte von Stauffenberg im Bendlerblock in die Erinnerung: „Es lebe das heilige Deutschland!"

Danach besuchten wir Einrichtungen des Heeres, der Luftwaffe und Marine. Wir sahen, wie in der Kadettenanstalt 40 Soldaten in einem Schlafsaal hausten.

Wir erkannten die Probleme beim Offizierkorps, das völlig unzureichend bezahlt wurde. Jeder Offizier war auf eine Nebenbeschäftigung angewiesen, um seinen Lebensstandart halten zu können. Spanien war ein armes Land. Aber das Ansehen der Deutschen könnte höher kaum sein als in diesem Land. Natürlich wurde von spanischer Seite dem Generalinspekteur der Wunsch nach dem Ankauf von Leopard-I-Panzern vorgetragen, doch der mußte getreu der Weisung von Minister Schmidt ausweichen. Der spanische Stolz war verletzt, und die deutsche Diplomatie registrierte das nicht.

Nein, General Franco trat bei unserem Besuch öffentlich nicht in Erscheinung. Er wollte die deutsche Delegation nicht in Schwierigkeiten bringen. Doch hatte ich am letzten Abend der Reise auf spanischen Wunsch hin die Gelegenheit ergriffen, mich zu einem privaten Gespräch von der Reisegruppe zu entfernen. Als ich die Gruppe am späten Abend im Hotel wieder erreichte, hatte ich ein ganz besonderes Geschenk bei mir, das ich bis heute als wertvolle Erinnerung behalte. Leider müssen Gastgeschenke, die man bei Auslandsbesuchen erhält, dem Protokoll gemeldet werden. Man konnte sie allerdings gegen einen geschätzten Geldbetrag erwerben. Das war es mir natürlich wert.

König Olaf V. von Norwegen im NATO-Bunker

Mein Auftrag an der Führungsakademie der Bundeswehr in Hamburg-Blankenese war eine reine Friedensaufgabe. Ich war der Beauftragte des Inspekteurs des Heeres an der Akademie und in Zweitfunktion als Kommandeur der Funktions- und Sonderlehrgänge dem Kommandeur der Akademie unterstellt. Beim Antritt meines Dienstes an der in einem parkähnlichen Gelände gelegenen Akademie fielen mir zwei Dinge auf: Zum einen war ich auch hier nicht sonderlich willkommen, da ich offensichtlich einem Kameraden dessen Erwartungen auf meinen Dienstposten zerschlagen hatte. Er glaubte, ältere Rechte zu haben als ich. Andererseits konnte niemand behaupten, ich sei vielleicht aus parteipolitischen Erwägungen auf diesen besonderen Dienstposten versetzt worden, wie es in jener Zeit öfter vermutet wurde, denn ich war nicht im Besitz eines Parteibuches, also politisch unabhängig. Wenn meine öffentlichen Vorträge – vor allem als Kommandeur in Bayreuth, Amberg und Würzburg – zuweilen den Zuhörern den Anschein vermittelten, ich könne doch nur der CDU oder CSU angehören, so entsprach dies dennoch nicht der Wahrheit.

Meine Aufgabe an der Akademie war durchaus eine Herausforderung an den Soldaten. Mir oblag die Verantwortung für den „heeresbezogenen" Teil der Ausbildung der Offiziere und zusätzlich für den Bereich der gehobenen Fortbildung im Rahmen der Gesamtverteidigung. Dazu gehörten unter anderem, wie bereits vorher erwähnt, auch die Sonderlehrgänge für Landesverteidigung und Presseoffiziere. Der letztere Lehrgang war neu, ich hatte ihn zu konzipieren. Zu meinem Verantwortungsbereich gehörten auch die Generalstabslehrgänge für

Nicht-NATO-Staaten, also Offiziere aus Indonesien, dem Sudan, Pakistan, Chile, Argentinien und anderen mit Deutschland befreundeten Ländern. Dies brachte mich später in Schwierigkeiten, als im Osten eine gemeinsame Aktion gegen mich gestartet wurde, die von Radio Moskau ausging – mit einer zeitgleichen Reihe von Presseartikeln in Berlin, Dresden und Leipzig sowie in anderen mitteldeutschen Städten.

Tatsache war, daß die Verantwortung für die Ausbildung aller ausländischen Offiziere in meiner Hand lag. Das war bei der Vielzahl der Teilnehmer aus allen Ländern der Welt eine ganz besonders wichtige Aufgabe. Ich genoß dabei besonders die „nationalen Tage" der einzelnen Länder, bei denen sich das jeweilige Land an der Akademie mit Vorträgen bis hin zu Aufführungen von Tanzgruppen vorstellte. Besonders wertvoll waren die Gespräche am Rande der Veranstaltungen, an denen häufig hohe Repräsentanten des jeweiligen Staates, des Militärs, Beamte des Auswärtigen Amtes und auch deutsche zivile Repräsentanten teilnahmen – so zum Beispiel der damalige Erste Bürgermeister Ulrich Klose, in dem ich einen besonders interessierten und sachkundigen Gesprächspartner hatte.

Neben meinem hier in Umrissen dargestellten Friedensauftrag gab es für den Kriegsfall eine andere, nicht minder wichtige und interessante Aufgabe. Bei Auslösung von Alarm hatte ich mich per Flugzeug nach Oslo zu begeben, um dort die Aufgabe des „National Military Representativ" (Nationaler Militärischer Vertreter) zu übernehmen. Bei allen Übungen begab ich mich in das unterirdisch ausgebaute Kriegshauptquartier der NATO, das – wie es hieß – atombombensicher sei. Man arbeitete in Schichten, die Offiziere waren im Kommando integriert, sprich der Norweger saß mit dem Briten und Deutschen gemeinsam an einem Tisch. Zusätzlich gab es die „Nationale Vertretung". Hier arbeitete ich mit meinem kleinen Stab, informierte das deutsche Verteidigungsministerium über die Lage und setzte Bonner Weisungen im Hauptquartier um. Bonn verhielt sich in den Übungen aber meist sehr zurückhaltend und hielt sich streng an das ausgearbeitete „Drehbuch".

Die Zusammenarbeit zwischen den Nationen war erfreulich harmonisch, vom Willen zum gemeinsamen Erfolg geprägt. Immer wieder kam es im Verlauf der Übungen zu einem Punkt, wo man in Nordnorwegen dem Druck sowjetischer Armeen nicht weiter widerstehen konnte und dann den Einsatz des letzten Mittels beantragte, das möglich war. Meist fand die Übung damit ihr Ende. Es gab weder Sieger noch Besiegte.

Als recht angenehm empfand ich das Leben in Oslo außerhalb der Bunkeranlage. Die Stadt war von Schnee bedeckt mit festgetretenen Bürgersteigen, die Übungen fanden regelmäßig im Januar statt, die Luft war kalt und klar, das Schloß des Königs lag – wie die Villa eines Großindustriellen – fast mitten in der Stadt.

Es gab auch die Möglichkeit, abends in einer Bar ein gepflegtes Bier zu trinken. Nur mußte man darauf achten, daß man sein letztes Bier rechtzeitig orderte, bevor die Ausgabe gegen 22.00 Uhr geschlossen wurde. Es fiel auf, daß die Norweger sich – wenn diese Zeit nahte – zwei oder drei Glas Bier bestellten und sich dann bis nach Mitternacht daran festhielten. Strenge Bräuche gab es da.

Seine Majestät König Olaf V. von Norwegen (1903–1991; König von Norwegen 1957–1991) pflegte regelmäßig einmal während jeder Übung gegen Mittag das Hauptquartier zu inspizieren. Dies geschah nach einem festgelegten Ritual, das uns deutschen Soldaten etwas ungewöhnlich schien. Zunächst wurden wir von einem britischen General instruiert, wie wir uns beim Besuch Seiner Majestät zu verhalten hatten: Sobald Seine Majestät sich dem Bunkereingang näherte, wurde die Glocke einmal anschlagen, dann mußten die anwesenden Offiziere aufmerksam sein, die Gespräche mußten eingestellt werden. Wenn sich Seine Majestät dem Besprechungsraum auf 100 Fuß näherte, wurde die Glocke zweimal anschlagen, dann war jedes Gespräch abzubrechen. Bei Annäherung Seiner Majestät auf 20 Fuß vor dem Eingang erhoben sich alle von ihren Plätzen und wandten den Blick auf Seine Majestät. Es konnte sein, daß Seine Majestät einen Gruß aussprach, in diesem Falle war es angemessen zu antworten, allerdings nicht zu laut. Wir hatten dann zu warten, bis Seine Majestät vom britischen Oberbefehlshaber AFNORTH (Air Forces Northern/Alliierte Streitkräfte Nordeuropa) an seinen Platz geleitet wurde, und erst dann, wenn Seine Majestät Platz genommen hatte, durften wir uns auch setzen.

Für das Verlassen des Bunkers galt die gleiche Regel in umgekehrter Reihenfolge.

Es war immer die gleiche Prozedur. König Olaf kam, schritt durch den Mittelgang nach vorne, blickte – den Kopf rechts und links wendend – jedem Teilnehmer freundlich und beherrscht lächelnd ins Auge, um dann in der Mitte der ersten Reihe Platz zu nehmen.

Es begann der Vortrag. Nach der Begrüßung durch den britischen General übergab dieser das Wort an den Offizier, der an der Reihe war, es konnte ein Deutscher oder Norweger sein, und dieser gab dann das Wort weiter an den Nächsten, wenn Seine Majestät keine Fragen hatte. Vor jedem „briefing", sprich Lagevortrag, erklärte der Vortragende, daß dieses ein „information briefing" sei, so daß der König keine Entscheidung zu treffen hatte, sonst wäre es ja ein „Decision briefing".

Anfangs schien Seine Majestät interessiert den Referenten zu folgen. Dann geschah, was immer geschah, Seine Majestät ließ den Kopf auf die königliche Brust sinken und man hörte im Saale sehr deutliche Schnarchgeräusche. Bevor das „briefing" zu seinem Ende kam, räusperte sich der britische Oberbefehlshaber sehr dezent, berührte dann in angemessen zurückhaltender Weise den linken Oberarm des Königs, welcher sofort wieder wach war. „Nein, nein", sagte Majestät, „ich habe keine Fragen. Sehr gutes briefing! Very good briefing, indeed. Thank you so much!"

König Olaf erhob sich von seinem Platz, die Offiziere standen auf und nahmen Haltung ein, und Seine Majestät verließ den Raum in gleicher Weise, wie er ihn betreten hatte, jedem Teilnehmer in jeder Reihe direkt in die Augen blickend. Nun wird mancher Leser meinen, dies hätte man besser nicht schreiben sollen. Ein König ist schließlich ein König! Doch irrt jeder, der diesen Bericht vielleicht für respektlos halten könnte. König Olaf von Norwegen war der freundlichste und liebenswürdigste Herr, dem ich je die Hand reichen durfte. Es war mir eine große Ehre. Und ich hatte doch schon wiederholt die Gelegenheit, Staatsoberhäuptern, Bundeskanzlern und Ministern die Hand zu geben.

König Olaf V. hatte zum Dinner gebeten. Nach dem üblichen Cocktail-Geplauder kam der britische CINCNORTH auf mich zu und sagte: „General Komossa, Kronprinz Harald möchte Sie gerne kennenlernen und läßt Sie bitten, beim Dinner links von ihm Platz zu nehmen, er selbst wird seiner Majestät, König Olaf, gegenübersitzen. Der Kronprinz interessiert sich für Ihren Leopard-Panzer, und Sie waren doch Kommandeur einer Panzerbrigade, nicht wahr?"

Vieles hatte ich schon erlebt, im Kriege und auch in der Bundeswehr, aber damit hatte ich nicht gerechnet. Kronprinz Harald war der natürlichste Mensch, den ich mir vorstellen kann. Er zeigte sich als sehr kenntnisreich auf militärtechnischem Gebiet und wußte, daß der Leopard hinsichtlich der Ausgewogenheit von Feuerkraft, Beweglichkeit und Panzerschutz keine Konkurrenz auf der Welt hatte. Weder die Russen noch die Amerikaner hatten eine gleichwertige Waffe anzubieten. Es wurde ein fachlicher Gedankenaustausch beim Dinner zwischen zwei Soldaten, die ein gemeinsames Interesse hatten, nämlich den Kampfpanzer und seine Einsatzfähigkeiten, anders läßt sich dieses Gespräch nicht beschreiben. Ich war sehr froh über diese Begegnung mit dem norwegischen Königshaus. Es war so völlig anders, als ein Gespräch mit manch deutschem Politiker, der sich zumeist den Soldaten gegenüber etwas überlegen fühlten.

Kunst im Verteidigungsministerium

Die Veränderungen an der politischen Spitze des Verteidigungsministeriums wurde bald von einigen „Künstlern" genutzt, die bisher nicht erfolgreich in Erscheinung treten konnten. Es war natürlich bekannt, daß Helmut Schmidt zwar die Musik sehr liebte, aber zu den bildenden Künsten wie Malerei und Bildhauerei nicht den gleichen Zugang hatte. Die Liebe zur Musik war unter anderem das, was Helmut Schmidt mit General Ulrich de Maizière persönlich besonders verband. In späteren Jahren haben beide Herren Hausmusikabende veranstaltet, welche die anwesenden Gäste sichtlich genossen.

Als ich einmal Veranlassung sah, den General darauf aufmerksam zu machen, daß der Minister ihm gegenüber nicht ganz aufrichtig war, richtete sich der General hinter seinem Schreibtisch auf, schaute mich ganz ernst an, ein wenig vorwurfsvoll gar, und sagte: „Aber, Herr Komossa, das kann nicht sein. Nein! Der Minister ist ein Künstler." Was immer der General in diesem Augenblick dachte, mündete in einem Wort: Unmöglich! Dabei war dies, wie so manches auf der Bonner Hardthöhe, doch möglich. Der Minister hatte seinen General zwar nicht belogen, hatte ihm aber auch nicht die volle Wahrheit gesagt.

In der Spitze des Ministeriums gab es das Gremium Kollegium. Es bestand, so wußte man, aus dem Minister, den drei oder vier Staatssekretären und dem Generalinspekteur. Hier war der Kopf des Ministeriums. Hier wurde geplant, und hier wurde auch entschieden.

Eine Ebene tiefer einzuordnen war die Abteilungsleiterkonferenz, die regelmäßig am Montag tagte und der alle Abteilungsleiter oder deren Stellvertreter angehörten. Ihre Aufgabe war die Information der politischen Spitze unter Beteiligung der Militärs.

Diese Konferenzen waren überaus interessant. Der Minister benutze sie vor allem zur Vorbereitung seiner Entscheidungen. Da die Sitzungen montags um neun Uhr begannen, was für den Minister zu früh am Tage war, wurden zu Beginn nur unbedeutende Punkte der Tagesordnung erörtert. Wichtige Entscheidungen wurden nur vorbereitet und später getroffen, wenn der Minister hellwach war, und dies war in aller Regel in den späten Abendstunden der Fall. Minister Schmidt war ein Nachtmensch.

Nun, das bedeutete nicht, daß der Minister, wie einmal im Jahre 2005 der damalige Innenminister Schily, die Sitzung über viele Stunden für seine Zwecke nutzte. Helmut Schmidt aber hat grundsätzlich zu Sitzungen, in denen über die Besetzung von Spitzenstellungen in der Bundeswehr beraten und schließlich auch entschieden wurden, für 22.00 Uhr eingeladen. Natürlich will ich mit dieser Feststellung nicht bestimmte Absichten verfolgen, ich will nur wahrheitsgemäß berichten, wie es damals war im Verteidigungsministerium unter der Leitung von Helmut Schmidt.

Diese Personalberatungen begannen, wie berichtet, gegen 22.00 Uhr und endeten in der Regel nach 1.00 Uhr morgens. Ich stellte meist gegen Mitternacht ein Nachlassen der Aufmerksamkeit der Generalität fest, während der Minister immer munterer zu werden schien. Der Zufall wollte es, daß die Entscheidungen von wirklicher Bedeutung, wie die Besetzungen von weiterführenden militärischen Spitzenpositionen, kurz vor Ende der Sitzung getroffen wurden. Der Zufall wollte es auch, daß zu dieser Zeit die Generale einen Grad von Müdigkeit erreicht hatten, der jede Aussprache verkürzte. Minister Schmidt aber zog genüßlich an seiner Mentholzigarette und stellte sehr bald zu seiner Befriedigung die Zustimmung der Anwesenden fest.

„Helmut Schmidt ist ein Künstler", hatte der Generalinspekteur seinerzeit festgestellt. Zu Recht. „Ein Künstler macht so etwas nicht." Was hatte er denn eigentlich „nicht" gemacht? Das Kollegium, über welches vorhin berichtet wurde, traf also die wirklich wichtigen Entscheidungen. Es tagte geheim. Eines Tages war ich nicht ganz sicher, um welche Zeit die Sitzung des Kollegiums stattfinden sollte. Ich begab mich in das Vorzimmer des Ministers und fragte seine Sekretärin, Liselotte Schmarsow, danach. „Neun Uhr", sagte sie, „oder, halt, nein, warten Sie, 10.30 Uhr, um 9.00 Uhr tagt ja das kleine Kollegium." Natürlich wurde ich nachdenklich. Der Generalinspekteur war bisher der Auffassung, daß er gleichberechtigtes Mitglied im Kollegium wie der Minister und seine Staatssekretäre war. Von der Existenz des „Kleinen Kollegiums" hatte er bis dahin keine Kenntnis. Als ich ihn informierte, kam die gewichtige Bemerkung: „Aber, der Minister ist doch ein Künstler." Und Künstler sind ja, wie lange bekannt ist, keine wirklichen Lügner.

Ob der Generalinspekteur jemals von anderer Seite als von mir erfahren hat, daß auch ein Künstler gelegentlich nicht immer sagte, was wahr ist oder wahr war, ist mir nicht bekannt geworden. Denn das nahezu unbeschädigte Bild, das der General von seinem Minister hatte, will ich hier nicht weiter beschädigen als bisher geschehen. Die besonderen menschlichen und charakterlichen Qualitäten des Ministers sollten in der Vorstellung des Generals keinen Schaden nehmen. Und auch das aufrichtige zwischenmenschliche Verhältnis des Generals zu seinem Minister sollte keine Risse bekommen. Und dies ist hier durchaus ernst gemeint. Der Generalinspekteur wurde ja durch seinen Minister nicht belogen, dieser hat ihm lediglich nicht alles gesagt, was er wußte. Und so hat es wohl auch der katholische Kirchenlehrer Thomas von Aquin selbst verstanden, als er bemerkte: „Zuweilen ist das, was nicht gesagt wird, weniger schmerzhaft als die volle Wahrheit."

Der Adjutant als Redenschreiber

Die Aufgaben eines Adjutanten des Generalinspekteurs der Bundeswehr waren vielfältig und in jeder Beziehung hochinteressant. Zwar nicht in einer Dienstanweisung festgelegt, war er doch in Wahrheit der erste Gehilfe seines „Herrn". Er nahm an allen wichtigen Besprechungen, die der Generalinspekteur führte, teil. Dabei spielte es keine Rolle, ob es ein Gespräch mit den Inspekteuren der Teilstreitkräfte oder mit dem Minister war. Ein Adjutant bereitete solche Gespräche mit vor, er hörte mit, er schrieb auch mit.

Bei jedem Besuch eines ausländischen Generalstabschefs, ob dessen Land nun der NATO angehörte oder nicht, war der Adjutant dabei, machte Notizen und besprach als erster Offizier mit seinem Herrn die Ergebnisse. Er war, wie man in der NATO sagte, der „note taker".

Die deutschen Generalinspekteure, denen ich zu dienen die Ehre hatte, konnten in ihrer Persönlichkeit kaum unterschiedlicher sein. Da war zunächst General Heinz Trettner, dem ich zwar nicht in seiner Dienststellung als Generalinspekteur diente, sondern als Kommandierender General des I. Korps in Münster. Trettner war Truppenführer, wie ich bereits berichtet hatte. Er war Mitbegründer und Schöpfer der deutschen Fallschirmtruppe, der zu Beginn des Krieges als Kommandeur mit seinen Fallschirmjägern über Rotterdam und später über Kreta in die feindlichen Reihen gesprungen war. Seine erste Verwendung in der Bundeswehr hatte er im Bereich der NATO in Fontainebleau. Von dort kam er nach Münster. Und Trettner war – im Gegensatz zu seinen Generalskameraden – katholisch. Bei der Begegnung mit dem Militärbischof Hengsbach beugte er das Knie und küßte den Bischofsring. Er war ein tapferer Soldat und seiner Truppe stets Vorbild. Trettner verlangte kurze und präzise Vorlagen. Er war ein Mann schneller Entschlüsse, der gleichwohl begriffen hatte, daß Führen im Frieden etwas anderes war als das Führen im Kriege. Manche hohen Bundeswehroffiziere der ersten Stunde haben dies nicht verstehen wollen oder können.

General Ulrich de Maizière, ein Offizier, musisch veranlagt und von hoher Bildung, war so ein Bundeswehroffizier der ersten Stunde. Natürlich hatten seine Verwendungen während des Zweiten Weltkrieges – vor allem im Führerhauptquartier – seine Persönlichkeit geprägt. Bevor der General eine Entscheidung traf, hat er jeden Vorgang überaus sorgfältig geprüft. Mit einem sehr spitzen Bleistift korrigierte er das ihm vorgelegte Papier, wenn es erforderlich war. Ihm gefielen besonders gelungene Formulierungen, obwohl er stets der Versuchung widerstand, zu „spitz" zu formulieren oder gar zu intelligent zu wirken. Er litt wohl ein wenig darunter, daß er die französische und englische Sprache nicht gut beherrschte.

Zu den interessanten Aufgaben eines Adjutanten des Generalinspekteurs gehörte die Erarbeitung von Redeentwürfen für den Generalinspekteur, in besonderen Fällen auch, wie es beispielsweise die Verabschiedung eines Inspekteurs einer Teilstreitkraft aus dem aktiven Dienst war, für den Bundesminister der Verteidigung. Während meiner Verwendung als Adjutant bei den Generalinspekteuren Ulrich de Maizière und Admiral Zimmermann habe ich neben den Reden für die Generalinspekteure und die Stellvertreter der Generalinspekteure auch einige Reden für Minister Helmut Schmidt geschrieben. Ich mußte mir natürlich Informationen als Grundlage für die Rede aus dem Führungsstab besorgen. Im Falle des Inspekteurs der Marine, Admiral Jeschonnek, habe ich seinen früheren Adjutanten angeschrieben, der mir sehr geholfen hat. So war ich in diesem Fall in der Lage, die Rede mit der Schilderung einiger Episoden zu würzen. Der Admiral hatte als Kadett die Angewohnheit, bei jeder sich bietenden Gelegenheit seine Kamera bei sich zu tragen, auch wenn dies bei starkem Wind auf dem Mast des Segelschulschiffs Gorch Fock ein schwieriges Unterfangen war. Als es wieder einmal so war und er die Spitze des Mastes bei steifem Wind erreicht hatte, kam er nicht zum Schuß, weil ihm die Kamera von der Höhe des Mastes auf den Schiffsboden fiel. Donnerwetter, meinte der Kadett, das ist deutsche Wertarbeit. Es war eine Leica.

Bei Admiral Zimmermann hatte ich mir für die Vorbereitung eines Vortrags im NATO-Hauptquartier Mons vor deutschen Offizieren einmal ganz besondere Mühe gegeben. Der Admiral hielt dort seinen ersten Vortrag nach Übernahme des Amtes als Generalinspekteur und wollte dabei seine Analyse der sicherheitspolitischen Lage vortragen. Hier mußten jedes Wort und jeder Satz ausgefeilt sein, dachte ich. Und dann kam der Augenblick! Der Dienstälteste Offizier des Hauptquartiers meldet dem Admiral die Offiziere des deutschen

Kontingents, und der Admiral bat die Herren, Platz zu nehmen. Er blickte leicht verschmitzt, wie es mir schien, zu mir herüber. Vorher hatte ich natürlich unauffällig das Redemanuskript auf das Pult gelegt. Nach wenigen Worten der Begrüßung, wie es bei solchem Anlaß in jeder Armee üblich ist, legte der Admiral – mir schien es demonstrativ – mein Konzept zur Seite. Er sprach frei.

Nach dem Vortrag fragte er mich leicht amüsiert: „Na, einverstanden? Wie war der Vortrag?"

„Hervorragend!" war meine Antwort. Und das war wahr.

Die Zusammenarbeit mit dem Admiral bereitete mir wirklich Freude. Er nahm viele Dinge nicht so ernst wie manch andere Vorgesetzte. Und bei der Vorbereitung seiner Reden gab es nie Probleme. Es lag sicherlich auch daran, daß ich mich in die Gedankenwelt des Admirals gut hineinfinden konnte. Ich begann im Laufe der Zeit, wie er zu denken. Das erleichterte die Zusammenarbeit ganz erheblich.

Ich kann nicht sagen, daß es schwieriger gewesen wäre, für Minister Schmidt Redeentwürfe vorzubereiten. Auch bei ihm lernte ich bald zu verstehen, wie er dachte und wie er es formulieren wollte. Helmut Schmidt hatte natürlich eine ganz eigene und persönliche Sprache. Sie war meist knapp, fast soldatisch im Ton – mit der nötigen Distanz, natürlich –, und zuweilen dozierte er auch, doch wirkte es nie richtig schulmeisterlich. Womit, man möge es mir nachsehen, ich keineswegs das Schulmeisterhafte für etwas Verwerfliches gehalten hätte. Helmut Schmidt ist bekanntlich seit vielen Jahrzehnten mit „Loki" (Hannelore), einer Lehrerin, verheiratet. Einer Dame und sehr ungewöhnlichen Frau! Loki Schmidt genoß zu Recht höchste Wertschätzung im Ministerium. Und natürlich auch darüber hinaus. Es war ihre zurückhaltende Bescheidenheit, die jeden Gesprächspartner faszinierte. Sie ist in ihrem Fach eine anerkannte Wissenschaftlerin.

Bei der Laudatio, die ich für Minister Schmidt aus Anlaß der Versetzung von General Ulrich de Maizière in den Ruhestand ausarbeitete, hatte ich mir ähnlich große Mühe gegeben wie bei der ersten Rede von Admiral Zimmermann vor den deutschen Offizieren des NATO-Kommandos. Ja, vielleicht sogar noch mehr. Das Besondere in diesem konkreten Fall war, daß ich die Laudatio für den Minister im Entwurf zu schreiben und gleichzeitig die Abschiedsrede von Generalinspekteur de Maizière auszuarbeiten hatte. Ich gestehe, daß ich diese Herausforderung genoß.

Was allerdings Minister Helmut Schmidt aus meiner Vorlage später machte, war für mich nahezu niederschmetternd. Die ersten zwei Seiten meines schön und angenehm zu lesenden Entwurfes hatte er total verändert. Es war in der Tat ungeheuerlich. Hatte ich in meinem Entwurf vorgeschlagen, den General zu Beginn herauszuheben in seiner unvergleichlichen Position im illustren Kreise der hohen Militärs und gleich hoher oder einzelner noch höherer Gäste, so hörte ich den Minister seine Laudatio mit der Feststellung beginnen:

„Diesem General, meine verehrten Damen und Herren, war kein einziger Soldat der Bundeswehr unterstellt." Nein, das hatte ich so nicht gewollt. Natürlich war es zutreffend, was er sagte. Und es war auch ganz sicher von dem Laudator nicht abträglich gemeint. Doch wird jeder Militär verstehen, daß eine solche Feststellung schmerzen konnte oder gar weh tun mußte. Mich hätte sie geschmerzt. Bis zu seiner Verabschiedung besaß General de Maizière tatsächlich keine Disziplinargewalt über einen Soldaten. Darum aber hatte er wie alle seine Vorgänger in den Jahren seit Gründung der Bundeswehr mutig oder verzweifelt gerungen. Es war vergeblich.

In ihrem weiteren Verlauf war die Rede des Ministers von dessen „persönlicher Handschrift" geprägt. Allerdings konnte ich auch einige von mir formulierte Passagen erkennen.

Unter US-Kommando

Die 12. Panzerdivision am Würzburger Stein

Von den zwölf deutschen Divisionen gab es eine, die für den Kriegseinsatz schon im Frieden dem 7. U.S. Corps mit Hauptquartier in Stuttgart unterstellt war. Es war die 12. Panzerdivision mit Sitz in Veitshöchheim bei Würzburg. Bei der Auswahl für den Dienstposten des Divisionskommandeurs waren einige Voraussetzungen zu erfüllen, die für die übrigen Divisionen nicht zwingend waren. Der Kommandeur mußte über ausgezeichnete englische Sprachkenntnisse verfügen, Kenntnisse der US-Strategie und Taktik und – vorzugsweise – Mentalität haben und eine besondere Bereitschaft zur internationalen Kooperation.

Bei der Auswahl des Nachfolgers vom damaligen Kommandeur, Generalmajor Gert Bastian, kamen nicht viele Anwärter für diesen Dienstposten in Frage. Hinzu kam, daß nach der Bastian-Ära ein Kommandeur gefragt war, der politisch nicht pro-russisch orientiert war und eine andere Grundeinstellung zu westlichen Grundwerten hatte als der den Grünen zugehörige General Gert Bastian, der wohl gehofft hatte, zunächst auf der „Wehner-Welle" die Karriereleiter emporzuklettern und danach als erster grüner General nicht mehr übersehen werden konnte. Gert Bastian wollte „Drei-Sterne-General" werden, koste es auch seine alten politischen Überzeugungen, denn er war bis dahin eher schwarz als rot oder grün. Wenn es nur Erfolg versprach und der Karriere diente, paßte sich Bastian an. Er war ein Soldat, der aus Ungeduld im Hinblick auf seine Karriereaussichten für höchste Verwendungen zu früh gestartet war.

Unter Berücksichtigung der verschiedenen Faktoren kamen für die Nachfolge für General Bastian nur wenige Generale in Betracht, einer war sicher ich, nicht zuletzt aus politischen Erwägungen. Der Verteidigungsminister hatte nach dem Bastian-Dilemma das Problem, nach Veitshöchheim bei Würzburg einen Kommandeur zu schicken, der militärisch qualifiziert, politisch nicht angreifbar und für die US-Streitkräfte voll akzeptabel war. In der damaligen Zeit war es vielleicht tatsächlich nur einer.

So erhielt ich meine Versetzung vom MAD zur 12. Panzerdivision, statt wie bisher geplant, zur 7. Panzergrenadierdivision nach Unna, obwohl ich für diese schon eine gründliche Einweisung vor Ort erhalten hatte und die Übernahme des Kommandos bis ins Detail vorbereitet war. Die Lippische Landeszeitung berichtete am 1. Februar 1980 bereits:

Wohl selten zuvor hat ein Kommandeurswechsel bei der 7. Panzergrenadierdivision (der Westfälischen, wie sie sich selbst gern nennt), deren Stab in der Hellweg-Kaserne in Unna beheimatet ist, so viel Aufsehen erregt wie der jetzt bevorstehende. Brigadegeneral Gerd Helmut Komossa löst am 1. April Generalmajor Dr. Gottfried Greiner ab. Komossa, derzeitig noch Amtschef des Amtes für Sicherheit der Bundeswehr in Köln, wird praktisch zur „Truppe" versetzt. Er übernimmt die 7. Panzergrenadierdivision, zu der auch die Augustdorfer Panzerbrigade 21 gehört, von General Dr. Greiner. Komossa ist für die Offiziere in Unna ein bislang unbeschriebenes Blatt.

Es erübrigt sich die Frage, ob ich mit dieser Lösung einverstanden war. In Würzburg war der Wein besser als in Nordrhein-Westfalen, und das allein war schon ein entscheidendes Argument. Dazu, ich muß gestehen, reizte mich diese Aufgabe „nach Bastian" aus politischen Gründen als eine besondere Herausforderung. Ich wollte beweisen, daß ein Soldat ohne politische Protektion hohe Ziele in dieser Armee erreichen konnte. Würzburg war eine meiner schönsten Garnisonen.

Der Autor als Divisionskommandeur mit der Panzerabwehrwaffe MILAN

Mein Kommandierender General und der direkte Weg

Nach einer Kommandeursbesprechung im Korpskommando nahm mich der Kommandierende General zur Seite. Er blickte an mir vorbei, so, als suchte er etwas im Fenster, und dann sagte er: „So, Herr Komossa, Sie schreiben also dem Minister Briefe! Das gefällt uns gar nicht. Nein, auch der Inspekteur ist empört." Was war geschehen?

Minister Hans Apel war noch nicht lange im Amt und bereitete sich auf seinen ersten Besuch bei dem amerikanischen Verbündeten in Washington vor. Bei den Amerikanern zeichneten sich nach dem Amtsantritt von Präsident Reagan große Veränderungen in der US-Außen- und Sicherheitspolitik ab. Gerüchte drangen an die Öffentlichkeit. Es schien, als würde der neue Präsident Ronald Reagan den Sowjets die Stirn bieten wollen und nach Präsident Carter einen neuen Kurs gegenüber der Sowjetunion einschlagen.

Wie erwähnt war der Kommandeur der 12. Panzerdivision für den Einsatz als einziger deutscher Divisionskommandeur dem 7. U.S. Corps unterstellt. Kommandierender General dieses Corps war zu der Zeit Generalleutnant Julius Wesley Becton. In der US Army wurde zuweilen manche kritische Bemerkung über die Qualifikation von Offizieren gemacht, die nicht weißer Hautfarbe waren. General Becton war für mich der Beweis dafür, daß diese These falsch war. Er war ein Vorgesetzter, der sich dem ihm unterstellten deutschen Divisionskommandeur gegenüber stets besonders korrekt und kameradschaftlich verhielt. Bei Kommandeursbesprechungen sorgte General Becton zum Beispiel dafür, daß der deutsche Divisionskommandeur zu seiner Rechten saß. Es kam dabei am Rande der Konferenz natürlich immer zu vertraulichen Gesprächen. Bei einer Besprechung im Hauptquartier des 7. U.S. Corps wurden die neuen Richtlinien des Präsidenten Ronald Reagan besprochen und den Divisionskommandeuren seine ersten Entscheidungen bekanntgegeben. Dazu gehörte unter anderem der beschleunigte Aufbau einer Überseetransportflotte, mit der die USA in nur wenigen Tagen vier bis fünf zusätzliche Divisionen nach Europa transportieren konnten. Bei der damaligen Haushaltslage der USA war dies ein kostspieliges und auch ein sehr gewagtes Unternehmen.

Es wurden aber auch eine ganze Reihe weiterer Themen besprochen. Als es zur Erörterung des Punktes 5 der Tagesordnung kam, fiel General Becton auf, daß beim Verteilen der Papiere ich, der deutsche General in der Runde, übergangen wurde. „Wie", so fragte er, „hast Du nicht die Unterlagen zu Punkt 5 bekommen? Dann kannst Du doch nicht verstehen, worüber wir nun sprechen müssen." Becton winkte dem Ordonnanzoffizier zu und befahl ihm, mir auch ein Exemplar der Unterlage vorzulegen. „Sir", sagte dieser, „diese Information ist US only!"

General Becton bemerkte darauf: „Was soll das? Der General kann doch nicht verstehen, worüber gesprochen wird, wenn er die Unterlage nicht kennt. Also, geben Sie ihm ein Exemplar!"

So konnte ich feststellen, daß in dem Beitrag präzise Angaben über innere Probleme in der US Army enthalten waren. Der Bericht war als „US secret" klassifiziert. Er war sicherlich nur für amerikanische Augen bestimmt. Doch was kümmerte es den General. Ich hätte es natürlich verstanden, wenn ich den Bericht mit dem entsprechenden Hinweis auf die nationale Klassifizierung nicht erhalten hätte.

Auch andere Teile der bei diesem „briefing" besprochenen Informationen aus Washington waren brisant und natürlich als „US secret" klassifiziert. Es war offensichtlich, daß der Kreis der Wissenden äußerst klein und überschaubar gehalten werden sollte.

Wie schon oft zuvor als Nuklearer Planungsoffizier im Hauptquartier der CENTAG war dies für mich eine schwierige Situation. Ich mußte mich entscheiden. Gebe ich diese Informationen auf nationalem Wege weiter oder sollte ich einen anderen, besonderen Weg suchen? Ich entschloß mich, wenn ich es für notwendig hielt, meist zu letzterem. Mir war klar, daß ich zunächst gegenüber meinem Land in der Pflicht stand, diese Informationen weiterzugeben, und zwar auf kürzestem Wege. Der Dienstweg über den Divisionsstab und das Korpskommando in Koblenz, den Führungsstab des Heeres, den Führungsstab der Streitkräfte, den Generalinspekteur, über Staatssekretär bis hin zu Verteidigungsminister Apel wäre zeitraubend gewesen. Ihn zu wählen, hätte bedeutet, daß der Minister erst nach Rückkehr aus den USA erfahren hätte, was dort in Entwicklung war. Also entschloß ich mich, die Informationen auf einem besonderen Weg dem Minister persönlich zuzustellen. So konnte er gut vorbereitet in die USA reisen. Das besagte Papier war mit Sicherheit dem Verteidigungsminister bei seinen Washingtoner Gesprächen sehr nützlich. Er hatte einen Vorlauf an Information und konnte sich auf die zu erwartenden Fragen gut einstellen. Die Zwischenvorgesetzten würde ich bei nächster Gelegenheit natürlich informieren.

Es ist nicht ausgeschlossen, daß mir dies bei der weiteren Laufbahnentwicklung geschadet hat. Denn plötzlich fand mich mein Kommandierender General des III. Korps für eine Beförderung zu alt und sagte mir: „Nun, Sie können doch mit zwei Sternen zufrieden sein, Herr Komossa. Sie sind für den dritten Stern schon zu alt."

Kurz darauf wurde ein Kamerad befördert, der nicht jünger war als ich. Die Bande der Kameradschaft können eng sein, und das ist oft von Vorteil. Nun, ich leide nicht unter Laufbahnschädigungen in guter Kenntnis dessen, wie in Bonn zuweilen Generale wirklich „gemacht" werden.

Ich wählte damals diesen Weg der direkten Information, weil ich mit dem Bundesministerium der Verteidigung bereits als Nuklearer Planungsoffizier in Mannheim-Seckenheim meine besonderen Erfahrungen mit „dem Dienstweg" gemacht hatte. Damals bekam ich im NATO-Stab Zugang zu Informationen über den Einsatz von atomaren Waffen, die im Bonner Ministerium nicht bekannt waren. Ich wußte, daß mein französischer Kamerad im Hauptquartier regelmäßig seine nationale Dienststelle besuchte und dort berichtete. Das gleiche galt für meinen amerikanischen Kameraden Bob Dunn. Auch erhielten beide wohl von ihren nationalen Hauptquartieren bestimmte Anweisungen für ihre Arbeit im NATO-Hauptquartier. Es konnte doch nicht sein, daß hier in Mannheim-Seckenheim die Planungen für den Einsatz von Atomwaffen erarbeitet wurden und das Bonner Verteidigungsministerium darüber nicht informiert war. Niemand fragte bei mir an, an welchen Projekten ich denn wohl arbeiten würde. Bonn schien nicht interessiert gewesen zu sein.

Was in Mannheim geplant wurde, war aber durchaus von großer Bedeutung für unser Land. Wie bereits berichtet, konnte ich bei einer Zielplanungskonferenz einmal feststellen, daß zwei geplante Nukleareinsätze so nahe an Talsperren auf westdeutschem Gebiet lagen, daß eine beträchtliche Zahl von deutschen Zivilisten das Leben hätte lassen müssen, wäre es zum Ernstfall gekommen.

Auch darüber wollte ich auf der Hardthöhe in Bonn berichten. So meldete ich mich beim zuständigen Referatsleiter zum Vortrag an. Ich kam nicht weit. Kurz nach Beginn meiner Ausführungen sagte der Oberst i. G.: „Ach wissen Sie, wir haben hier in Bonn zur Zeit ganz andere Sorgen und Probleme. Für eure Nucs und solche Dinge haben wir einfach keine Zeit! Sehen Sie sich doch meine Aktenberge auf dem Schreibtisch an! Alles Vorlagen für die Leitung! Und das muß noch über den Generalinspekteur und Staatssekretär laufen."

So fuhr ich also mit einer Erfahrung reicher zurück in das NATO-Hauptquartier CENTAG. Und diese Erfahrung war später ein Grund dafür, daß ich bei „Gefahr in Verzug" in diesen sensiblen Bereichen schon einmal den direkten Draht wählte. So hatte ich mich nach diesem Gespräch im Führungsstab des Heeres einmal auch direkt an den Generalinspekteur General Heinz Trettner gewandt, dessen Interesse an diesem spezifischen Thema ich sofort fand. General Trettner war an den nuklearen Planungen der NATO überaus interessiert. Das galt in der damaligen Zeit wohl nicht für alle deutschen Generale.

Manchmal muß – wie gesagt – auch der Soldat besondere Wege gehen, das hatte man uns eigentlich schon mit der Begründung für die Auftragstaktik in der deutschen Armee eingeimpft. In der Realität und der Praxis des täglichen Dienstes sieht dies aber dann zuweilen anders aus.

Mit General Trettner hatte sich bald ein besonderer Briefwechsel entwickelt, der mir für meine Tätigkeit im NATO-Hauptquartier sehr hilfreich war. Und ich bekam durch ihn das Gefühl vermittelt, daß mir in Bonn auf höchster militärischer Ebene doch aufmerksam zugehört wurde, anders als auf anderen Kommandoebenen. Man war ja dort tatsächlich mit anderen Dingen beschäftigt, so zum Beispiel mit der Frage, wie breit die Dienstgradabzeichen auf den Schulterklappen der Feldwebel sein sollten ...

Tatsächlich war für einen Referenten, besonders für einen jungen, die Arbeit im Verteidigungsministerium nicht einfach. War man bisher auf das Grundprinzip „Befehl und Gehorsam" ausgerichtet, so ging es hier plötzlich um Abstimmung und Abzeichnung und Mitzeichnung mit anderen Referaten. Aus der Truppe kamen Forderungen und aus den Büros des Ministers und der Staatssekretäre Anfragen und Forderungen. Dazu kamen noch Abstimmungen mit anderen Ressorts, vor allem mit dem Auswärtigen Amt. Es war zum Verzweifeln!

Als mit Helmut Schmidt ein neues Zeitalter für die Bundeswehr begann, wurde der Stab mit Anfragen aus der Leitung des Hauses förmlich attackiert. Warum ließ – zum Beispiel – der Kommandeur in Bremen-Schwanewede eine Kompanie auf dem Rückmarsch in die Kaserne singen? War das nicht militaristisch? Und warum, so mußte Staatssekretär Willi Berkhan nachfragen, hatte eine Kompanie doch tatsächlich das Lied „Wir seh'n uns wieder am Oderstrand" beim Marsch gesungen. Das sei doch unerhört, faschistisch oder revanchistisch! Hier müßten unverzüglich Disziplinarmaßnahmen gegen die Kompaniechefs eingeleitet werden. Auf jeden Fall mußte nun viel telefoniert werden, und es entstand ein recht umfangreicher Schriftverkehr. Wenn Staatssekretär Berkhan mit dem Ergebnis der Untersuchungen nicht zufrieden war, ging das Spiel erneut von vorne los. „Kriminell" wurde es geradezu, wenn ein lokaler Parteisekretär mit der Auskunft von der Bonner Hardthöhe nicht ganz zufrieden war. Schließlich stand der Soldat doch unter dem Primat der Politik. Doch schien es oft so, als hätte in Bonn kaum jemand im Bereich der politischen Arbeit den Militärphilosophen Carl von Clausewitz gelesen oder gar verstanden. Mußte er, wie es manchmal an der Führungsakademie notwendig erschien, einmal zitiert werden, bei einem Festvortrag etwa, dann genügte meist schon der Hinweis, daß nach von Clausewitz der Krieg eine Fortsetzung der Politik unter Beimischung anderer Mittel sei. Das reichte in aller Regel für die Antwort eines gebildeten Stabsoffiziers, wenn auch – zugegebenermaßen – einige Absolventen der Führungsakademie in Hamburg Blankenese während ihres Lehrgangs das Buch „Vom Kriege" durchaus gelesen hatten.

Derlei Anfragen aber brachten die Führungsstäbe der Teilstreitkräfte bei ihrer fachlichen Planungsarbeit zuweilen in argen Rückstand. Denn einmal war heilig, was aus der „Baracke" kam, dem SPD-Hauptquartier an der Koblenzerstraße, und zweitens ebenso, was aus dem Ministerbüro gefordert wurde. Diese Anfragen mußten regelmäßig unverzüglich bearbeitet werden. Man muß schon verstehen, daß es unter solchen Umständen sehr belastend war, sich noch mit Einsatzgrundsätzen für nukleare Waffen befassen zu müssen. Na ja, die NATO wird es schon richten, dachte man vielleicht in Bonn.

Was sage ich meinen Soldaten am Ende ihrer Dienstzeit?

Es war Quartalsende. In wenigen Minuten wird die Sonne hinter den Horizont sinken, dachte ich. Ich beobachtete am Fenster meines Büros, wie eine kleine Gruppe von entlassenen Wehrpflichtigen zum Kasernentor eilte. Die Männer schienen in ihrem Gang etwas unsicher zu sein. Nun, der Tag ihrer Entlassung ging zu Ende. Es klopfte an der Tür. Es war der S1-Offizier (Stabsoffizier für Personalführung), Oberstleutnant Schmidt, der mich in meinen Gedanken störte.

„Die freuen sich, daß es nach Hause geht", sagte Schmidt und deutete auf die Gruppe. Da kam mir ein Gedanke.

„Sagen Sie, Herr Schmidt, wie läuft in der Division eigentlich die Entlassung der Wehrpflichtigen ab?"

Schmidt zögerte und sagte dann:

„Nun, Herr General, das ist Routine. Die Männer bekommen ihre Papiere, dann tritt die Kompanie noch einmal an, die Ausrüstung wird abgegeben, und heim geht es zu Muttern."

„Ja, aber", fragte ich, „es muß doch für die Entlassung einen besonderen, würdigen Rahmen geben!"

Es lag also im Belieben eines jeden Kompaniechefs, die Männer zu entlassen, wo und wie er es für richtig hielt.
Da trat die Wache heraus, um die Flagge niederzuholen. Es wird schon früh dunkel um diese Jahreszeit, dachte ich.

Die Männer, die zum Kasernentor eilten, blieben stehen, machten Front zur Flagge und warteten, bis die Zeremonie beendet war. Mir kam ein Gedanke. Ich überlegte, wie man die Entlassung aus dem Wehrdienst würdiger gestalten und ihr einen feierlichen Rahmen geben könnte. Ich dachte, jeder hohe Kommandeur bekommt am Ende seines Dienens seinen Großen Zapfenstreich, und der Soldat, was bekommt der für sein Dienen?

Schmidt fand den Gedanken ausgezeichnet, und so war der Entschluß schnell gefaßt. Ich befahl ihm, bei der Entlassung der Wehrpflichtigen am 15. Dezember eine Auswahl von Wehrpflichtigen aus allen Einheiten der 12. Panzerdivision nach Veitshöchheim zu befehlen, um sie hier im Divisionskommando in einem feierlichen Rahmen zu verabschieden. Danach wollte ich ein Faß Bier in der Mehrzweckhalle anstechen.

Oberstleutnant Schmidt war ein intelligenter Offizier und für seine Aufgabe als S1 hervorragend geeignet. Zwar lag stets ein Schuß Ironie auf seiner Zunge, doch auch dies fand ich sympathisch. Er war mir im Stabe der 12. Panzerdivision eine große Hilfe.

Der Dienst des Soldaten ist oft Routine. Alles wurde schon einmal gemacht. Meist lief es auch gut. Warum also sollte man etwas ändern, was gut über mehrere Jahre lief? Die Ausbilder waren gut ausgebildet, motiviert und hatten ihre Erfahrungen. Der Dienstplan war seit Jahren vorgegeben und bewährt, so daß es für Neues wenig Raum gab. Das Grundprinzip deutscher Armeen, die Auftragstaktik, stieß im Alltag der Truppe leider oft an seine Grenzen. Alles lief ja nach Plan. Die Ausbildung lief nach Plan, der Dienst im Gelände, die Fahrschule und die Gefechtsübungen. Für alles gibt es in der Truppe Vorgänge. Offensichtlich gab es keine Vorgänge bei der feierlichen Entlassung von Rekruten. Ich war nie ein besonderer Freund von Routine. Ich wollte oft und zu gerne etwas ändern, wie hier bei der Entlassung der Wehrpflichtigen. Das wurde vermutlich später auch bald Routine.

Ich entschloß mich, hier bei der Entlassung von Soldaten etwas zu ändern. Am 15. Dezember 1981 stand ich in der Mehrzweckhalle vor den versammelten Rekruten aus der 12. Panzerdivision und verabschiedete sie nach Erfüllung ihrer Dienstzeit.

Meine Absicht war es, die Soldaten, die unserem Land gedient hatten, nicht zu entlassen, ohne ihnen für ihr treues Dienen den Dank des Staates auszusprechen. Der interessierte Leser wird erstaunt sein, wie doch manches, was damals ein Divisionskommandeur seinen Männern gesagt hatte, über die Zeit bis auf den heutigen Tag seine Gültigkeit und Verbindlichkeit bewahrt hat. Die Weltlage hat sich verändert, gewiß, doch Grundsätzliches im Dienste des Soldaten hat seinen Wert behalten über die letzten Jahrzehnte.

Meinen Soldaten der 12. Panzerdivision sagte ich dann unter anderem folgendes:

In diesen Tagen scheiden wieder Tausende von jungen Männern nach Ableistung ihres Grundwehrdienstes aus der Bundeswehr aus, um in das Zivilleben zurückzukehren. Ein Vorgang, ein Ereignis, das sich jedes Jahr wiederholt und selbstverständliche Routine geworden zu sein scheint. Für die Betroffenen ist es jedoch der Abschluß eines bedeutsamen Einschnitts in ihrem Jugendleben. Dies ist Anlaß, hier einmal einen repräsentativen Kreis ausscheidender Soldaten am Sitz des Divisionskommandos zusammenzuholen, sie stellvertretend für ihre Kameraden zu verabschieden und ihnen einige Gedanken mit auf den Weg zu geben, die für mich besondere Bedeutung haben. [...]
Zunächst wird wohl die Freude überwiegen: zurück zur Familie, zurück zur Freundin, zurück in den erlernten Beruf, zurück zu höherem Einkommen und zum Leben nach eigenen Vorstellungen. Sie werden aber sehr bald merken, daß der Wehrdienst auch in Ihrem weiteren Leben nachwirkt und ein langfristig prägendes Erlebnis gewesen ist. Lassen Sie mich Ihnen daher noch einige Gedanken mit auf Ihren Weg geben.
Wehrdienst ist Friedensdienst. Lassen Sie sich nicht beirren von zahlreichen Gruppen, die glauben, ein Frieden ohne Waffen wäre ein sicherer Frieden. Ihre verständliche Friedenssehnsucht, die ich uneingeschränkt teile, verführt sie zu dem gefährlichen Glauben, daß dort, wo keine Waffen sind, auch kein Krieg entstehen kann. Diese meist jungen Menschen, von Älteren geführt, konstruieren sich ein Bild von der Welt, wie es sie nicht gibt – realitätsfern, vom Wunschdenken verzerrt. Wir wissen es besser. Solange es nicht gelingt, den Menschen zu ändern – und ich bin voller Mißtrauen gegenüber Ideologen, die versuchen, den Menschen anders zu machen als er ist –, wird es auch nicht gelingen, Gewalt und Machtstreben aus der Welt zu verdrängen, wird es nicht gelingen, Ideologien zu verdrängen, deren Bestreben es ist, ihren Einflußbereich notfalls auch mit Gewalt zu erweitern. [...]

Sie, meine Kameraden, haben ihren persönlichen Beitrag zur Sicherheit unseres Vaterlandes geleistet. Sie verdienen Anerkennung. Sie können stolz darauf sein, denn sie haben mehr getan als manch anderer. Ich spreche hier nicht von jenen jungen Menschen, die nach eingehender Prüfung ihrem Gewissen folgen und den Kriegsdienst verweigern und als Ersatz für die Bereitschaft zur Verteidigung einen sozialen Dienst leisten. Sie haben meinen Respekt. [...]

Beim Papst in Privataudienz

Dienstliche Gründe führten mich als Soldat dreimal nach Rom. Ein Besuch diente der Vertiefung der Zusammenarbeit mit den italienischen geheimen Nachrichtendiensten, und bei einem anderen ging es um die weitere Verbesserung der Zusammenarbeit der Führungsakademie der Bundeswehr mit der italienischen Akademie. Diesen Austausch von Lehrgangsteilnehmern und Lehrstabsoffizieren habe ich an der Führungsakademie der Bundeswehr besonders gepflegt. So auch mit der entsprechenden französischen Akademie, der École Supérieure de Guerre.

Bei dem Besuch als Chef des MAD konnte ich meine Frau auf die Reise nach Italien mitnehmen. Es war gerade um die Osterzeit, und wir standen unter vielen tausend Menschen auf dem Platz vor dem Petersdom, hörten die Worte des Papstes und erhielten seinen apostolischen Segen. Es war ein großes und sehr beeindruckendes Erlebnis.

Die italienischen Partner gaben sich bei der Gestaltung des Programms die größte Mühe, um uns von Rom und seiner Geschichte so viel wie möglich an Eindrücken zu vermitteln. Sie führten uns in die Katakomben und fuhren mit uns zur Sommerresidenz des Papstes nach Castel Gandolfo, und im Palast des Fürsten Berberini wurden wir zum Essen empfangen. Wir standen auf der Spanischen Treppe und vor dem Kolosseum. Es war ein ganz großes Erlebnis. Dabei war sicherlich nicht bedeutsam, daß mein reizender Gastgeber, General S., der mir so viel Schönes von Rom gezeigt und geboten hatte, später wegen angeblicher Verbindungen zur Mafia, wie es hieß, in eine unangenehme Situation kam. Mitglieder geheimer Nachrichtendienste können allzu leicht in den Verdacht einer unzulässigen Zusammenarbeit mit anderen Gruppierungen kommen.

Dieser General hatte übrigens meiner Frau in Rom die Herkunft meines Namens erklärt, die bisher meinte, ich wäre als Ostpreuße ja so etwas wie ein halber Pole.

„O nein", erklärte General S. meiner Frau, „der Name Komossa kommt aus dem Italienischen, ganz bestimmt, denken Sie an Commotio, Comossa, das heißt so viel wie ‚der Bewegte', Signora."

Übrigens hat das ein anderer Kamerad, der italienische General Parisio, der mich in einem Hörsaal der Italienischen Akademie an der Führungsakademie in Hamburg besucht hatte, später bestätigt. Als ich die Delegation verabschiedete, hielt ich eine kurze Rede auf Italienisch. General Parisio kam darauf spontan auf mich zu, umarmte mich und sagte: „Signor Generale, ich bin Comossa."

Meine erste und besondere Reise nach Rom fand im Rahmen eines besonderen Seminars der katholischen Militärseelsorge für katholische Generale und Stabsoffiziere auf Einladung des katholischen Militärbischofs vom 1. bis 4. November 1968 statt. Kurz vor unserer Abreise wurden wir in der Vatikan-Basilika vom Heiligen Vater in Privataudienz empfangen.

Als das Oberhaupt der Katholischen Kirche, geleitet von unserem Militärbischof und wenigen Begleitern, auf unsere Gruppe zuschritt, knieten wir nieder. Mit einer ruhigen Bewegung seiner linken Hand bedeutete uns der Papst, Platz zu nehmen. Dann sprach der Heilige Vater zu uns, in deutscher Sprache: „Ihnen, meine Herren Generale und Offiziere, ist eine große Pflicht auferlegt worden. Sie müssen Ihr Leben einsetzen für die Erhaltung des Friedens. Sie stehen dabei in einer ständigen Herausforderung. Sie verfügen über Waffen, die Schreckliches bewirken, die Menschen töten können, die aber genau so das Schlimme verhüten helfen können. Ihre Aufgabe als Soldat ist ein ständiger Kampf auch mit sich selbst."

Ich war von der Einmaligkeit der Situation berührt. Er sprach wohl fünfzehn Minuten oder auch mehr, ich weiß es nicht. Ich erinnere mich aber, daß er den soldatischen Auftrag zur Verteidigung des Landes für wichtig hielt und erklärte, daß Frieden immer das größte Gut bleibe. Christus hatte Jünger, die mit einem Kurzschwert bewaffnet waren. Er sagte aber zu Petrus, als dieser auf dem Ölberg das Schwert ziehen wollte, er möge es in die Scheide stecken. Er solle es nur verantwortungsvoll ziehen. Sein eigenes Leben wollte Christus in jener Situation nicht durch das Schwert seiner Jünger schützen lassen.

Als der Bus uns zurückbrachte in unser Quartier in der Procura delle suore Pallottini tedeschi in der Viale delle mura Aurelie, in dem wir von deutschen Ordensschwestern betreut und mit viel Pasta verwöhnt wurden, war es stiller als sonst bei unseren Fahrten.

Ein afrikanischer Präsident weint am Sarkophag Friedrichs des Großen

Die Besuche von Staatspräsidenten in Bonn waren immer ein besonderes Ereignis. Zwar wurden auf der Diplomatenrennbahn – der Konrad-Adenauer-Allee – zu beiden Seiten der Straße regelmäßig die Flaggen aller Herren Länder gehißt, und die Bonner wußten wohl, die Flaggen den richtigen Ländern zuzuordnen, doch es gab zuweilen auch so etwas wie eine Premiere. Das war der Fall, als im November 1981 der „Präsident auf Lebenszeit" und Diktator der Republik Malawi, Dr. Hastings Kamuzu Banda, zu seinem ersten Staatsbesuch in die Bundesrepublik kam. „Präsident auf Lebenszeit" war der korrekte Titel. Wahrscheinlich wollte es der Zufall, daß durch die Abteilung Personal in Abstimmung mit der Protokollabteilung der Kommandeur der 12. Panzerdivision als Ehrenbegleiter ausgewählt wurde. So kam ich zu der Ehre, S. E., den „Präsidenten auf Lebenszeit" der Republik Malawi, während seines einwöchigen Staatsbesuchs zu begleiten. Es war ein großes Erlebnis.

Am 2. November 1981 landete der „Präsident auf Lebenszeit" auf dem Flughafen Köln-Wahn der Bundeswehr. Das Flugzeug wurde ab Frankfurt von Flugzeugen der Deutschen Luftwaffe, dem Jagdgeschwader 74 Mölders, begleitet. Als der Präsident das Flugzeug verlassen hatte, präsentierte das Ehrenspalier der Bundeswehr, und die Salutbatterie schoß 21 Schuß Salut.

Das Besuchsprogramm verlief nach dem üblichen Plan. Auf besonderen Wunsch des Präsidenten gehörte ein Besuch im Aachener Dom zu dem Programm. Besuche beim bayerischen Ministerpräsidenten Franz Josef Strauß in München, auf einem bayerischen Mustergut für Vieh, für landwirtschaftliche Erzeugnisse und zum Abschluß – vor den politischen Gesprächen in Bonn – auf der Hohenzollernburg schlossen sich an.

Im Dom zu Aachen bat der hohe Gast darum, im Thronsessel von Karl dem Großen Platz nehmen zu dürfen. Er verharrte eine Weile unbewegt auf dem steinernen Sessel.

Auf unserer nächsten Station, auf der Hohenzollernburg bei Hechingen, bat Louis Ferdinand Prinz von Preußen den Staatspräsidenten nach dem Diner mit kleiner Begleitung in die Gruft von Friedrich dem Großen. Wir waren eine kleine Gruppe von vielleicht fünf Personen. Schweigend verharrten wir am Sarkophag des großen Preußenkönigs. Staatspräsident Banda berührte mit beiden Händen

den Sarkophag. Der Präsident weinte. Schweigend verließ die Gruppe den kühlen Raum.

Auf dem Weiterflug nach München entwickelte der Präsident einige Aktivitäten. Er rief einzelne Minister zu sich, die vor ihm im Flugzeug niederknieten. Sollte oder mußte ich auch mein Knie beugen, falls der Präsident mich rief? Diese Frage beschäftigte mich. Doch wurde ich bald einer Entscheidung enthoben. Der Präsident winkte mich tatsächlich zu sich heran und wies mir den Platz an seiner rechten Seite zu, drückte mich in den Sessel. Damit war das Problem auf eine diplomatische Weise elegant gelöst.

Dr. Banda sprach ganz langsam meinen Namen. „Eigentlich", so meinte er, „sind Sie ja auch Afrikaner, General Komossa." Auf meinen erstaunten Blick sagte er: „Sehen Sie, mein Innenminister heißt Kamizza. Das ist doch so ähnlich wie Komossa, oder?" Dann meinte er: „Sie könnten doch eigentlich zu uns nach Malawi kommen. Wollen Sie dies nicht tun? Wir sind zwar ein kleines Volk und nur ein kleines Land mitten in Afrika ohne Zugang zum Meer mit nur einer kleinen Armee, aber es wäre für Sie eine gute Aufgabe und Herausforderung, diese zu reorganisieren. Was halten Sie davon?" Es fiel mir schwer, diesem Präsidenten und Gentleman eine Absage zu geben. Von dem „Präsidenten auf Lebenszeit" Dr. Banda ging eine Würde aus, die Respekt forderte. Noch heute bin ich sehr erfreut und dankbar, daß ich diesem afrikanischen Staatsmann begegnet bin und auf dieser Reise wiederholt Gelegenheit zum Gespräch bekam.

Am letzten Besuchstag fand am Vormittag ein Gespräch mit dem deutschen Außenminister Hans Dietrich Genscher statt. Nach dem Austausch von Höflichkeiten kam der Präsident bald zu Sache. Ich hatte den Eindruck, daß es ihm sehr schwer fiel, das Gespräch in eine bestimmte Bahn zu lenken. Es ging um Entwicklungshilfe für Malawi. Und das war vielleicht der Hauptgrund für diesen Staatsbesuch.

Während des ganzen Besuchs hatte der Präsident einen Wedel aus Straußenfedern in der Hand. Er legte den Wedel nie ab, auch nicht bei Tisch.

Im Gefolge der malawischen Delegation befanden sich auch einige Damen. Die ältere und offensichtlich auch bedeutendste war natürlich die Gattin seiner Exzellenz. Damals ging in Bonn das Gerücht um, daß in einem Bonner Schuhgeschäft am Markt die Präsidentengattin 50 Paar Schuhe eingekauft habe.

Dann war da eine junge Afrikanerin, die voller Neugier das Spektakel beobachtete. Später erfuhr ich, daß sie eine der vielen Töchter des Präsidenten war. Das Alter des Präsidenten war nicht bekannt. Er soll zu diesem Zeitpunkt angeblich 95 oder auch 98 Jahre alt gewesen sein. Man wußte es nicht genau.

Wie immer am Ende eines Staatsbesuchs fand dann wieder auf dem militärischen Teil des Flugplatzes Köln-Wahn die Abschiedszeremonie statt. Die Ehrenformation der Bundeswehr erwies dem Präsidenten noch einmal die protokollarischen Ehren, der Präsident verabschiedete sich von Präsident Carstens und dessen Begleitung. Abschiedsgeschenke wurden, wie üblich bei solchen Staatsbesuchen, verteilt, und man begab sich zum Flugzeug der Flugbereitschaft der Bundeswehr.

Ganz außerhalb des Protokolls kam die Tochter des Präsidenten auf den Ehrenoffizier der Bundeswehr zu, streckte ihm die Hand entgegen, so daß er sich nicht zum Handkuß über sie neigen konnte, aber es war ja auch unter freiem Himmel, und sagte lachend und etwas hastig: „May I kiss you, General?"
„Oh yes, of course. It's a great pleasure!" sagte dieser und hielt ein dralles Mädchen aus Afrika in seinen Armen. Fast zu lange, so schien es manchen Beobachtern dieser Szene. Sie drehte sich rasch um und lief die Gangway herauf in die Luftwaffenmaschine. Dieser Teil war im Protokoll des Auswärtigen Amtes nicht vermerkt und auch nicht vorgesehen ...

Der malawische Staatspräsident ließ bei jeder passenden Gelegenheit seines Besuches ein besonderes Maß an Zuneigung für Deutschland und das deutsche Volk erkennen. Zudem verfügte er über umfassende Kenntnisse deutscher Geschichte wie auch deutscher Literatur. Obwohl er in Großbritannien und den USA studiert hatte, besaß er erstaunliche Kenntnisse über die deutschen Geisteswissenschaften und schien dem deutschen Kulturkreis auf eine besondere Weise verbunden.

Malawi ist ein kleines Land auf dem afrikanischen Kontinent, keineswegs unbedeutend für Deutschland, aber eben nur ein Staat wie viele andere auch. Ich habe jedenfalls nur einmal einen hohen Staatsgast in Deutschland weinen sehen.

Deutschlands schlechte Karten im Spiel mit den USA

Szenenwechsel ins Jahr 2003, in dem im Verhältnis der Mächte die Karten neu gemischt wurden. In direktem Zusammenhang mit diesen Vorgängen steht die Zeit nach dem 11. September 2001. Bis zum öffentlichen Auftritt von Bundeskanzler Gerhard Schröder auf dem Marktplatz von Goslar am 21. Januar 2003, bei dem er sich offen gegen die Irakpolitik der USA unter Präsident George W. Bush wandte, war das Verhältnis der Deutschen zu den Amerikanern ein Verhältnis „von besonderer Art". Die Vereinigten Staaten von Amerika sahen in Deutschland ihren zuverlässigen Verbündeten in Europa, einen Partner, auf den sich die USA stets verlassen konnten. Es wirkten hier sehr deutlich die Erklärungen und Bekenntnisse deutscher Politiker von Konrad Adenauer bis Willy Brandt nach, die den Amerikanern den Dank der Deutschen für ihr Verhalten an der Seite der Bundesrepublik Deutschland im Kalten Krieg aussprachen.

„Wir werden das nie vergessen", hatte Willy Brandt unter dem Jubel der Menge in Berlin am Brandenburger Tor ausgerufen und reichte dem US-Präsidenten Kennedy spontan die Hand. Ja, wir werden und sollten nie vergessen, daß Amerika den Berlinern die Glocke der Freiheit gebracht hat! Das war im Jahre 1963. Aber wer von der nachgewachsenen Generation erinnert sich wirklich noch an diesen Tag und diese Zeit?

Im Jahre 2003 hatte Willy Brandts Nachfolger im Amt des Bundeskanzlers, Gerhard Schröder, etwas Derartiges nicht über die Lippen gebracht. Weder in Goslar noch vor dem nunmehr weit geöffneten Brandenburger Tor in Berlin. Dies wiederum gibt zu der Vermutung Anlaß, daß die Mehrzahl der Deutschen die Hilfe der Vereinigten Staaten nach dem Zweiten Weltkrieg vergessen hat.

In den USA hielt man nach Goslar den Atem an: Was war aus dem zuverlässigsten und besten Verbündeten in Europa geworden? Hatten nicht einst die USA als einzige westliche Macht ihr eigenes Schicksal mit dem der Deutschen verbunden, indem sie sich bereit erklärt hatten, im Falle einer ernsthaften Gefährdung der Bundesrepublik Deutschland alle militärischen Mittel – einschließlich der atomaren Waffen – zur Verteidigung und Abwehr eines sowjetischen Angriffs einzusetzen? Es muß hier klargestellt werden: Die Vereinigten Staaten von Amerika waren wirklich als einzige bereit, auf der Höhe des Ost-West-Konflikts ihre nuklearen Waffen auch für den Schutz Deutschlands einzusetzen. Wir Deutschen tun gut daran, dies nicht aus unserem Gedächtnis zu verlieren. Und Bundeskanzler Gerhard Schröder hätte gut daran getan, wenn er dies in den Tagen einer verminderten Bedrohung der freien Welt nicht so schnell vergessen hätte.

Niemand hätte vor 20 Jahren auch nur annähernd voraussehen können, wie die Welt heute aussieht. Niemand hätte mit dem Zusammenbruch des Ostblocks rechnen können. Und schon gar nicht mit dem Zusammenbruch der Sowjetmacht.

Gerhard Schröder hat mit seinem Vizekanzler Josef Fischer im Jahre 2003 die Axt an die Wurzel der deutsch-amerikanischen Freundschaft gelegt. Handelte er so, weil er – koste es, was es wolle – die anstehenden 15. Wahlen zum Deutschen Bundestag gewinnen wollte? Er baute seine Politik auf der Vergeßlichkeit auf. Von diesem Augenblick an war es nur noch eine Frage der Zeit, wann die Freundschaft der Amerikaner gegenüber den Deutschen weiteren Belastungen nicht mehr standhalten würde.

Die polnische Karte wird ausgespielt

Schon im Sommer des Jahres 2004 wurde im US-Hauptquartier Europa in Heidelberg die Arbeit an den Planungen für eine künftige Verlagerung von US-Einrichtungen aus Deutschland nach Polen begonnen, und zwar nur kurze Zeit nach Goslar. Über Nacht war Polen für Washington der zuverlässigere Partner geworden als Deutschland. Und so beeilten sich die Polen mit ihrem Angebot und zögerten nicht, ihre militärische Hilfe auch bei der Lösung des Irak-Konflikts unverzüglich anzubieten. In wenigen Tagen war das erste polnische Bataillon marschbereit für den Irak. Die deutsche Position war in Europa noch nicht ganz verstanden, da standen bereits polnische an der Seite US-amerikanischer Soldaten. So funktionierte Politik für Polen. Amerika erinnerte sich, daß Amerikaner und Polen, heute Waffenbrüder an Euphrat und Tigris, vor nicht allzu langer Zeit schon einmal gegen Deutschland verbündet waren. Und der Aufstand der polnischen Heimatarmee im Herbst 1944 in Warschau kam nun in gute Erinnerung und füllte die Spalten der polnischen Tageszeitungen, die nun die Waffenbrüderschaft im Zweiten Weltkrieg in die Erinnerung der Polen rückten.

Die Bundesregierung bemühte sich in der Folge, den polnischen Aufstand des Jahres 1944 besonders zu würdigen, und zwar stärker als in den Jahren zuvor. Es ist schon eigenartig, daß ein Land den ehemaligen Gegner rühmt, der damals aus dem Untergrund und aus dem Hinterhalt, entgegen der Genfer Konvention und meist, ohne die Waffen offen zu tragen, Soldaten des Feindes tötete.

Die Regierung der Bundesrepublik Deutschland verneigte sich vor den Opfern der damaligen Gegner. Der eigenen Toten von Warschau gedachte die Regierung Schröder in jenen Tagen zu keiner Minute. Die Polen hätten sich in gleicher Situation anders verhalten.

Um Mißverständnisse auszuschließen: Kein Mensch kann es den Polen verwehren, ihrer beim Warschauer Aufstand Gefallenen ehrend zu gedenken. Denn es war ein mutiger Aufstand gegen feindliche Besatzer. Dies war ihre nationale Verpflichtung. Die Aufständischen hatten für ihr Vaterland ihr Leben eingesetzt und waren, selbst wenn sie in Zivil kämpften, als Soldaten ihrer „Heimatfront" für ihr Vaterland Polen gefallen. Für sie waren die deutschen Besatzer ganz eindeutig verhaßte Feinde, die das eigene Land besetzt hielten. Auch wenn dabei damals gegen internationale Regeln des Völkerrechts verstoßen wurde: Die Polen hatten das moralische Recht auf ihrer Seite beim Aufstand gegen die deutschen Besatzer. Gleichwohl – es kann nicht geleugnet werden – verstießen sie in ihrem Befreiungskampf gegen Grundnormen des Völkerrechts. Polen war in Not!

Anerkennend ist darauf hin zuweisen, dass die große Wende in Europa im vergangenen Jahrhundert von Polen ausging. Und Ungarn.

Ich erinnere mich an einen Oktobertag des Jahres 1944, an dem ich durch die Straßen von Warschau ging. Ich war überrascht. Junge, elegante Mädchen schlenderten die Boulevards herunter, saßen in den Cafés, ihre roten Lederstiefelchen keck übereinandergeschlagen; sie lachten und scherzten und rauchten amerikanische Zigaretten. Manchmal betrat ein deutscher Soldat das Café. Die Polinnen nahmen ihn nicht wahr. Sie sahen durch ihn hindurch. Sie sind ein stolzes Volk und Patrioten.

Es kam vor, daß an solchen Tagen in einem Warschauer Café ein deutscher Soldat plötzlich umfiel und am Boden lag; niemand beachtete ihn. Er war tot. Das Messer oder eine Giftspritze steckte noch in seinem Rücken. Das schien ein ganz normaler Vorfall zu sein in jener Zeit.

Dann gab es auch noch das andere Warschau zu besichtigen. Ich betrat Ruinenfelder, die von Steinen und Zement bedeckt waren. Doch die meisten Häuser hatten dem Beschuß bis zum Erdgeschoß standgehalten. So konnte ich ein ganzes Stück einer Straße von Keller zu Keller unter der Erde von Warschau gehen und bewunderte dort die modernen Heizungsanlagen mit einem Gewirr von Rohren im Untergrund. Ich hatte so etwas in Ostpreußen bisher noch nicht gesehen. Und in Polen hatte ich moderne Technik nicht erwartet.

Da, in einer dunklen Ecke eines Kellers, kauerte ein Junge. War er wohl 16 Jahre alt – oder doch erst 14? Vielleicht aber auch 18 Jahre. Wer konnte es im Krieg und in einem dunklen Kellerloch schon sagen. Er hatte große Angst in seinen Augen, verkroch sich in sich selbst, machte sich so klein, wie es nur irgendwie möglich war. Mit beiden Händen umfaßte er sein Knie.

„Steh auf!" sagte ich, und der Junge gehorchte, er schien Deutsch zu verstehen, dabei hielt er seine Arme so vor das Gesicht, als wollte er sich vor erwarteten Schlägen schützen. „Komm hierher", sagte ich. Der Junge kam, er verneigte sich tief.

„Herr Offizier", stammelte er voller Angst, „bitte nicht schießen!"

Daran aber hatte ich überhaupt nicht gedacht. Es war die völlig nackte Angst einer armen Kreatur, die sich da vor mir immer wieder verneigte.

„Bitte, bitte, Panje", bettelte der junge Pole. Ich winkte ab.

„Sind hier in den Kellern noch polnische Soldaten?" fragte ich. Er schüttelte eifrig den Kopf.

„Nein, nein", stammelte er, „nein, hier nix Soldat, keine polnischen Soldaten! Kein einziger! Nicht einer!"

Ich steckte dem Jungen, der mir nun doch eher 14 Jahre alt erschien, eine Schachtel Zigaretten von Reemtsma zu, eine Schachtel mit den bekannten Soldatenbildchen der Deutschen Wehrmacht.

„Idi, idi", sagte ich. „Hau ab! Aber schnell, bistro, bistree! Schnell! Schneller!"

Das war zwar Russisch, doch der junge Pole verstand. Die meisten Polen verstanden Russisch. Ich gab ihm noch ein paar Kekse, die ich zufällig in der Manteltasche hatte. Ich hätte dem armen Jungen gerne mehr gegeben, aber ich hatte nichts bei mir, nicht mal einen Kanten trockenen Brotes.

„Chleba njet" (Kein Brot), sagte ich wie zur Entschuldigung. So konnte ich ihm nur eine geringe Gabe zustecken, seine Freiheit. Und sein Leben? Danach wußte ich, daß ich ihm viel mehr gegeben hatte als ein Stück Brot.

Ich schaute ihm nach, er ging ganz langsam, kaute an seinem Keks. Er drehte sich ein-, zweimal um, begann zu laufen, immer schneller und war dann ganz plötzlich hinter einer Mauer verschwunden.

Eine kleine, unbedeutende Begegnung am Rande des Krieges in einem Ruinenkeller von Warschau im Oktober des Jahres 1944! Als ich aus den Ruinen wieder ans Licht des Tages kam, atmete ich tief die Herbstluft ein. Sie war feucht, roch noch ein wenig nach verbranntem Holz. Es war ganz ruhig auf der Straße. Irgendwo in der Ferne ratterte ein Maschinengewehr, aber es war sehr weit weg.

Vielleicht dauerte mein Weg durch Warschau eine oder gar zwei Stunden an diesem Tag. Ich erinnere mich nicht mehr genau daran.

Irgendwo traf ich am Ende der Ruinen meine Soldaten. Ich bestieg meinen Panzer, den von der Firma Skoda im damaligen Reichsprotektorat Böhmen und

Mähren gefertigten „Hetzer", und befahl meinem Fahrer: „Marsch!" Ich war damals wohl sehr leichtsinnig, denke ich heute. Aber es war nichts Besonderes passiert an diesem Tag. Ein Tag ohne „besondere Vorkommnisse".

Als ich wieder meine Beobachtungsstelle in meinem Appartement der Luxusvilla eines polnischen Fabrikbesitzers am Südrand von Warschau, der vor den anrückenden Russen Fabrik und Haus verlassen hatte, nachdem er uns vorher bat, mit seinem Besitz pfleglich umzugehen und nichts zu zerstören, angekommen war, warf ich mich in voller Uniform mit Stiefeln auf die Daunenbetten mit Seidenbezug und schlief sofort ein. Als ich wieder erwachte, war es Zeit zum Abendessen. Der Ausflug durch die Ruinen von Warschau hatte mich müde gemacht.

„Genieße den Krieg!" sagte Hauptmann Krüger, mein Kommandeur, „denn der Friede wird fürchterlich!"

In der Ferne, weit ostwärts der Weichsel, hörte man die schweren Abschüsse der russischen Artillerie. Es klang wie das ferne Grollen eines heftigen Gewitters. Der Krieg näherte sich mit jedem neuen Tag unseren dürftig ausgebauten Verteidigungsstellungen.

So ruhig wie in den letzten Tagen dieses Oktobers 1944 würde es wohl nicht lange bleiben, dachte ich und war dabei in großer Sorge um meine Familie, die ja noch in Niedersee/Ostpreußen lebte, dreißig oder wohl sogar nur zwanzig Kilometer vor den Spitzen der sowjetischen Panzer. Meine Mutter und meine Schwester mit ihrer 1 1/2jährigen Tochter Roswitha ahnten nicht, wie nah der Russe war – und damit die große Gefahr für alle deutschen Frauen und Mädchen. Ich wollte und mochte mir nicht vorstellen, was in Ostpreußen in jener Zeit geschah ...

Heute hat sich die Welt grundlegend verändert. Wo sind heute unsere Feinde? Polen wie Rußland gehören sicher nicht dazu. Deutschland sei von Freunden umgeben, heißt es. Der heutige Feind ist unsichtbar, aber doch in einer ganz besonderen Weise gegenwärtig. Es ist auch heute gut, Verbündete an unserer Seite zu wissen. Freunde, auf die man sich in der möglichen Not verlassen kann. Wir brauchen in der Tat wohl weniger Panzerabwehrwaffen und statt ihrer verläßliche Partner.

Das deutsch-amerikanische Verhältnis insgesamt

Im Spiel der großen Mächte kommt dem deutschen Verhältnis zu den USA weiterhin eine ganz besondere Bedeutung zu. Das wird sich auch in absehbarer Zeit nicht ändern. Wir sollten uns durch Politiker bestimmter Fraktionen nicht täuschen lassen. Die USA sind die militärisch stärkste Macht der Welt. Das aber muß nicht auf alle Zeit so bleiben. Rußland wird mit Sicherheit wieder erstarken, und China ist bereits auf dem langen Weg in die Moderne, auch auf dem Gebiet modernster Waffen.

China und Rußland führten im Jahre 2005 ihr erstes gemeinsames Großmanöver mit verbundenen Waffen durch. Landstreitkräfte operierten zusammen mit Luftwaffe und Marine beider Staaten. Es war das größte Manöver der Neuzeit im Osten. Niemand im Westen kennt das Drehbuch für dieses Manöver. Und niemand kennt den erwarteten Ausgang der Großübung. Doch wird man sich vorstellen können, daß der angenommene Gegner in dieser Übung nicht ein Land wie Indonesien oder Ungarn war. Die Dimension dieser Großübung unter Beteiligung aller Teilstreitkräfte müßte im Westen sehr nachdenklich stimmen. Ein hoher US-Offizier sagte mir im Herbst 2006, daß diese Großübung sehr ernst zu nehmen sei. „Gerd", sagte er, „dies hat eine völlig neue Dimension. Und, soweit wir informiert sind, hat die Zusammenarbeit beider Armeen überraschend gut funktioniert."

Hier scheint sich ein Wandel im strategischen Denken beider Großmächte abzuzeichnen. Auch trotz erheblicher Sprachschwierigkeiten in der Funktionsfähigkeit, vor allem auf russischer Seite. Man werde solche Übungen in Zukunft öfter erleben, meinte mein US-Partner aus alten Zeiten enger Zusammenarbeit.

Diese Großübung, so meinten Russen und Chinesen, sei gegen kein anderes Land gerichtet. Aber jeder militärischen Übung liegt eine strategische oder taktische Lage zugrunde. Die NATO weiß nicht, gegen welche Macht sich beide Staaten in diesem Manöver „offensiv verteidigen" mußten, wie es in dem zweisprachigen Drehbuch für diese Übung stand. Aber was „offensive Verteidigung" bedeutet, das wissen wir aus den Strategiepapieren eines Josef Stalin oder Nikita Chruschtschow.

Die ersten Raketen der Welt heulten übrigens von chinesischem Boden in den Himmel. Auch wenn es zunächst nur ein Feuerwerk war, der Ansatz zu militärischer Nutzung war damit gegeben, und zwar lange vor der Zeit, als in Peenemünde Wernher von Braun seine Raketentests durchführte.

Heute beobachten wir in Deutschland eine wachsende Aversion gegen die USA und gegen deren Politik, besonders im Hinblick auf US-Präsident Bush. Es gibt dafür viele Erklärungen. Die eine ist die Abneigung gegen den Menschen Bush. Offensichtlich haben wir vergessen, daß dessen Vater, George Bush sen., in der Zeit des Kalten Krieges uns Deutschen wohlgesonnen und hilfreich war.

Obwohl seit dem Zweiten Weltkrieg und den ersten Nachkriegsjahren mehr als ein halbes Jahrhundert vergangen ist, wirkt das damals Erlebte und Erlittene in Deutschland immer noch nach. Der Versuch, das deutsche Volk durch den Bombenkrieg in Verbindung mit dem Morgenthau-Plan zu „zerstören" und Deutschland in ein Agrarland umzuwandeln, ist hierzulande noch nicht vergessen.

Die deutsche Ablehnung trifft zuerst die USA, obwohl die Briten mit ihrem Premierminister Churchill an der Spitze im und nach dem Krieg das gleiche Ziel verfolgten wie Amerika. Und Frankreichs Haltung nach seinem „Sieg über das Deutsche Reich" war auch kein Ruhmesblatt, wenn man an Freudenstadt und andere Städte denkt, die zur Plünderung freigegeben wurden.

Wenn man alleine nur daran denkt, daß General Leclerc zwölf junge französische Soldaten auf der Stelle erschießen ließ – ohne Gerichtsverhandlung –, nur weil sie auf deutscher Seite in deutscher Uniform freiwillig gegen die Sowjetarmee – nicht gegen ihr eigenes Vaterland – kämpften, dann muß man nachdenklich werden. Ruhm und Ehre für Frankreich durch Exekution? Es gibt viele andere Beispiele. Das französische Verhalten gegenüber deutschen Kriegsgefangenen widersprach oftmals eindeutig dem Völkerrecht. Das sind – leider – auch Fakten einer bitteren Vergangenheit.

Im Dauerbombardement US-amerikanischer und britischer Bomberflotten wuchs in Deutschland ein Haß, dessen Reste noch nicht ganz überwunden sind. Solange das dunkle Kapitel Zweiter Weltkrieg – auch mit ehrlicher Darstellung seiner Vorgeschichte – nicht aufgearbeitet ist, wird es immer zumindest zu Irritationen kommen. Wie die Alliierten – Amerikaner, Briten, Franzosen, Jugoslawen, Russen und Griechen – ihren Sieg über Deutschland feierten, werden spätere Generationen kritisch betrachten. Zwar zeigt die jüngere Geschichte, daß der Mensch zum Vergessen neigt, doch sie belegt auch, daß eines Tages die ganze Wahrheit erkennbar wird. Es ist die Enkelgeneration, die nun beginnt, Fragen zu stellen.

„Opa, das ist doch nicht gerecht", sagt mein Enkel Tobias, als ich ihm von meiner verlorenen Heimat Ostpreußen erzählte und ihm mein Buch „Von Masuren an den Rhein – Heimkehr in die Fremde" (Graz 2003) schenkte. Das ist wirklich nicht gerecht; nur Gerechtigkeit aber schafft auf Dauer Frieden.

Die USA, das kann nicht geleugnet werden, haben uns Deutschen nach und nach die Demokratie und damit die Freiheit gebracht. Aber uns scheint, daß sie selbst zu oft gegen Grundsätze von Demokratie und Freiheit verstoßen. Jedenfalls haben viele, besonders junge Deutsche diesen Eindruck, was hier und da zu einem negativen Bild der Vereinigten Staaten geführt hat. Die großartige Hilfe mit der Luftbrücke zur Verhinderung der sowjetischen Besetzung von ganz Berlin ist in den Hintergrund getreten.

Die Vergangenheit der Völker kann nicht ausgelöscht werden wie ein falsch geschriebenes Wort auf der Schultafel im Geschichtsunterricht. Wir müssen und werden mit ihr leben. Und wir müssen, und wir dürfen uns nicht gegenseitig Schuld zuweisen, sondern Schuld erkennen, Sünde selbst bereuen und auch anderen vergeben. Christen sollten dazu in der Lage sein. Die Vergebung ist ein Grundelement christlichen Glaubens. So lange aber deutsche Politiker in höchsten Staatsämtern das eigene Land nicht lieben und wegen einer zwölfjährigen dunklen Phase auf seine großartigen Leistungen in mehr als zweitausendjähriger Geschichte nicht stolz sein können bzw. es nach eigenem Bekunden sogar hassen, ist eine sachliche Erforschung der deutschen Geschichte des vergangenen Jahrhunderts behindert.

Diese Grundstimmung in Deutschland hat sich im Jahre 2006 überraschend verändert. Was die Politik nicht schaffte und vielleicht ja auch nicht wollte, das gelang durch die Fußballweltmeisterschaft in Deutschland. Die Deutschen zeigen Flagge. Niemand hat sie zu einer nationalen Demonstration aufgerufen, keine Partei oder Regierung hat es ihnen befohlen. Die Deutschen gingen – durchaus ähnlich wie im Jahre 1989 – mit dem Ruf „Deutschland! Deutschland!" auf die Straßen und Plätze. Überall zeigte man die schwarz-rot-goldene Fahne. Die Bürger waren, und das war ein Bekenntnis, auf einmal stolz auf unser Land. Hier fand sich kein falscher Nationalismus. Es war die Freude über den sportlichen Erfolg, der die Menschen auf den Straßen und in den Kneipen mit Stolz erfüllte. Da war es letztlich unwichtig, daß unserer großartigen Mannschaft am Ende der volle Erfolg versagt blieb.

Niemand in Deutschland müßte sich heute diesen Teil der fehlgelaufenen europäischen Geschichte immer wieder in Erinnerung rufen, wenn wir Deutsche nicht ununterbrochen Beschuldigungen ausgesetzt wären. Aber: Welches Volk in der Welt ist ohne Schuld? Sind die Konzentrationslager mit den bekannt grausamen Folgen nicht eine Erfindung der Briten im Krieg gegen die Buren in Südafrika gewesen? Die permanenten Vorwürfe gegen Deutschland und die Deutschen zwingen zur permanenten Suche nach Gerechtigkeit. Das mündet irgendwann natürlich auch in einen Vergleich mit der Schuld, die andere Nationen auf sich geladen haben.

Festzuhalten ist, daß in Deutschland mit dem Irak-Krieg die Stimmung bezüglich der USA deutlich umgeschlagen ist. Die Deutschen sind mißtrauisch gegenüber den Vereinigten Staaten geworden. Das begann mit der Rede von Bundeskanzler Gerhard Schröder auf dem Marktplatz in Goslar, als er den Zuhörern mit großer Eindringlichkeit zurief: „Glaubt ja nicht, daß wir uns an diesem Krieg beteiligen!" Dies hatte bis zu dieser Stunde in der Staatengemeinschaft allerdings auch noch niemand gefordert oder erwartet. Es war ein rein emotionaler, verbaler Ausbruch, dem wohl wahltaktische Überlegungen zugrunde lagen. Bedenklich war, daß das deutsche Volk in dieser Rede von seiner politischen Führung in Friedenswillige und Kriegswillige aufgeteilt wurde. CDU und FDP mußten sich beeilen, den Eindruck zu verwischen, sie seien im Gegensatz zu anderen politischen Parteien kriegslüstern. Diese Politik zeigte bald Wirkung. Ein Jahr lang stand die deutsch-amerikanische Freundschaft auf der Kippe. Ein Jahr lang schwieg die Politik, bis schließlich auch Gerhard Schröder erkennen mußte, daß man keine Tür zuschlagen sollte, wenn man sie eines Tages wieder öffnen muß. Er mußte etwas tun, wenn er nicht auf Dauer Politik gegen deutsche Interessen machen wollte. Nur langsam wurden die Trümmer, die deutsche Politik ohne Diplomatie verursacht hatte, weggeräumt; zum Teil langsamer als nach dem Zweiten Weltkrieg die Trümmer auf den Straßen deutscher Großstädte.

Mich bewegt die Sorge um unser Land. Ich habe den Eindruck, daß wir Bürger uns oft mehr Gedanken um das Land und um unser Volk machen als manch ein Politiker in Berlin. Diese können es sich in der Ablehnung der US-Politik leichter machen. Wir Bürger empfinden besondere Verantwortung. Wenn wir stets bemüht bleiben, alles zu tun, was unserem Land dient, dann dürfen wir nicht vorschnell Urteile über andere Länder fällen. Wir machen vor allem dann einen großen Fehler, wenn wir uns im Spiel der Mächte von den USA und Großbritannien abzukoppeln beginnen, um eine größere Nähe zu Rußland oder gar zur Volksrepublik China zu suchen. Das hat nichts mit unserem großen Bemühen um Erweiterung der Handelsbeziehungen zu tun. Den größten Fehler aber machen wir, wenn unsere Außenpolitik, die ohnehin in der Phase der rot-grünen Regierung diplomatisch nicht hinreichend war, von Ablehnung oder Gegnerschaft gegenüber den USA bestimmt wird.

Welche Gründe sprechen denn wirklich gegen eine vernünftige Kooperation mit den USA? Gewiß, es gibt immer noch – zum Teil – den Amerikaner, der arrogant oder anmaßend auftritt. Es gibt „den" Amerikaner, der in Hingabe an sein eigenes Land alle anderen geringschätzt. Es gibt noch den „häßlichen" Amerikaner, der sich im Bewußtsein seiner militärischen Macht in der Lage glaubt, alle politischen Ziele der USA durchsetzen zu können. Es gibt den Amerikaner, der die Verletzungen des Vietnamkrieges noch schmerzhaft verspürt. Selbst die Amerikaner decken heute schuldhafte Verfehlungen der eigenen Geheimdienste auf – und sind entsetzt.

Auch der erste Irak-Krieg und der Krieg auf dem Balkan forderte das Leben junger amerikanischer Soldaten. Wofür mußten sie ihr Leben lassen in fremden Ländern? Amerikanische Familien trauern seit vielen Jahren um ihre Töchter und Söhne in Uniform, die in fernen Ländern einen oft grausamen Tod sterben mußten. Starben sie für hohe Ideale? Für den Frieden in der Welt? Verteidigten sie ihr Amerika in Vietnam, über viele Jahre fast überall in Asien und Afrika? Und wann und wo wird dies alles eines Tages enden? Solche Fragen werden sicher in einem zunehmenden Maße gestellt werden, je mehr amerikanische Männer und Frauen in Uniform irgendwo in der Welt ihr Leben lassen müssen. Es gibt „den Amerikaner", dem viele von uns nicht trauen. Aber ist dies das alleinige und wirklich wahre Bild „des" Amerikaners? Nein, denke ich, dies ist nicht richtig, es ist ein Zerrbild.

Der Tod amerikanischer Soldaten im Dschungel oder Reisfeld, seine Gefühle und Ängste sind durchaus mit dem Tod deutscher Wehrmachtsoldaten in den Ruinen von Stalingrad oder im Endkampf an der Oder auf den Seelower Höhen östlich von Berlin zu vergleichen. Wer immer noch suggerieren will, wie zum Beispiel Jan-Philipp Reemtsma und seine Gesinnungsgenossen, die einst im Militärgeschichtlichen Forschungsamt in Freiburg im Breisgau ihr Wirkungsfeld fanden, daß in Stalingrad, Woronesch, am Wolchow, in Minsk und Kriwoij Rog „Soldaten des Führers" im Kampf um die Eroberung des großen Landes im Osten standen – freiwillig, begeistert, brandschatzend, vergewaltigend und mordend – bzw. daß der deutsche Soldat, im Drang zu töten, das Riesenreich Rußland erobern wollte, der hat die Geschichte des vergangenen Jahrhunderts nicht verstanden. Er macht sich der Geschichtsfälschung um den Judaslohn schuldig, als guter Demokrat zu gelten; gleichwohl lügt er ohne jeden Skrupel, obwohl die geschichtliche Wahrheit eine andere und deutliche Sprache spricht. Würden solche Soldaten, die heute in großer Zahl nach Rußland an die Stätten ihres Kampfes bis in das ferne Stalingrad reisen, dort – wie überall im heutigen Rußland, Weißrußland und der Ukraine – von der Bevölkerung wohl herzlich aufgenommen? Das gilt für alle Soldaten, die in deutscher Uniform in den Weiten Rußlands die Pflicht erfüllten, die ihnen von ihrem Land auferlegt worden war, seien es nun Deutsche, Österreicher oder freiwillige Norweger, Belgier, Niederländer und Franzosen gewesen. Franzosen stellten sich zum Beispiel im Kampf um Ostpreußen zum Schutze der Zivilbevölkerung tapfer angreifenden sowjetischen Verbänden entgegen. Sie verdienen hohe Anerkennung. Diesen Männern schulden wir Deutsche Dank.

„Ruhm und Ehre den sowjetischen Helden!" verkünden Denkmäler in Rostock und vielen anderen Orten im Osten Deutschlands. Und diese Soldaten tragen auf ihrem linken Arm ein kleines deutsches Mädchen, das vor den „faschistischen" Bestien gerettet wurde. In der rechten Hand halten sie ihre „Wintowka", das automatische Gewehr. Die Wirklichkeit aber sah anders aus. Alte Menschen in den besetzten Ostgebieten konnten jahrzehntelang nicht sprechen über das, was sie beim Sturm sowjetischer Armeen in Richtung Westen erdulden mußten – „Ruhm und Ehre den sowjetischen Helden"?

Gott hatte sich von diesen armen Menschen abgewandt in für uns unbegreiflicher Weise. „Gott hilf doch!", „Gott, wo bist Du?", „Gott, mein Gott, warum hast du uns verlassen?" – das riefen Millionen gläubiger deutscher Christen in die Nacht ihrer großen Leiden. In den Ruinen des besetzten Königsberg beteten die Menschen im Dezember 1945: „Dein ist das Erbarmen, unser ist die Not. Schenk weiter uns Armen das tägliche Brot. Laß' auch am Himmel uns haben teil. Schenk uns die Freiheit, Du Gott, unser Heil." Diese armen, geschundenen und verzweifelten Menschen beteten zu Gott in hoffnungsloser Lage. Sie weinten. Noch ist die Zeit nicht gekommen, in der alle Menschen verstehen, was damals geschah.

Krieg macht den Menschen hart und stumpft sein Empfinden ab; nur so ist es zu erklären, daß ein großer europäischer Staatsmann, nämlich Sir Winston Churchill, der später von den Deutschen im Kaiserdom zu Aachen den Karlspreis verliehen bekommen sollte, voller Zynismus zur Vertreibung von 13 Millionen Deutschen sagen konnte, dann sollen die Polen den Deutschen doch „auf die Füße treten". Menschlichkeit, wo bist du geblieben in dieser barbarischen Zeit?

Kann man das Leiden der Menschen im Kriege an der Oder mit jenem Leid, das durch die Fluten der letzten Jahre, wie zum Beispiel in Indonesien, ausgelöst wurde, vergleichen? Dem Vergleich wird sich der Unwissende immer entgegenstellen, der von der Schuld der Deutschen und ihrer Verantwortung bis in die letzte Generation spricht. Heute wie damals wurden viele Millionen Menschen Opfer, verloren ihr Leben auf eine besondere Weise, wurden von Panzern überrollt, stürzten mit ihren Bauernwagen in das eiskalte Haff und ertranken nach kurzem Kampf um ihr Leben. Heute wie damals traf dieser besonders grausame Tod vor allen Dingen Frauen, Kinder und alte Menschen, die nicht die Kraft hatten, lange, um ihr Leben kämpfend, zu widerstehen. Sie waren getroffen von einem Zufallsgenerator, so scheint es. Hier und dort: Menschen ohne Schuld getötet, vergewaltigt, erschlagen, ertrunken und verstümmelt. Vielen – heute wie damals – ist nicht einmal die Gnade einer letzten Ruhestätte gegeben. Sie sind von der Erde verschwunden. Sie sind weg. Die sterblichen Reste von Hunderten deutscher Soldaten lagerten noch im Sommer 2006 in Pappkartons in einer Halle irgendwo in der Tschechischen Republik. Viele Hinterbliebene werden keine Stätte ihrer Trauer finden, keinen Platz zum Gedenken im Gebet. Sie werden keinen Platz finden, wo sie Blumen und Kränze niederlegen können. Dieser Tod trifft insbesondere die Hinterbliebenen mit besonderer Härte. Sie werden bis ans Ende ihrer Tage ihre dunklen Träume mit sich tragen.

Das Schlachtfeld an der Oder, wo auf den Seelower Höhen Zehntausende starben, hat bis heute Spuren hinterlassen. Man sieht sie noch ganz deutlich, in den Dörfern, in Feld, Wald und Wiesen und in den alten Menschen, denen ein langes Leben beschieden ist. Noch im Jahre 2005 spürte ich den Hauch des Todes in den Dörfern auf und an den Seelower Höhen.

Die verwüsteten Strände, die zu den schönsten Stätten der Natur auf unserer Welt gehörten, werden einmal ganz gesäubert sein, was zum großen Teil schon geschehen ist. Der Abfall wird verbrannt sein, wie auch viele der Toten. Jahrhunderte werden vergehen – dieses Unglück mit seinen grausamen Bildern der gequälten menschlichen Natur aber wird im Gedächtnis bleiben. Und dort muß es auch festgeschrieben werden.

Den Opfern der Katastrophen wird von vielen Völkern Hilfe zuteil werden. Die größte Not wird gelindert werden. Wunden werden versorgt und auch bald verheilt sein. Die Narben aber werden bleiben. Immer. Und diese Narben werden Schmerzen verursachen, ein ganzes Menschenleben lang. Und von einer Generation zur nächsten werden die Menschen von der großen Katastrophe in jenem Raum mit den schönsten Stränden der Welt sprechen und über das schwere Schicksal jener, die dort ein oft ärmliches Leben führten.

Die heutige Distanz in Deutschland zu den USA hat viele Gründe, von denen mehrere bereits angesprochen wurden und einige auch einleuchtend sind. Eines darf am Pokertisch der „Großen Politik" allerdings nicht übersehen werden, die USA werden im Spiel der Mächtigen bis auf lange Zeit das beste Blatt in der Hand halten. Wir sollten besser nicht wünschen, daß sich dies in Kürze ändert. Denn ein Gewinn für Deutschland wird bei einer Verschiebung der Kräfte zum Nachteil der Führungsmacht USA und zugunsten von Rußland, China und Indien nicht zu erwarten sein.

Das verdeckte Spiel
der geheimen Mächte

Ein Anruf aus dem Verteidigungsministerium

Für die Tätigkeit geheimer Nachrichtendienste begann ich mich schon früh zu interessieren. Während der Kriegsgefangenschaft konnte ich beobachten, wie sich der sowjetische Nachrichtendienst MWD (Ministjerstwo Bnutrinich Djel/Ministerium für Innere Angelegenheiten) – die Bezeichnungen wechselten in Abständen von wenigen Jahren – in geheimen Aktionen bemühte, mit Hilfe angeworbener geheimer Mitarbeiter Einblick in die Stimmungslage unter den Kriegsgefangenen zu gewinnen oder Gefangene zu identifizieren, die während des Krieges Grausamkeiten begangen hatten. Wer zum Beispiel der 5. Panzerdivision oder bestimmter anderer Verbände der Wehrmacht angehört hatte, wurde aussortiert und nach Sibirien geschickt. Der Vertreter des sowjetischen geheimen Nachrichtendienstes befand sich wie die gesamte russische Verwaltung außerhalb des Lagerzaunes.

Erst sehr spät, als immer mehr Kriegsgefangene in das Büro innerhalb des Lagers bestellt wurden, erkannten die Gefangenen, daß hier ein geheimer Kontrolleur der Sowjetmacht seinen Dienstsitz hatte. Natürlich aber befand sich das Hauptbüro des MWD außerhalb des Lagerzaunes. Doch die ersten Kontaktgespräche wurden in dem Büro innerhalb des Lagers im Küchengebäude geführt. Hier erfolgte die erste Anbahnung. Kam es dann zur Mitarbeit, wurde die weitere Zusammenarbeit mit dem sowjetischen Geheimdienst in dem Büro außerhalb des Lagers geführt. Es kam bisweilen vor, daß der Gefangene nach einer solchen Vernehmung weinend das Büro verließ oder Spuren von Mißhandlung aufwies, was natürlich zu allerlei Vermutungen Anlaß gegeben hatte.

Immanuel Kant bezeichnete die Spionage als „teuflischen Dienst", derer man gleichwohl immer bedürfe. Und Helmut Schmidt sagte einmal in einem Interview mit dem Hamburger Wochenmagazin „Der Spiegel" (15. Januar 1979):

Aber Sie wollen mir doch nicht erzählen, daß es in der Schweiz oder in England oder in den Vereinigten Staaten von Amerika keinen Geheimdienst gäbe. Ich will gar nicht von den Militär- und kommunistischen Diktaturen reden. Es ist deutscher Unfug zu glauben, ein so angreifbarer, verletzbarer Staat wie der deutsche könne ohne seine geheimen Dienste auskommen. Das kann er nicht. Worauf es ankommt, ist, daß er sich selber diszipliniert im Gebrauch solcher Instrumente, daß es Menschen gibt, die aufpassen, daß der Staat sich im Gebrauch solcher Instrumente zurückhält, daß Freiheitsrechte nicht beschädigt werden.

Es war ein trüber Tag in Hamburg. Dunkle Wolken hingen unter einem tiefen Himmel über der parkähnlichen Anlage der Führungsakademie in Hamburg-Blankenese. Vor dem Fenster meines Dienstzimmers, das an der äußeren Seite zur Manteuffelstraße lag, spielten zwei Kinder mit ihrem Bollerwagen. Ein dicklicher Junge von vielleicht acht Jahren ließ sich von einem kleinen Mädchen von vermutlich sechs Jahren über die Straße ziehen. „Hüh", sagte der Junge, „zieh!"; er trieb das kleine blonde Mädchen zu schnellerer Gangart an. Es würde bald Sturm geben, dachte ich; sicherlich aber nicht so wie im Winter 1973 oder im Jahre 1976, als die große Flut das Alte Land so stark verwüstet hatte. Die Bäume kamen in Bewegung und neigten sich immer stärker nach Osten.

Da klingelte das Telefon. „Leber", hörte ich am anderen Ende der Leitung. Es war in der Armee nicht üblich, daß der Vorgesetzte zuerst am Apparat war. Er ließ die Verbindung durch seine Sekretärin herstellen. Bei Georg Leber aber war vieles anders, das wußte ich schon. „Wie geht's? Ich muß Sie sprechen", sagte der Minister, „ich brauche Sie hier in Bonn. Herr General, ich will es kurz machen. Was halten Sie davon, wenn Sie den MAD übernehmen?"

Merkwürdig, dachte ich. Seitdem ich wußte, daß der jetzige Amtschef, Brigadegeneral Sch., wahrscheinlich abgelöst wurde, hatte ich insgeheim damit gerechnet, daß die Wahl des Nachfolgers auf mich fallen könnte, denn ich hatte ja schon seit 1956, wie bereits geschildert, einen gewissen Vorlauf in der Prüfstelle VM (Prüfstelle Vorbeugende Maßnahmen) und im zivilen Bereich im Ostbüro von Arthur Ruppert in Gelsenkirchen aufzuweisen. Daß ich fließend Russisch sprach, konnte auch nur von Vorteil sein. „Sie müssen sich jetzt nicht festlegen! Sprechen Sie am Wochenende mit Ihrer Familie, denn die ist von dieser Verwendung stärker betroffen als bei einer anderen Verwendung in der Truppe. Es wird Einschränkungen bis in den privaten Bereich hinein geben."

Ich überlegte kurz und sagte dem Minister, daß ich mir seinen Vorschlag überlegen wolle. Die Aufgabe sei reizvoll für mich. Ich würde mich am Montag bei ihm in Bonn, wie er vorgeschlagen hatte, melden. Und das tat ich auch, nachdem der Familienrat am Wochenende beraten hatte. Die Familie war überrascht, und die Kinder sahen durchaus einige Probleme. Meine Frau aber reagierte wie immer. Wenn ich eine neue Verwendung für wichtig hielt, sagte sie, solle ich es tun.

So meldete ich mich am Montagnachmittag bei Minister Leber. Er erinnerte sich an unsere erste Begegnung bei seinem Dienstantritt als Bundesminister der Verteidigung und meinem Besuch in seinem Privathaus im Taunus und fragte, ob mir damals die russischen Zigaretten Kasbek geschmeckt hätten. Ich schwindelte und sagte: „Oh, ja." Zu dieser Zeit war ich allerdings bereits seit längerem Nichtraucher. Doch meine Tochter Gerlind hatte die Kasbek mit Vergnügen geraucht. „Nun, wie haben Sie sich entschieden?" fragte Georg Leber. Als ich meine Bereitschaft erklärte, kam der Minister sofort zur Sache und erklärte mir seine Erwartungen. Mit diesem Mann, so dachte ich, würde ich gut zusammenarbeiten können. Und das erwies sich später auch als zutreffend. Er erklärte mir die Gründe für den Wechsel an der Spitze des MAD und sprach die

Erwartung aus, daß ich den Dienst wieder zu solider Facharbeit bringen und aus den Schlagzeilen der Tagespresse herausführen sollte, letzteres sei ganz besonders wichtig. Er versprach mir dabei auch, daß meine Beförderung zum Generalmajor in kurzer Zeit erfolgen würde, um mich auf die gleiche Ebene mit den Chefs der Partnerdienste zu stellen. Das Ganze sollte in zwei bis drei Monaten erfolgen. Nun, dieses Versprechen konnte er zu meinem Bedauern nicht einhalten. Grund dafür war die damalige Abhöraffäre des MAD, die vor meiner Zeit lag und die ich nun aufzuklären hatte. So konnte der Minister erst zweieinhalb Jahre später sein Versprechen einlösen, als ich die Führung der 12. Panzerdivision in Veitshöchheim bei Würzburg von dem damaligen General Gert Bastian übernahm. Dafür gab es Gründe, die Georg Leber in diesem Gespräch nicht voraussehen konnte.

In der Folge ging alles sehr schnell. In Hamburg hatte ich kaum Zeit für eine ordentliche Verabschiedung. Es gab nicht den üblichen Appell, sondern nur eine kurze Einweisung des Nachfolgers. Am 29. September stand ich dann im großen Besprechungsraum des Amtes für Sicherheit der Bundeswehr in Köln am Rednerpult. Der Stellvertreter des Generalinspekteurs hatte mir im Beisein von Staatssekretär Fingerhut die Führung des Dienstes formal übergeben. Ich dankte für die Berufung und für das Vertrauen, daß mir von der politischen und militärischen Spitze entgegengebracht wurde und versprach, „stets mit meiner ganzen Kraft zu versuchen, diesem Vertrauen gerecht zu werden". Ich war mir dabei der großen Verantwortung, die mit der mir übertragenen Aufgabe verbunden war, sehr bewußt.

Der Alltag im Nachrichtendienst

Es gab eine Zeit, in der sich bestimmte Medien in der Bundesrepublik Deutschland auf die geheimen Nachrichtendienste konzentrierten wie mechanisierte Verbände, die den Feind einzuschließen suchten. Dies geschah durchaus in Verbindung mit den Aktivitäten der außerparlamentarischen Opposition und den Randbereichen der linksextremen und terroristischen Gruppen. Wurden zunächst aufgrund von Gerüchten Nachrichten konstruiert, so versuchten einige Medien, darunter besonders ein bekanntes Hamburger Wochenmagazin, durch Beschaffung von Fakten Einblicke in den Dienst zu gewinnen, um diese dann publizistisch aufzubereiten.

Es gab in den 1980er Jahren mehrere solcher Versuche. Ich bemühte mich nach Übernahme des Amtes, den MAD aus den Schlagzeilen herauszuführen. Interviews lehnte ich ab. Dies führte zur Verärgerung mancher Journalisten. Allerdings habe ich zweimal gegen den eigenen Grundsatz verstoßen, weil mich Bundesverteidigungsminister Leber gebeten hatte, ein Interview zu gewähren. Ein weiteres Interview führte der bekannte sicherheitspolitische Experte Adelbert Weinstein, der 2003 verstarb. Dessen Kollege Karl Feldmeyer hatte bei

Antritt meines Amtes äußerst sachlich berichtet. Ich war also keineswegs so, daß ich mit der Presse in keinerlei Verbindung stand.

Ich war aber gegenüber Journalisten stets sehr zurückhaltend. Das geschah damals keineswegs aus Mißtrauen. Ich wollte keine Öffentlichkeit. Ich sah in Presseberichten keinen Nutzen für den Dienst. So habe ich auch keine Pressekonferenzen abgehalten und mich auch nie für Gespräche angeboten. Wenn es mir allerdings wirklich notwendig erschien, habe ich mit Bonner Journalisten Hintergrundgespräche geführt. Hier ist ein Kompliment für die Journalisten als Gesprächspartner angebracht; ich habe es in keinem Fall erlebt, daß meine Gesprächspartner Vereinbarungen zur Vertraulichkeit gebrochen hätten.

Mein Vorgänger hatte eine geschnitzte Holztafel hinterlassen, die hinter seinem Schreibtisch an der Wand hing und die jeder Besucher sofort bemerken mußte, auf der das Motto des Dienstes geschnitzt war: „Tue Recht und scheue niemand!" Bei der Orientierung am Recht gab es wohl noch unterschiedliche Auffassungen. Mir erschien das Ganze zu banal, und so wollte ich die Tafel nicht übernehmen.

Nachdem ich schon einige Monate im Amt war, kam ein Soldat des Technischen Dienstes, um an dem Fernsehgerät in meinem Dienstzimmer zu arbeiten. Das Gerät stand vor einer Wand, so daß ich vom Schreibtisch aus Sendungen verfolgen konnte. Zufällig war es so aufgestellt, daß es direkt auf die Sitzgruppe gerichtet war, an der ich mit meinen Besuchern Platz zu nehmen pflegte.

Ich war – damals – ohne Argwohn. Doch es interessierte mich schon, was der Mann da tat. „Was machen Sie da?" fragte ich also. Ich war überrascht, denn er wollte in dem Gerät ein dort installiertes elektronisches Gerät austauschen – oder entfernen? Jemand hatte also – zumindest von meinem ersten Betreten des Dienstzimmers an bis zu diesem Zeitpunkt – jedes Gespräch, das im Raum geführt wurde, mithören können. Ich nahm das Ganze für ein nachrichtendienstliches Spezifikum, dachte also, das müsse wohl so sein, und ließ die Angelegenheit auf sich beruhen.

Natürlich ließ ich das kleine technische Gerät – möglicherweise ein Modul – unverzüglich entfernen. Von da an gab es keinerlei Mitschnitte mehr. Journalisten, die in meinem Büro mit mir gesprochen haben, können sicher sein, daß diese Gespräche nie abgehört worden und daher bis heute vertraulich geblieben sind. Sie dürfen ebenso sicher sein, daß ich Telefongespräche mit ihnen nie aufgezeichnet habe.

Einmal feierte ich auf einem Bundespresseball in Bonn Geburtstag. Damals, als Chef des MAD, war ich für manche Teilnehmer wohl ein interessanter Mensch, vor allem für die Journalisten vom Fernsehen, zum Beispiel für Friedrich Nowottny („Bericht aus Bonn") und die ganze damalige alte Garde. Diese Top-Journalisten wirkten entspannt, waren dabei aber natürlich immer auf der Hut, um eine neue Nachricht zu erhalten, möglichst mit einem zeitlichen Vorsprung vor dem Kollegen.

Von einem Fall abgesehen, habe ich in meiner „aktiven" Zeit keinen unfairen Journalisten erlebt. In der Anfangsphase meines Dienstes im MAD suchte ein bekannter Redakteur des ebenso bekannten Nachrichtenmagazins „Der Stern", Herr W. aus Hamburg, eine nähere Verbindung zu mir. Das war verhältnismäßig einfach für ihn, da er im Amt schon seit längerer Zeit als Reserveoffizier mit besonderem Interesse für die Nachrichtendienste bekannt war. So war ich keineswegs überrascht, als er mich bei einem Empfang ansprach und um Zustimmung bat, die nächste Wehrübung im Amt für Sicherheit der Bundeswehr in Köln abzulegen. Es wäre dabei natürlich besonders günstig, wenn „Sie, Herr General, mich möglichst in Ihrer Nähe einsetzen könnten. Vielleicht in Ihrem Vorzimmer. Da bekomme ich doch alles mit und könnte dabei am besten Einblick in Ihre Arbeit gewinnen und diesen später publizistisch verwerten".

Ja, das dachte ich auch und schaltete routinemäßig meine hierfür zuständigen Mitarbeiter ein. Schon nach wenigen Wochen wurde mir von meinem Mann in Berlin berichtet, daß Herr W. häufig in der Normannenstraße in Ostberlin gesehen wurde, wo sich bekanntlich der Sitz von Erich Mielke, Chef des Ministeriums für Staatssicherheit („Stasi"), befand ...

Als ich im Jahre 2002 anläßlich einer Tagung der Gesellschaft für die Einheit Deutschlands an der Akademie der Bundeswehr für Information und Kommunikation einen Besuch in der Normannenstraße machte und mich an den Schreibtisch von Erich Mielke setzte, kam mir die Geschichte in Erinnerung. Wie viele Journalisten sind wohl im Laufe der Geschichte des geteilten Deutschlands so weit in die Zentrale der Macht der DDR vorgestoßen, fragte ich mich. Einige von jenen kannte ich ja und kenne sie heute zumindest mit ihrem Klarnamen noch; andere sind noch nicht enttarnt, bei manchen hatte ich es nur vermutet. Jedenfalls gehörten zum Netz der Staatssicherheit weit mehr Journalisten als nur Herr W.

Bei einigen Journalisten wie auch bei manchen Spitzenpolitikern fehlte oft der letzte Beweis. Und Vermutungen waren kein sicheres Fundament für eine nachrichtendienstliche Operation oder gar für einen Gang vor Gericht. Bei einem Gedankenaustausch mit dem Oberbefehlshaber der US-Streitkräfte in Europa fragte mich der Viersternegeneral O.: „Was denkst Du über Euren Minister X.?" Ich zögerte mit meiner Antwort. Der General hatte einen wunden Punkt in meiner Seele getroffen. Was durfte ich ihm sagen? Sollte und durfte ich mich öffnen und meine Vermutungen aussprechen, ohne einen gesicherten Beweis in der Hand zu haben? „Ach", sagte ich schließlich, „ich weiß, was Du denkst. Wir liegen hier wohl mit unseren Vermutungen auf einer Linie, aber mir fehlt der Beweis." „Ja, das habe ich mir gedacht. Schade! Gerd, wir haben über X. ausreichendes Material. Das würde bei uns für eine Verurteilung reichen. Du wirst es wohl auch in Deinem Panzerschrank haben, wie ich denke. Doch es ist heute zu spät, um unsere Schränke zu öffnen. Wir hätten es vor zehn Jahren machen müssen. Daß wir es nicht taten, war ein schwerer Fehler. Wie gesagt, heute kommen wir zu spät mit unseren gesicherten Erkenntnissen."

Was ist eigentlich nachrichtendienstliche Arbeit?

In Erfüllung der Bestimmung von § 2 des Gesetzes über die parlamentarische Kontrolle nachrichtendienstlicher Tätigkeit des Bundes vom 11. April 1978 soll hier ohne Verletzung einer Geheimhaltungsverpflichtung in großen Zügen über die allgemeine Tätigkeit des MAD und über Vorgänge von besonderer Bedeutung berichtet werden. Dabei vermag ich mit Sicherheit die Forderung nach einer umfassenden Darstellung im Rahmen dieses sehr begrenzten Kapitels nicht erfüllen.

Das Wissen, das ich in meinem Panzerschrank über Personen der Zeitgeschichte, die in unserem Land in höchste Führungspositionen aufgestiegen sind, verborgen hielt oder das in meinem Kopf noch präsent ist, wird niemand erfahren. Doch das Vertretbare und Verantwortbare soll hier nicht verschwiegen werden, denn eines Tages wird das Wissen, das in nur wenigen Köpfen gespeichert ist, verloren und verrottet sein wie ein welkes Blatt auf dem Müllhaufen der außergewöhnlichen Zeit der Ost-West-Gegensätze bzw. des Kalten Krieges nach dem Ende des Zweiten Weltkrieges.

Nachrichtendienstliche Arbeit, wie sie der MAD verrichtet, hatte in der Zeit des Kalten Krieges höchste Bedeutung. Die Abwehr von Spionage, Sabotage und Zersetzung war von großer Bedeutung für die Abschreckung. Die Frage stellt sich natürlich, ob in der Gegenwart nach Beendigung des Kalten Krieges nachrichtendienstliche Tätigkeiten noch erforderlich sind. Diese Frage ist leicht zu beantworten. Kein Staat hat seine aufklärenden Dienste in den Jahren nach 1990 abgerüstet. In jeder Botschaft gibt es nach wie vor nachrichtendienstliche Mitarbeiter. Auch Staaten, die einander mit Wohlwollen gegenüberstehen, sind gerne über die Lage in befreundeten Ländern informiert.

Spionage hat auch im Zeitalter technisch perfektionierter Aufklärungsmittel und raffinierter Aufklärungssysteme ihre Bedeutung beibehalten. Viele Staaten versuchen, durch ein Mehr an Informationen ihre politischen Handlungsspielräume zu vergrößern. Außerdem versucht manche Regierung die Ernsthaftigkeit und Wahrhaftigkeit von Entscheidungen anderer Staaten nachrichtendienstlich zu überprüfen. Dies wird sich nicht ändern. So gesehen besteht zwischen offener politischer Zusammenarbeit und dem Bemühen um Gewinnung von Erkenntnissen über die Lage in anderen Ländern gar kein Widerspruch.

Der Wert des Einsatzes nachrichtendienstlicher Mittel im Kampf gegen den Terrorismus darf auf keinen Fall unterschätzt werden. Diese Auseinandersetzung wird auf ganz besonderen Ebenen geführt, heute auch global. Darüber wird noch gesondert zu berichten sein. Doch scheint es hier ratsam zu sein, Betrachtungen zu den Terroranschlägen in der Zeit von 1974 bis 1980 anzustellen und einen kurzen Blick auf die Ereignisse des 11. September 2001 zu werfen.
Unter dem anhaltenden Schock der grausamen Terroranschläge in den USA hatte der Deutsche Bundestag Maßnahmen zur Verbesserung der inneren und

äußeren Sicherheit beschlossen. Drei Milliarden Euro wurden bereitgestellt, um die Bundeswehr, die Nachrichtendienste und die Zivilverteidigung leistungsfähiger gegen terroristische Angriffe zu machen. Dieser Betrag aber war nicht ausreichend. Er wäre allein notwendig für Maßnahmen zur Verbesserung der Einsatzfähigkeit der Bundeswehr gewesen.

Die Terroranschläge in den USA haben auch in Deutschland die Aufmerksamkeit der Bürger auf die abwehrenden Dienste gelenkt. Es gibt Andeutungen, daß es Warnungen, vor allem durch den israelischen Geheimdienst Mossad, gegeben haben soll; es scheint aber sicher zu sein, daß die Dienste in der westlichen Welt insgesamt eher kenntnisarm waren. Sie wurden von Zeitpunkt und Ausmaß der Attentate überrascht, was zu der Frage führt, wie das geschehen konnte.

Auf dem Höhepunkt der Terroranschläge in der Bundesrepublik in den Jahren 1974 bis 1980 haben die deutschen Nachrichtendienste nach anfänglichen Kompetenzproblemen ihre Aufgabe gut erfüllt. Das gilt für den Verfassungsschutz, den MAD und den Bundesnachrichtendienst. Der MAD hatte damals gegen die Regeln über mehrere Monate hinweg fast sein ganzes Personal in der gemeinsamen Aufgabe der Verfolgung der Terroristen eingesetzt. Politiker sahen es nicht gerne, aber nahmen es hin, weil keiner an einem Mißerfolg der Fahndung schuldig sein wollte. Dann aber wurde es doch manchem unbehaglich, als der MAD in Frankfurt gegen eine radikale Gruppe des KBW im Hinterzimmer einer Gastwirtschaft Lauschmittel einsetzte. Das war vielen zu viel und führte nicht nur zum Rücktritt von Verteidigungsminister Leber, sondern mündete zu einem allgemeinen politischen Mißtrauen gegenüber den eigenen abwehrenden Diensten.

Ab 1972 spitzte sich die Lage mit der Verhaftung von Mitgliedern der Baader-Meinhof-Bande, die die Gesellschaftsordnung in der Bundesrepublik mit Gewalt ändern wollte, durch Bombenanschläge unter anderem auf das US-Hauptquartier und das Springer-Hochhaus in Hamburg zu. Terroristen erschossen 1974 in Berlin den Kammergerichtspräsidenten Günther von Drenkmann. 1975 befanden sich 85 strafrechtlich gesuchte Terroristen in Haft, weitere 100 wurden gesucht. Nach Verabschiedung des Antiterrorismusgesetzes folgten die Morde an Generalbundesanwalt Siegfried Buback, dem Sprecher der Dresdner Bank Ponto sowie Arbeitgeberpräsident Hanns-Martin Schleyer. Die RAF-Terroristen Baader, Ensslin und Raspe wurden schließlich zu lebenslanger Haft verurteilt.

Die Bekämpfung und Ausschaltung der RAF-Terroristen in Deutschland war ein Erfolg aller staatstragenden Kräfte. Ein besonderes Verdienst kommt dem Bundeskriminalamt zu, das unter sachkundiger Leitung seines Präsidenten Horst Herold die Terroristen unter Anwendung modernster Methoden und einer computergestützten Rasterfahndung, die nach und nach alle Täter erfaßte, in der ganzen Welt verfolgte. Zwar gab es noch Nachhutgefechte, weitere Morde und Festnahmen, doch die große Gefahr war gebannt.

Bald wuchs das Mißtrauen gegenüber diesen erfolgreichen Diensten, die gegen die RAF vertrauensvoll zusammengearbeitet hatten. Politiker fürchteten, die Dienste könnten zu viel Macht gewinnen, und begannen, die Zusammenarbeit zu „regeln", was ihre Rückführung auf administrative Zuständigkeiten bewirkte. Immer mehr Kontrollmechanismen wurden eingebaut. Die Rasterfahndung wurde verteufelt, der Datenschutz breitete sich aus und der hochverdiente BKA-Chef Herold wurde abgelöst, weitere Personalveränderungen folgten. Die Parlamentarische Kontrollkommission des Bundestages wurde etabliert, und der Datenschutzbeauftragte bemühte sich, Kontrolle über alle Operationen zu gewinnen. In der Summe aller Maßnahmen führte das Mißtrauen der Politik zum Mißtrauen der Dienste gegenüber der Politik. Eine neue Personalführung hatte schließlich zur Folge, daß immer mehr Fachfremde in Führungspositionen kamen; so zum Beispiel ein Admiral, der später über die PDS Karriere machen sollte. Die Zweite Juristische Staatsprüfung wurde wichtiger als die Erfahrung im Nachrichtendienst. Von höchster Stelle wurde für den MAD Oberst Joachim Krase als Chef der Spionageabwehr ausgewählt, der später als Agent von DDR-Abwehrchef Markus Wolf enttarnt wurde. Von höchster politischer Führungsebene erhielt der Chef des MAD den Auftrag, zu jedem Vortrag beim Staatssekretär jenen Oberst mitzubringen. Die Folge war, daß man in den Diensten begann, Akten zu schwärzen. Denn wer konnte wissen, wer einmal in die Akten Einsicht nehmen würde. Es wäre noch schlimmer gekommen, wenn im Kanzleramt Staatssekretär Manfred Schüler nicht eingegriffen hätte. Besonders bedenklich aber war das wachsende Mißtrauen der ausländischen Dienste gegenüber dem deutschen Partner.

Nach Wiederherstellung der Einheit Deutschlands wurden schließlich alle Dienste vom BND bis zum MAD personell reduziert und technisch auch nicht auf den Stand der Zeit gebracht. Eine ganze Führungsebene wurde aufgelöst. Wir waren ja – wie bekannt – „nur noch von Freunden umgeben". Dies alles erklärt und begründet nicht die Unkenntnis der Dienste im Hinblick auf den internationalen Terrorismus. Aber es führte dazu, daß manch einer vorsichtig wurde und die befreundeten Dienste auch nicht immer sicher sein konnten, ob ihre Informationen an der richtigen Stelle landeten, und so besser schwiegen. Die Terroristen der Gegenwart suchten nicht ohne Grund in Deutschland Quartier. Es muß hier leichter sein als in Norwegen oder England. Dafür gibt es Gründe. Bisher war es wohl in keinem Land so günstig, die Logistik für Anschläge zu organisieren, wie in Deutschland. Ausländer hatten es leicht, in den Wohnsilos von Hamburg oder Köln – wie bei den terroristischen Aktionen im Deutschland der 1970er Jahre – unterzutauchen. Deutschland bot sich nicht als Land für „Schläfer" an, sondern für das Organisieren von Bereitstellungsräumen, aus denen man jederzeit Aktionen starten konnte.

Nun gibt es wieder Streit um Datenschutz und Informationsaustausch. Die Effizienz der Dienste aber muß gesteigert werden, wenn nicht auch künftig Terroristen von ihrer Schwäche profitieren sollen.

Das Verhältnis der Nachrichtendienste zur Politik

Ein Vorgang aus der Tätigkeit des MAD verdient besondere Beachtung. Hier ging es unter anderem um die Frage, wie weit ein Nachrichtendienst im Bereich der „hohen" Politik tätig werden darf. Beschränkungen sollte es eigentlich nicht geben. In diesem Zusammenhang bekam ein Fall besonderes Gewicht. Der bayerische Bundestagsabgeordnete Franz Josef Strauß war in das Visier der für Observationen zuständigen Mitarbeiter des MAD geraten. Bei Verdacht einer die Sicherheit gefährdenden Tätigkeit war eine Observation natürlich zulässig. Hinsichtlich des Ministerpräsidenten Strauß suchten interessierte Kreise nach Verdachtsmomenten. Da ging es vor allem um die Frage von Beschaffungen für die Bundeswehr. Zur Abklärung des Verdachts hatte der MAD eine Operation eingeleitet, bei der unter anderem Strauß im Bereich der CSU-Geschäftsstelle observiert wurde. Leider waren die Mitarbeiter des Dienstes dabei so ungeschickt, daß der Ministerpräsident die Observation in einem frühen Stadium erkannte und sich ein Vergnügen daraus machte, die Observanten eines Tages zu enttarnen. Welch eine Blamage für den Dienst! Strauß sprach die Männer, die ihn beobachteten, auf offener Straße an und verbat sich jegliche Tätigkeit im Bereich der Lazarettstraße in München. Natürlich wurde der MAD nervös bis in die Führungsspitze.

Strauß aber hatte seit dieser Zeit das Vertrauen zum MAD verloren, was nun wirklich nicht verwunderlich ist. Es dauerte einige Zeit, bis es mir gelang, sein Vertrauen wiederzugewinnen.

Der Autor (links) mit dem bayerischen Ministerpräsidenten Franz-Josef Strauß (rechts)

Für die „vorgeblichen" Verstrickungen des damaligen Verteidigungsministers Franz Josef Strauß im Zusammenhang mit Rüstungsgeschäften gab es in allen seriösen geheimdienstlichen Unterlagen, einschließlich in den meiner damaligen Partnerdienste in den USA, keinen Beleg, obwohl die ganze Welt dies vermutet hatte. Aber ein Gerücht, das einmal in die Öffentlichkeit getragen worden ist, hält sich über Jahre oder Jahrzehnte hinweg. Die Beschuldigungen gegen den Politiker Strauß entbehrten jeder Grundlage. Sie waren frei erfunden, allerdings so gut erfunden, daß im Hintergrund der Kampagne professionelle Dienste am Werk gewesen sein könnten. Es gab, dies sei hier in diesem Zusammenhang berichtet, andererseits aber auch geheimdienstliche Erkenntnisse, die manch anderen deutschen Politiker belastet hätten. Darunter befinden sich Personen, die im Laufe der letzten Jahre und durch die rot-grüne Koalition begünstigt noch in hohe Ämter kamen. Gegen einige sind später bei der Auswertung von Stasi-Unterlagen neue Verdachtsmomente aufgekommen. Aber die Erfahrungen mit der Aufarbeitung von Verdachtsmomenten aus der Zeit vor der Wiederherstellung der deutschen Einheit werden vermutlich die Unsicherheit, ob es denn so war wie vermutet, nicht beseitigen; zu befürchten ist, daß sich der Mantel des Vergessens über diese Vorgänge legen wird.

Besuch beim US-amerikanischen Partnerdienst (rechts: der Autor)

Einmal – es war wohl 1983 – fragte mich der Oberbefehlshaber der US-Streitkräfte in Europa bei einem Spaziergang, was ich denn von General Kießling hielte. Ich wüßte doch um die Verdächtigungen. Bei uns, im Hauptquartier der NATO, sei man sicher, meinte der General, daß Kießling homosexuell sei. Nun kannte ich General Günter Kießling noch aus den Zeiten unserer gemeinsamen Vorbereitung auf die Generalstabsausbildung. In Hannover saßen wir beide auf der Heeresoffizierschule an einem Tisch. Wir diskutierten, nicht immer ernsthaft, die Probleme der Inneren Führung. Während wir zuweilen dem Unterricht folgten, zeichnete ich Karikaturen von unseren Lehrern und auch von Lehrgangskameraden, so unter anderem von dem späteren Generalinspekteur Jürgen Brand und unserem italienischen Lehrgangskameraden K. Beiden habe ich später die Zeichnungen geschenkt. Das Bildnis von K. soll sich heute noch in seinem römischen Palast befinden. Mit General Kießling verbindet mich seit Jahrzehnten ein freundschaftliches und kameradschaftliches Verhältnis.

„Nein", sagte ich, „General, ich kenne General Kießling sehr gut, seit vielen Jahren, der Verdacht kann nicht begründet sein. Kießling hat bewiesen, daß er keinerlei Neigungen der vermuteten Art hat. Er scheint mir nicht anders veranlagt zu sein wie wir beide, General, Sie und ich. Nicht anders!"

Doch General O. blieb mißtrauisch und schien mit meiner Antwort nicht zufrieden zu sein. Er fügte nur noch hinzu: „Das Material, was unsere Leute haben, würde in den USA für eine Verurteilung reichen."

Dann fragte er mich, mit zartem Hinweis auf meine Vergangenheit als Chef eines geheimen Nachrichtendienstes, was ich denn vom deutschen Außenminister hielte? „Wir machen uns immer noch Sorgen", sagte er. Wenn ich das Gebot, die Wahrheit zu sagen und nichts als die Wahrheit, beachte, dann müßte ich nun gestehen, das bei mir in bezug auf diese Persönlichkeit ein gewisses Maß an Mißtrauen immer noch vorhanden war, natürlich nicht etwa wegen seiner Eheschließung mit einer Ausländerin aus dem damaligen kommunistischen Machtbereich! Aber dies war doch eine Sache, die man in einem Nachrichtendienst – und das sollte hier betont werden – mit gewissen Fragestellungen in Richtung auf andere Persönlichkeiten prüfen müßte, sprich in Richtung auf Kontaktpersonen, die im Verdacht standen, nachrichtendienstlich verstrickt zu sein.

Wer für den Fall K. die Verantwortung trug, war nicht zu ergründen. Ich vermute, wie sicherlich auch andere Kenner der Materie, daß hier bestimmt übertriebener Ehrgeiz eines Beamten des höheren Dienstes im MAD eine Rolle spielte, der seit langem darum kämpfte, daß auch ein ziviler Beamter im MAD einmal eine Abteilung leiten müsse. Es war ein kleines Stück des anhaltenden Kampfes um herausgehobene Dienstposten zwischen Militär und Zivil in der Bundeswehr. Dieser Kampf begann in den Ämtern und auch in der Truppe und endete auf der Ebene des Staatssekretärs und des Generalinspekteurs. Doch hielt ich damals auch ganz andere Hintergründe für durchaus denkbar und möglich, die leider nicht zu beweisen waren und deshalb hier nicht weiter thematisiert werden können.

Als stellvertretender NATO-Oberbefehlshaber (Europa Mitte) hatte General Dr. Kießling eine der höchsten Positionen erreicht, die in der NATO von deutscher Seite zu besetzen waren. Da in seiner Person herausragende Fähigkeiten des Truppenführers mit militärpolitischen Kenntnissen der höchsten Ebene vereinigt waren, hätte ich den General damals als Kandidaten für das Amt des Generalinspekteurs der Bundeswehr als besonders geeignet gesehen. An dieser Stelle hätte er sich segensreich für die Truppe auswirken können. Ich habe dies auch einmal in meiner MAD-Zeit angesprochen, doch fand ich kein Gehör. Viele seiner Kameraden haben Günter Kießling falsch eingeschätzt. Als höherer Kommandeur war gerade er der lebende Beweis dafür, daß Innere Führung und Truppenführung keine gegensätzlichen Komponenten der militärischen Füh-

Der stellvertretende NATO-Oberbefehlshaber und Vier-Sterne-General Günter Kießling bei seiner Verabschiedung im Jahre 1984; im Vordergrund Verteidigungsminister Manfred Wörner. Die Kießling-Affäre beschäftigte 1984 die Politik der Bundesrepublik Deutschland. Kießling wurde Homosexualität unterstellt, als Sicherheitsrisiko eingestuft und Ende 1983 vorzeitig in den Ruhestand geschickt, mußte später aber durch Verteidigungsminister Wörner rehabilitiert werden.

rung waren. Gerade die Führung der Truppe im Gefecht ist zwingend auf die Praktizierung der Grundsätze der Inneren Führung angewiesen. Es ist aber leider zu vermuten, daß bis heute das Prinzip Innere Führung noch nicht von jedem Kommandeur voll verinnerlicht ist.

Kießling war bei seinen Untergebenen zwar nicht gefürchtet, aber als Divisionskommandeur hatte er sich zur Überraschung vieler seiner Jahrgangskameraden großen Respekt erworben. Er konnte führen und verstand es auch, sich durchzusetzen. Das hatten die Kritiker der „Inneren Führung" nicht erwartet. So war in meiner Sicht Kießling ein hervorragender militärischer Führer, der – wie wenige – nicht nur Panzergrenadierkompanien auf dem Schlachtfeld einzusetzen wußte, sondern strategisch dachte und auch von der Praxis des militärischen Dienstes im Frieden und im Krieg mehr verstand als andere.

Der Amtschef und sein Alltag

Der Soldat hat immer seinen Auftrag im Blick zu behalten, er wird dazu erzogen und ausgebildet, diesen Auftrag zu jeder Zeit erfüllen zu können. So darf auch ich mit dem Auftrag des mir einst unterstellten Dienstes beginnen. Auftrag des MAD ist es, „den Geschäftsbereich des Bundesministers der Verteidigung in seinem personellen und materiellen Bestand vorbeugend und abwehrend gegen alle möglichen wie aktuellen Bestrebungen und Tätigkeiten sicherheitsgefährdender Kräfte zu schützen". Der MAD ist also ein abwehrender Nachrichtendienst, welcher allein für einen vorbeugenden Schutz der Streitkräfte zuständig ist. Die Verfolgung von Strafsachen liegt nicht in seiner Kompetenz. Das war auch nie gewollt. Der Dienst ist somit also zuständig für die drei Organisationsbereiche der Bundeswehr, nämlich das Verteidigungsministerium, die Streitkräfte und die Bundeswehrverwaltung. Dazu kommen natürlich auch der Bereich des Bundesamtes für Wehrtechnik und Beschaffung und andere Ämter und Einrichtungen sowie die deutschen militärischen Anteile bei den NATO-Kommandobehörden und der Organisation im Inland wie auch im Ausland, zum Beispiel die Ausbildungseinrichtungen in den USA. Kurzum, der Dienst ist zuständig für den gesamten Bereich der Bundeswehr. Das heißt aber auch, daß er außerhalb dieses Bereichs keinerlei Befugnisse besitzt. Das ist Aufgabe des BND.

Die Aufgabe des MAD in diesem für die Sicherheit unseres Staates so bedeutungsvollen Bereich ist umfassend und schwierig. Sie ist schwierig, weil die Gefährdung der Bundeswehr durch Spionage, Unterwanderung und Zersetzung seit Gründung der Streitkräfte nach dem Kriege und auch in den vergangenen Jahren nach Beendigung des Kalten Krieges immer einen qualitativ und quantitativ hohen Standard hatte. Dieser Gefährdung zu begegnen, sie zu mindern, ist die Hauptaufgabe des MAD. Der MAD ist so gesehen Teil einer Abschreckungsstrategie. Jeder Gegner muß befürchten, enttarnt zu werden. Denn glaubhafte Abschreckung mit strategischer Wirkung erzielen Wehrpflichtarmeen heute nur dann, wenn das innere Gefüge der Truppe – besonders unter den Bedingungen von Auslandseinsätzen in Asien oder Afrika – in Ordnung und ausreichende Sicherheit auch für die Truppe selbst vorhanden ist. Hierfür hat der MAD seinen Teil beizutragen.

Ein Beispiel dafür war der Angriff auf ein ungepanzertes Fahrzeug der Bundeswehr in Afghanistan. Diese Gefährdung hätte vermieden werden müssen und können. Sie war zu vermeiden, wenn die erforderlichen Sicherheitsmaßnahmen für den Transport der Soldaten rechtzeitig von den zuständigen Stellen getroffen worden wären und nicht erst einige Monate nach dem Vorfall. Es war ein Fehler, den die politische Führung des Verteidigungsministeriums zu verantworten hat, weil sie unsere Soldaten damals unter Vernachlässigung ihrer Sicherheit allein aus Kostengründen in eine unnötige Gefahr gebracht hatte, bei der deutsche Soldaten ihr Leben lassen mußten.

Rückkehrer der Bundeswehr aus der kongolesischen Hauptstadt Kinshasa haben über ähnliche Vorkommnisse berichtet. Es ist furchtbar, daß ähnliches, was in Afghanistan passierte, nun auch im Kongo stattfindet. Auch hier wurden Soldaten bereits zu Beginn ihres Einsatzes in ungepanzerten Fahrzeugen über gefährliches Gelände transportiert. Ein ganz konkretes Beispiel berichtet ein Offizier im Range eines Oberstleutnants: Im August 2006 fuhren drei deutsche Soldaten in einem zivilen Bus durch die Hauptstadt Kinshasa, ungepanzert natürlich. Sie waren mit einer Handfeuerwaffe bewaffnet und hatten fünf Schuß Munition pro Mann. Auf eine entsprechende Nachfrage erklärte der vorgesetzte französische Kommandeur, ein Brigadegeneral: „Sie haben doch Worte und Fäuste!"

Drei Mann, eine Waffe und fünf Schuß Munition, das ist die Realität heute im Kongo, wo deutsche Soldaten mithelfen, den Frieden zu sichern, wo aber Krawalle auf den schmutzigen Straßen der Stadt an der Tagesordnung sind. Man sollte dem französischen Vorgesetzten die Frage stellen, ob er eine ähnliche Bemerkung einem Trupp französischer Soldaten gegenüber gemacht hätte.

Der deutsche Stabsoffizier, der den Vorfall berichtete, antwortete jedenfalls auf die Frage, ob er dies denn auch „nach oben" gemeldet habe, achselzuckend mit der Bemerkung: „Ach, was wollen Sie? Das ist doch heute kein Einzelfall mehr. Und denken Sie denn, daß ich unbedingt einen Knick in meiner Laufbahn benötige?"

Unsere Bundeswehr genießt im Lande und bei den verbündeten Streitkräften hohe Anerkennung. Doch manche Ereignisse werfen zunehmend Fragen auf. Diese betreffen zum Teil den Bereich der inneren Sicherheit aber auch die Innere Führung der Truppe. Wie steht es um deren Disziplin, wenn Entgleisungen wie im Oktober 2006 in Afghanistan möglich sind? Wie steht es hier vor allem um die Dienstaufsicht, zu der jeder Vorgesetzte verpflichtet ist? Wohldosiert, vermutlich um die Auflage zu steigern, wurden in Deutschland im Oktober 2006 beinahe jeden Tag in einer bekannten Boulevardzeitung neue Fotos von deutschen Soldaten in Afghanistan veröffentlicht, die in Felduniform mit Schädeln und Gebeinen von Toten posierten. Ganz Deutschland war empört über diese geschmacklose Zurschaustellung. Der Ruf nach dem Wehrdisziplinargericht und nach Entlassung aus der Bundeswehr wurde laut und jeden Tag lauter. Die afghanische politische Führung forderte Konsequenzen und hartes Durchgreifen der Führung.

Wer über diese Soldaten, die sich mit Schädeln und Gebeinen von Toten photographieren ließen, sein Urteil fällt, sollte aber nicht nur die Soldaten vor der Aufklärung des Falls verurteilen, sondern zugleich darüber nachdenken, wie so etwas überhaupt geschehen konnte. Er sollte sich die Frage stellen, ob deren sicherlich zu verurteilendes Verhalten auch dann möglich gewesen wäre, wenn die Afghanen ihre Toten oder die ihrer Gegner nach den Regeln ihrer Religion ordnungsgemäß bestattet hätten. Die Afghanen aber haben diese Gebeine über viele Jahre auf einer Müllhalde liegenlassen, an der deutsche Soldaten täglich vorbeifahren mußten, stets in der Gefahr, angegriffen und getötet zu werden. Und auch afghanische Kinder spielten mit ihnen. Darüber wäre nachzudenken.

In den Weiten Rußlands, die einst vor mehr als 60 Jahren Schlachtfelder waren, finden die Angehörigen deutscher Soldaten noch heute Skelette ihrer Väter und Brüder auf Feldern und am Wegrand sowie ausgeraubte Gräber. Auch davon wurden Fotos gemacht. Doch nur wenige Zeitungen haben diese veröffentlicht. Es ist auch nicht bekannt geworden, ob sich jemals ein Mitglied der Bundesregierung oder des Deutschen Bundestages darüber empört hatte. Dabei ist durchaus die Frage zulässig, ob an diesen zumindest scheußlichen und geschmacklosen Vorfällen nicht jene eine Mitverantwortung tragen, die unsere Soldaten in einen militärischen Einsatz schicken, der bereits mehr als ein Dutzend tote deutsche Soldaten durch Waffeneinwirkung oder Unfälle gefordert hat.

Es sollte nicht vergessen werden, daß diese Soldaten in ihrem Einsatz auf Patrouillenfahrten wiederholt aus dem Hinterhalt beschossen und auf ihre Camps Raketen abgefeuert wurden, bis in die Gegenwart. Dieser Krieg, in den unsere Soldaten geschickt werden, ist keine Sportveranstaltung mit fairem Spiel. Er ist schon zu oft blutiger Ernst geworden. Daher ist weiterhin das Ziel zu verfolgen, den Einsatz unserer Soldaten zu begrenzen. Wir müssen unsere Soldaten zurück in die Heimat holen, sobald die gesamte strategische Situation dies erlaubt, und keinen Tag länger im Einsatz belassen. Hier stellt sich die Frage, ob der Einsatz der Bundeswehr – wenn überhaupt – heute noch der Sicherheit und dem Interesse unseres Landes dient. Und diese Frage sollte auch einem ehemaligen Soldaten erlaubt sein. Zurückhaltung in politischen Fragen zu üben, heißt nicht, die eigene Meinung in der Sache nicht öffentlich äußern zu dürfen. Dafür darf es keinen Maulkorb geben, wenn sich ein früherer Vorgesetzter für die Soldaten einsetzt, die einst seiner Führung anvertraut waren – und der die Verantwortung für sie in seiner aktiven Zeit sehr stark als Verpflichtung empfunden hat. Auf einen diffamierenden „Stern"-Artikel soll dem Blatt vom Verteidigungsministerium eine sofortige Untersuchung zugesagt worden sein. Und dies, ohne zu wissen, was wirklich geschah und ohne den beschuldigten Soldaten angehört zu haben. Humanität allein kann kein Grund sein, unsere Soldaten in jedes Land der Erde zu schicken. Auch der Wunsch unserer Verbündeten reicht nicht für eine Begründung aus. Immer wird die Frage zu prüfen sein, ob ein Einsatz deutscher Soldat in einer bestimmten Situation zwingend ist. Aus Verantwortung für unser Land und seine Menschen. Sich über das Fehlverhalten einzelner zu empören, ist eine Sache, die Suche nach dem wahren Verantwortlichen eine andere.

Natürlich kann man das Spiel einiger deutscher Soldaten mit Totenköpfen als grob fahrlässig einstufen. Der Jurist wird dies präziser formulieren können. Ob es aber wirklich den Tatbestand einer Störung der Totenruhe darstellt, müßte erst noch juristisch geklärt werden. Hier wird es sicher Argumente für und gegen eine solche These geben. Die Frage von zentraler Bedeutung für mich aber bleibt diese: Warum wurden diese Toten nicht bestattet, bevor die Bundeswehr in dieses Gebiet eingerückt ist? Der Ausreden dafür mag und wird es wohl viele geben.

Dabei kann dieser Vorgang durchaus die Fragestellung nach sich ziehen, ob hier vielleicht ein Verstoß gegen die Grundsätze der Inneren Führung zu erkennen ist. Damit rückt die Frage in den Vordergrund der Analyse, ob die Soldaten auf den Einsatz im Kriege, unter Einwirkung von Waffengewalt zweckmäßig, das heißt richtig und ausreichend, vorbereitet und ausgebildet sind. Damit wird dieser Vorgang tatsächlich unter Aspekten der Grundsätze der Inneren Führung zu betrachten sein. Wenn mit toten Gegnern in einer derartigen Art und Weise umgegangen wird, dann kann dies nicht in Übereinstimmung mit den deutschen Grundsätzen der Inneren Führung sein.

Eine Truppe, die leichtfertig diese Art Spiele betreibt, könnte man sogar als einen Unsicherheitsfaktor ansehen. Ein solcher Verband, in dem diese Vorkommnisse etwa die Regel sind, muß tatsächlich unter dem Aspekt untersucht werden, wie weit die innere Sicherheit in diesem Verband etwa gefährdet ist oder gegen ihre Grundsätze verstoßen wurde. Es stellt sich also letztlich die Frage nach der Disziplin in einem militärischen Verband.

Die innere Sicherheit bleibt auch nach Beendigung des Kalten Krieges ein ganz bedeutender Faktor bei der Bestimmung des Kampfwertes der Truppe. Innere Sicherheit ist Voraussetzung für jeden erfolgreichen Einsatz eines militärischen Verbandes, und zwar in Krieg und Frieden. Das beste Wehrmaterial hat keinen Wert, wenn der Soldat, der es bedienen soll, nicht optimal ausgebildet und hochmotiviert ist. Denn wie hoch soll der Kampfwert eines Verbandes angesetzt werden, wenn sich auf den Befehl zum Beziehen eines Verfügungsraums für einen Einsatz plötzlich dreißig von hundert der Kfz-Fahrer krank melden, die Sehschlitze der gepanzerten Fahrzeuge von Schmierfett gereinigt werden müssen, ein Großteil der Optik oder Elektronik technisch nicht einsatzbereit ist und wenn im Ernstfall dem Gegner der Bereitstellungsraum des Verbandes durch Spionage bereits bekannt ist? Dies alles ist in der Bundeswehr schon mehrfach vorgekommen.

Welchen Einsatzwert hat eine Truppe, wenn ihr Kommandeur in einer bestimmten Lage nicht sicher ist, ob er den gegebenen Befehl ausführen oder besser doch verweigern sollte? Wie steht es um das innere Gefüge eines Verbandes, wenn der kommandierende General in einer brenzligen Situation Urlaub nimmt und sich zu seiner Lebensgefährtin nach Schweden absetzt?

Ich habe jedenfalls als Bataillonskommandeur bei der Tschecheikrise 1968, als die sowjetischen Panzerverbände auf die deutsch-tschechische Grenze zufuhren, dann Halt machten und Verpflegung ausgaben, meinen Urlaub am wunderschönen bayerischen Waginger See abgebrochen, meine Frau mit drei kleinen Kindern allein gelassen, bin unverzüglich auf schnellstem Wege zu meinem Bataillon gefahren, das in Grenznähe bereits Stellung bezogen hatte, und übernahm die Führung. Die Rechtfertigungsversuche, es gäbe heute ja Laptop und Mobiltelefon, mit denen man kommunizieren, sprich führen könne, sind jedenfalls unangemessen. Die Technik kann nicht die Anwesenheit vor Ort und den Austausch mit den Stabsoffizieren ersetzen. Ich habe meine Anwesenheit damals nicht nur für meine ganz selbstverständliche Pflicht gehalten, sondern ich wußte, daß die Truppe mich brauchte. Sie brauchte ganz dringend meine Führung. Sie mußte ihren Kommandeur sehen, mit ihm sprechen, ihm ihre Probleme vortragen können. Ich war jedenfalls nicht in der Lage, aus Tausenden von Kilometern Entfernung mein Bataillon zu führen ...

Veränderte Sicherheitslage nach dem 11. September 2001

Heute stellt der Terrorismus natürlich andere Forderungen an die Streitkräfte als es in der Zeit des Kalten Krieges und des Ost-West-Konflikts der Fall war. Mit dem Einsatz großer geschlossener Panzerverbände in Mitteleuropa ist auf absehbare Zeit sicherlich nicht zu rechnen. Die Gefahren, die vom Terrorismus ausgehen, sind zwar von anderer Art, doch fordern sie von uns einen ganz besonderen Einsatz der Kräfte zur Abwehr von terroristischen Angriffen, von denen die Aufklärung im klassischen Sinne auch unter Einsatz verdeckter Mittel ein Teil der Strategie sein muß. Den Gegner erkennen, bevor er zuschlägt, darauf kommt es an. Seine Logistik zu behindern, zu stören und zu vernichten, dies ist ein ganz entscheidender Teil der Abwehr. Auch der Terrorismus braucht ein kompliziertes logistisches Netz, wenn er erfolgreich sein will. Ja, er braucht vor allem längere Vorbereitungszeiten, weil er seine Vorbereitungen größtenteils verdeckt treffen muß. Kleineinheiten und Todesschwadronen der Terroristen sind in der Lage, Aufträge, die für die Truppe zu einer ernsthaften Gefährdung werden können, jederzeit durchzuführen. Ihre Vorbereitungen aufzuklären und ihren Einsatz zu verhindern, das ist heute eine der wichtigsten Aufgaben unter den Bedingungen eines veränderten Kriegsbildes.

Es läßt sich immer wieder vortrefflich spotten, daß wir heute ja nur noch von Freunden umzingelt seien. Eine militärisch großangelegte Operation in Europa ist heute in der Tat nicht mehr vorstellbar. Panzerschlachten in Mitteleuropa wird es in absehbarer Zukunft kaum geben. Doch welcher Militärexperte hat schon den Mut, die Entwicklung der sicherheitspolitischen Lage für die nächsten zehn oder zwanzig Jahre vorauszusagen? In den Planungsabteilungen der Ministerien der NATO-Staaten versuchen die Militärs, sich auf einen Zeitraum von fünf Jahren zu konzentrieren. Hier glaubt man, einigermaßen sichere Prognosen anstellen zu können. Ob diese wohl zutreffend sind? Militärische Planung sollte über den Bereich von fünf Jahren möglichst weit hinausgehen.

Für die gezielte und rechtzeitige Gefahrenabwehr gegnerischer Spionage, Sabotage, Wehrmittelschädigung und Auflösung der Moral, Unterwanderung und auch Terrorismus bedarf es auch heute immer noch großer Anstrengungen aller für die Sicherheit Verantwortlichen vor allem bei Einsätzen von Bundeswehreinheiten in Asien oder künftig vermehrt auch in Afrika. Denn hier, in Afrika, stehen wir erst am Beginn einer Entwicklung, die jederzeit explosiv aufbrechen und dann Verbände der Bundeswehr zum Einsatz bringen kann. Es kann kaum ein Zweifel bestehen, daß sich die Bundesregierung nach ihrer demonstrativen Verweigerung im Irak in Afrika nach und nach stärker engagieren wird, und zwar auch militärisch. Alles deutet heute darauf hin.

In Afrika gibt es, auch wenn dies manchmal anders scheinen mag, noch „ruhige" Bereiche, wie es zum Beispiel in Malawi lange der Fall war. Hier schien die Stellung des mehr als 90jährigen Präsidenten Hastings Kamuzu Banda auf Lebenszeit für Jahrzehnte gefestigt. Und dann war plötzlich alles anders. Der Sturz des Präsidenten „auf Lebenszeit" kam völlig unerwartet und über Nacht. Die NATO muß sich darauf einstellen, daß dies in Afrika kein Einzelfall bleibt. Scheinbar gefestigte politische Verhältnisse können ohne vorherige Ankündigung über Nacht verändert werden, wenn vor Ort niemand eine Warnung geben kann. Hier kommt einem Frühwarnsystem unter Hinzuziehung verdeckter militärischer Mittel eine ganz besondere Bedeutung zu. Solche Entwicklungen vorauszusehen, bleibt Aufgabe der westlichen Nachrichtendienste. Interessiert dies denn uns Deutsche überhaupt? Natürlich! Zentralafrika liegt jedenfalls in unserem nationalen Interesse, nicht anders als Afghanistan. Damit ist aber die Frage noch nicht entschieden, ob Deutschland Truppen in das Land schicken muß.

Ein leistungsfähiger abwehrender Nachrichtendienst, dessen oberstes Gebot Rechtsbewußtsein, Loyalität, Selbstzucht und Zuverlässigkeit ist, ist eine der Grundvoraussetzungen für die Sicherheit der Bundeswehr und unseres Landes. Erfolgreiche Abwehrarbeit kann ein militärisch abwehrender Dienst aber nur dann leisten, wenn er vom Vertrauen der Soldaten wie auch der Öffentlichkeit getragen wird und wenn jedermann mit diesem Dienst zusammenarbeiten kann. Das gilt natürlich auch für eine vernünftige Zusammenarbeit mit Journalisten. Es ist nicht zielführend, wenn zwischen den abwehrenden Diensten und den Journalisten ein unüberbrückbarer Graben der „non-cooperation" geschaufelt wird. Die öffentliche Diskussion um den MAD in den späten 1970er Jahren und auch 2006 hatte in Teilbereichen dieses Vertrauen berührt und zu erheblichen Belastungen in der Durchführung der Arbeit geführt. Dieses ist heute nicht mehr im gleichen Maße der Fall. Die Vernunft scheint in unserem Land Fortschritte zu machen.

Über Nutzen oder Schaden der Spionageabwehr

Der für den geschätzten Leser wahrscheinlich interessanteste Teil meiner Darstellung dürfte wohl der Bereich der Spionage und Spionageabwehr sein. Dies ist ein Thema, das in der vergangenen Zeit ganze Fernsehabende gefüllt hat und über das viele gute und weniger gute Bücher geschrieben worden sind. Besonders eindrucksvoll wurde das Thema von dem Hamburger Regisseur Jürgen Roland aufbereitet. Bei einem seiner „Tatort"-Filme durfte ich ihn beraten. Wir saßen mit dem Produzenten bis in die frühen Morgenstunden in meinem Haus und diskutierten über den Entwurf zum Drehbuch. Es enthielt natürlich einige Details, die nicht ganz zutreffend waren oder der Realität nachrichtendienstlicher Arbeit nicht oder nicht ganz entsprachen. Als Jürgen Roland mir die erste Fassung im NDR-Studio Hamburg vorführte, war das Stück aber perfekt. Roland, mit dem ich im Laufe unserer Arbeit Freundschaft geschlossen hatte, überreichte mir bei dieser Gelegenheit ein gerahmtes Papier mit meinen handschriftlichen Notizen. Unter meinen Text hatte er geschrieben: „General Komossas handschr. Original-Manuskript ‚Tatort' – Freund Gregor – NDR – Fernsehen – Frühjahr 1979." Und auf der Rückseite hatte er ergänzt: „Vielen Dank und gute Grüße! Ihr Jürgen Roland. Hamburg, 1. VI. 79."

Mein Text auf dem gerahmten Blatt lautete: „Technische Mittel? Mithören? Nein, nein. Das bekommen wir nie genehmigt. Zumindest noch nicht. Nicht bei diesen Verdachtsmomenten. Sie können doch nicht sagen wollen, daß hier der Bestand der Bundesrepublik Deutschland gefährdet ist. Schlagen Sie sich das aus dem Kopf. Da mache ich schon bei der Antragstellung nicht mit." „Das haben wir uns, ehrlich gesagt, schon gedacht", sagte Jürgen Roland.

Es gibt auch heute (2007) zahlreiche Hinweise darauf, daß die Gefährdung der Bundeswehr nicht grundsätzlich nachgelassen hat. Reisende und Geschäftsleute haben aus Minsk und Moskau ihre persönlichen Erfahrungen mitgebracht. Auch das mit uns im Bunde von EU und NATO stehende Polen hat weiterhin seine geheimen Mitarbeiter auf deutschem Gebiet. Das kann nicht geleugnet werden. Aus welchem Grunde sollten denn diese Länder auch ihre aufklärenden Dienste auflösen? „Wissen ist Macht" – dieses Postulat Lenins wurde meines Wissens nach keinesfalls zu den Akten gelegt. Daß sich der Schwerpunkt der gegnerischen Arbeit in letzter Zeit von der Militärspionage auf die Wirtschaftsspionage verlagert hat, ist eine natürliche Folge der politischen Veränderungen in Europa. Vor der stillen Revolution in Europa stellten die Dienste des WP – an erster Stelle die Nachrichtendienste der DDR – durch ihre intensiv vorgetragenen Spionageangriffe eine reale und permanente Bedrohung der militärischen Sicherheit dar. Sie operierten mit hohem personellen, finanziellen und technischen Einsatz und nutzten dabei alle liberalen Bedingungen unseres freiheitlichen Rechtsstaates bewußt und rücksichtslos aus.

Die Spionageabwehr des MAD war dem nicht immer gewachsen. Man kann seine Arbeit auch nicht isoliert betrachten. Die Zusammenarbeit mit dem Verfassungsschutz und den befreundeten ausländischen Diensten ist unerläßlich und wird natürlich auch heute unter den besonderen Bedingungen der terroristischen Bedrohung im Weltmaßstab praktiziert. Hier habe ich in der Zeit meiner Verantwortung in enger und vertrauensvoller Zusammenarbeit mit den amerikanischen und französischen Diensten sowie dem österreichischen Dienst gute Abwehrerfolge erzielt. Meine Reisen nach Frankreich, Österreich, Italien und USA dienten dem Informationsaustausch. Neben Österreich gab es aber natürlich auch eine fruchtbringende Zusammenarbeit mit der Schweiz, Luxemburg, Schweden, England und Israel.

Außerdem bleibt die Spionageabwehr natürlich angewiesen auf alle abwehrrelevanten Informationen des BND, der Strafverfolgungsbehörden und der Sicherheitsbeauftragten der Bundeswehr in ihren Verbänden und Standorten. Besonders intensiv war die Zusammenarbeit mit dem BND. Diese Zusammenarbeit war natürlich ausgesprochen eng und erfolgreich in der Zeit, als Generale die Verantwortung an der Spitze des BND trugen. Schließlich kannte man sich aus Zeiten gemeinsamen Dienens in der Bundeswehr, ja sogar bis in die Wehrmacht reichten die persönlichen Verbindungen, was natürlich die Koope-

Im Gespräch mit dem Chef des italienischen Partnerdienstes (links: der Autor) ...

... und mit Vertretern des französischen militärischen Dienstes (Bildmitte: der Autor)

ration wesentlich förderte. Erkenntnisse, die der MAD zum Beispiel bei Reisen von Soldaten in die damalige DDR gewonnen hatte, wurden von mir selbstverständlich umgehend an den BND weitergegeben. Und umgekehrt wurde ich ebenfalls sofort über besondere Vorgänge durch den Präsidenten des BND informiert. Das war doch völlig legitim. Das heute zu kritisieren, dient sicherlich nicht dem Schutz des Staates. Die Dienste wurden und werden bekanntlich stets kritisch betrachtet, und Publizisten suchen förmlich nach Hinweisen auf ein Fehlverhalten. Aus meiner Erfahrung kann ich mir die Feststellung erlauben: In unseren aufklärenden und abwehrenden Diensten arbeitet hochqualifiziertes Personal.

Beim Wechsel des letzten militärischen Präsidenten des BND während meiner Dienstzeit als Chef des MAD hatte ich für die befreundeten und verbündeten Dienste auf der Godesburg in Bad Godesberg ein Abendessen gegeben. Das war Brauch seit den Zeiten von Reinhard Gehlen (1902–1979), des ersten Präsidenten des BND (1956–1968). Mir oblag als dem damaligen dienstältesten Abwehrchef die Aufgabe, den Präsidenten mit einer Laudatio zu würdigen. So schien es eigentlich logisch zu sein, daß ich sein Amt als Nachfolger übernehmen würde, da kein geeigneter Kandidat zur Verfügung stand. Ich hielt mich auch dafür bereit, insbesondere nachdem mir ein befreundeter Abgeordneter aus dem Deutschen Bundestag eine entsprechende Information über Gespräche unter den Abgeordneten gab. Doch Bundeskanzler Helmut Kohl wollte, so wurde mir vertraulich gesagt, eine politische Entscheidung treffen. Die Profession komme dann schon von selbst, meinte der Kanzler. Natürlich war Klaus Kinkel eine integre Persönlichkeit, und so konnte man keine Einwände gegen seine Wahl haben. Und so wurde ich denn – übrigens als ehemaliger Chef eines deutschen abwehrenden Dienstes zum letzten Mal – als Gast nach Pullach zur Übergabe des BND an Kinkel eingeladen. Die Nachfolger von Kinkel brachen mit dieser Tradition. Dies erwies sich als neuer Zug auf der Bonner Bühne. War es bisher gute Tradition, zu besonderen Veranstaltungen die Vorgänger im Amt einzuladen, so hielten die Nachfolger von Klaus Kinkel einen solchen Brauch für überflüssig. Präsident Kinkel zeigte in seiner Antrittsrede den veränderten Schwerpunkt seiner Strategie auf: Nicht der Ost-West-Konflikt sei heute von größter Bedeutung, so der Präsident, sondern der Nord-Süd-Konflikt. Dort liege heute unser deutsches Interesse, meinte er. Es war offensichtlich, daß Klaus Kinkel, er möge mir dieses Urteil verzeihen, für die originäre Aufgabe der Auslandsaufklärung keine besonderen Kenntnisse in das Amt einbrachte, natürlich aber viel politische Erfahrung.

Meine Kenntnisse über den damaligen Hauptgegner reichten immerhin bis in die Kriegszeit und umfaßten zudem die Kenntnis der russischen Sprache, die ich in sechs Jahren auf der Oberschule in Hohenstein/Ostpreußen erlernt und in Rußland bei jeder Gelegenheit von 1943 bis 1949 geübt hatte, was mir unter anderem tiefe Einblicke in die russische Seele und Mentalität ver-

Klaus Kinkel (FDP), von 1979 bis 1982 Präsident des BND, war der Meinung, daß das deutsche Interesse nicht vorrangig dem Ost-West-Konflikt, sondern vor allem dem Nord-Süd-Konflikt gelten müsse. (Bild: 1978)

schafft hatte. Das wäre an der Spitze dieses Dienstes sicher von Vorteil gewesen. Doch hadere ich keineswegs mit dem Kanzler, sondern möchte damit lediglich aufzeigen, wie Bundeskanzler Helmut Kohl damals in Bonn seine ganz besondere Personalpolitik praktizierte. Er entschied nach parteipolitischem Kalkül. So schien es ihm zweckmäßig, dieses besondere Amt der FDP als Bindungsgeschenk zu offerieren.

Ich habe, wie gesagt, unter seiner Entscheidung nie gelitten, doch verstanden habe ich den Kanzler nicht. Wir trafen uns danach noch einmal im Aufzug in Bonn. Ein Abgeordneter meinte, mich vorstellen zu müssen, doch der Kanzler winkte ab. „Natürlich kenne ich den General Komossa", sagte er. Er erinnerte sich wohl an das kurze Gespräch im Deutschen Bundestag, als ich den Vorsitzenden der CDU/CSU-Fraktion über die Sicherheitslage informieren wollte – so, wie ich es bei den Abgeordneten Herbert Wehner und Franz Josef Strauß getan hatte. Aber anders als Wehner und Strauß reichte mich Helmut Kohl nach kurzer und freundlicher Begrüßung vertrauensvoll an Philipp Jenninger weiter. Der Abgeordnete Dr. Kohl hatte offensichtlich keine Zeit für den Vortrag des Chefs des Militärischen Abschirmdienstes oder einfach kein Interesse für dessen Aufgabenbereich und die Ergebnisse der Tätigkeit des MAD.

Es ist hier nicht meine Absicht, den damaligen Abgeordneten und späteren Kanzler in irgendeiner Weise zu kritisieren. Er hat für Deutschland vieles gut und manches weniger gut gemacht. Vor allem aber wollte er zu lange im Amt bleiben. Denke ich an Kanzler Kohl, liegt ein Vergleich mit Konrad Adenauer nahe. Ich zögere dennoch, beide zu vergleichen, ist doch die Erinnerung an Konrad Adenauer mit der Erinnerung an meinen Schwiegervater Dr. Arthur Ruppert verbunden, der damals als Chefredakteur der „Gelsenkirchener Zeitung" und Herausgeber der Parteizeitung der CDU im Ruhrgebiet in enger Verbindung zum rheinischen Flügel der Partei stand. Bei einer Großkundgebung in Essen im Zuge der damaligen Kommunalwahlen war ich einmal an der Absicherung und dem Personenschutz für Konrad Adenauer beteiligt. Ich konnte zwar Adenauer nicht „in Hemdsärmeln" sehen, aber ich erkannte einen Mann von historischer Bedeutung. Kein falsches Lächeln kam über seine schmalen Lippen, er heischte nicht um Beifall, er wollte nicht gefallen, nicht exzellieren, er wollte leben und arbeiten allein für unser Land, so lange der Herrgott ihm die Kraft dazu gab.

Man mag auch hier nach Fehlern in der Persönlichkeit fahnden; man wird aber nur wenige finden. Einer seiner wenigen Fehler, die er machte, war der, daß auch er zu lange daran glaubte, für Deutschland unersetzbar zu sein – wie später Heide Simonis und Gerhard Schröder oder auch noch andere Spitzenpolitiker, die allerdings mit Konrad Adenauer nicht verglichen werden sollten ...

Doch zurück zum Thema, nämlich der Arbeit des MAD unter besonderer Berücksichtigung der Spionageabwehr. Eigentlich doch ein gutes Thema für eine Dissertation? Schade, als ich nach 1985 mit Unterstützung von Professor Lothar Bossle als Lehrbeauftragter an der Universität Würzburg tätig war, hätte ich einen solchen Auftrag vergeben können. Das Finanzamt Bonn-Außenstadt hat die Ausübung des Lehrauftrags praktisch verhindert. Weil ich zunächst auf Vergütung verzichtet hatte, wurde die Tätigkeit als „nicht steuermindernd" anerkannt. Ich mußte also alle Kosten persönlich tragen, so unter anderem die nicht unerheblichen Beträge für zweimalige Bahnfahrten von Bonn nach Würzburg sowie die Hotelunterkunft, die aufgrund meiner Vorlesungen und Besprechungen mit den Studenten notwendig waren. Der Dekan der Universität hatte allerdings die schriftliche Zusage gegeben, daß nach Einarbeitung eine Vergütung gezahlt werden würde. Ich aber warf das Handtuch, nachdem das Finanzamt darauf beharrte, daß ich auf die Bezahlung meiner Lehrtätigkeit nicht verzichten dürfte. So gab ich also nach vier Semestern auf. Damals hätte ich den Doktoranden nicht nur über Immanuel Kant vorlesen, sondern ihnen das Thema „Spionageabwehr" für intensive Studien empfehlen sollen, was ja, wie vorher gesagt, durchaus im Sinne des großen Philosophen und des von mir hochverehrten ostpreußischen Landsmanns, der über Europa hinaus sogar die heutige UNO vorausgedacht hatte, gewesen wäre. Ich erinnere an seine These von den „teuflischen Diensten, die gleichwohl unentbehrlich sind".

Ich kann nicht leugnen, daß ich bei der Führung eines derartigen „teuflischen Dienstes" durchaus Befriedigung und zuweilen auch Freude und Spaß gefunden hatte. Muß ich aber nicht doch dem Schöpfer dankbar sein, daß er mich nach der Verwendung in einem Nachrichtendienst wieder auf den ganz normalen Weg eines deutschen Soldaten geführt hat? Uns „Normalsoldaten" darf man laut eines Urteils des Bundesverfassungsgerichts vom November 1995 immer noch „Mörder" schelten; der Staat und seine Regierung erlauben es auch heute noch, im Jahre 2007; schicken aber zugleich und ohne auch nur eine Minute zu zögern, deutsche Soldaten, die Enkel der gequälten Generation des Zweiten Weltkrieges, in gefährliche Einsätze nach Asien und Afrika, nach Afghanistan und nun auch noch in den Kongo und morgen vielleicht auch auf die Golanhöhen? Und wenn es denn notwendig wird, auch in alle anderen Länder dieser Erde, wo die Terroristen den Frieden bedrohen. Es ist schon merkwürdig, wenn es heute um die Frage des Einsatzes deutscher Soldaten in der weiten Welt geht, dann ist im Deutschen Bundestag die Zustimmung nahezu aller Abgeordneten selbstverständlich.

Aber wir haben die Grenze des militärisch Machbaren bereits erreicht. Und um den Streit im Nahen Osten zu schlichten, hätte die Bundesregierung keinen einzigen Soldaten in Marsch setzen müssen. Hier ist die Gefahr besonders groß, daß Deutschland ungewollt in einen Konflikt größten Ausmaßes hineingezogen werden könnte. Die Scheinangriffe israelischer Kampfmaschinen auf ein deutsches Marineschiff geben Anlaß zur Besorgnis. Ein Scheinangriff aus Versehen? Wer ist so töricht, dies zu glauben? Die Widerstände, die es gab, und die Forderungen nach Begrenzungen, die beim Einsatz unserer Marineeinheiten gefordert wurden, müßten Anlaß genug sein, nicht vor der libanesischen Küste zu kreuzen. Aber sie tun es doch mit dem Segen des Deutschen Bundestages.

Erfolgreiche Gegenoperationen

In der nachrichtendienstlichen Abwehrarbeit sprechen wir in jenen Einsätzen von Gegenoperationen (GOp), wenn wir gezielt versuchen, eine Verbindung mit einem gegnerischen Nachrichtendienst herzustellen. Das ist heute allgemein bekannt und unterliegt nicht den Geheimhaltungsbestimmungen. Die Führung und Bearbeitung von Gegenoperationen war in Zeiten des Kalten Krieges für die Spionageabwehr von grundlegender und sogar entscheidender Bedeutung für ein möglichst vollständiges Lagebild. In meiner Vorstellung hatten sie Priorität. Hierfür standen mir in der Zeit meiner Verantwortung für den Dienst hervorragende Offiziere zur Verfügung, unter ihnen zwei bis fünf hochqualifizierte Oberstleutnante. Die Probleme in der Führung von Gegenoperationen liegen – neben den angesprochenen Risiken bei der Aufdeckung einer Operation – in der Gewährleistung der erforderlichen operativen Sicherheit und in der Verhältnismäßigkeit von abfließenden Informationen (Spielmaterial) aus dem eigenen Bereich zwecks Erkenntnisgewinnung über den Gegner. Die Fragen sind immer die gleichen: Was kann ich dem Gegner ausliefern, was muß ich ihm anbieten, um glaubhaft zu sein, und was darf er unter keinen Umständen erfahren?

Die Gewährleistung der operativen Sicherheit ist die Kernfrage jeder Gegenoperation und damit schlechthin entscheidend für eine erfolgreiche Abwehr der gegnerischen Spionage. Mein Mann muß in jeder Situation ganz sicher sein, daß er im Notfall so schnell wie möglich aus der Gefahrenzone herausgeholt wird. Hat er hier Zweifel, dann wird er sich nicht mit ganzer Kraft einsetzen. Ich habe einige Beispiele dafür.

Operative Sicherheit heißt: Ausschluß jeglicher Möglichkeit einer Enttarnung der eigenen geheimen Mitarbeiter und gleichzeitiges Verhindern des Einbruchs in die Operation durch den gegnerischen Nachrichtendienst. Ist das aber einmal passiert, dann ist der CM (Counterman: Exklusiv geführter Agent eines fremden Nachrichtendienstes, der in dessen Diensten bleibt, um über ihn und seine Aktionen berichten zu können) – wie der Fachmann sagt – „verbrannt". Jürgen Roland lachte, als er bei mir in meinem Hause zu nachmitternächtlicher Stunde und nach mehreren Flaschen Bier diesen Terminus technicus zum ersten Male hörte. „Verbrannt", das klingt schon eigenartig, lachte Roland. Bis heute ist es dem MAD gelungen, die operative Sicherheit soweit zu gewährleisten, daß kein geheimer Mitarbeiter bei Treffen außerhalb der Bundesrepublik gefährdet oder sogar festgenommen wurde. Ich spreche hier natürlich nur für die Zeit meiner Verantwortung für die Abwehr. Es gab zwar einige gefährliche Situationen, doch konnten diese gemeinsam mit unseren Freunden gemeistert werden. Ich hätte eine Gefährdung der operativen Sicherheit meiner Mitarbeiter auch in keinem Fall hingenommen oder auf Risiko gespielt.

Als eine solche Situation einmal akut zu werden drohte, habe ich rechtzeitig vor Ort den Mitarbeiter des Dienstes aus der Gefahrenzone geholt. Der gegnerische Nachrichtendienst merkte es zunächst nicht, später aber vermißte er einen seiner Gesprächspartner im wunderschönen Innsbruck.

Auf der Suche nach der Nadel im Heuhaufen

Die Abklärung von Anhaltspunkten tatsächlicher Art, die eine nachrichtendienstliche Tätigkeit oder Steuerung durch einen ausländischen Dienst erkennen lassen oder den Verdacht der Spionage begründen, ist Bearbeitungsschwerpunkt der Spionageabwehr. Ihre Bedeutung wird durch die Zielsetzung in der Abwehroperation sichtbar. Das heißt, Ausschalten der gegnerischen Kräfte, Erhärten oder Ausräumen eines Spionageverdachts und Feststellung erheblicher Sicherheitsrisiken und Sicherheitslücken. Dabei kommen Operationen der Nachrichtendienste oft tatsächlich der berühmten Suche nach der Nadel im Heuhaufen gleich. Eine Bearbeitung von Abwehroperationen heißt also, zuerst die tätigen Agenten zu erkennen, ihnen die Spionagetätigkeit nachzuweisen, um sie sodann über die zuständigen Strafverfolgungsbehörden auszuschalten. Hat der Nachrichtendienst sich in einem Fall geirrt, ist der Dienst zur uneingeschränkten Rehabilitierung der Verdachtsperson verpflichtet. Es darf kein Makel an dem bleiben, dem eine Spionagetätigkeit nicht wirklich zu beweisen war. Das ist ein Grundprinzip im Rechtsstaat.

Der interessierten Leserin und dem Leser sollen hier wenigstens einige recht interessante Ergebnisse der Spionageabwehr, die besondere Bedeutung hatten und aus dem gewöhnlichen Rahmen fielen, nicht vorenthalten werden.

Da ist vor allem über die Abwehroperation „Manager" (Näheres S. 142 f.) zu berichten, die seinerzeit großes Aufsehen in der Öffentlichkeit erreichte, jedoch gleichwohl nicht in allen Aspekten richtig geschildert wurde. Teile der Presse nutzten die Operation für polemische Angriffe gegen den MAD. Diese Abwehroperation sollte der Aufdeckung und Beweisführung der Beteiligung oder auch der Initiative gegnerischer Nachrichtendienste am illegalen Waffenhandel mit damaligen Embargogütern dienen.

In diesem Fall wurde die Problematik des Nachrichtendienstes und der Anwendung der ihm an die Hand gegebenen Mittel sehr deutlich. Der Nachrichtendienst bewegt sich immer im Spannungsfeld zwischen der Abwehr verfassungsfeindlicher oder gegnerischer Kräfte und der Wahrung seines Prinzips, nur mit jenen Mitteln vorzugehen, die ihm der Rechtsstaat zubilligt und gewährt. Hierbei kann natürlich nicht unberücksichtigt bleiben, welcher Mittel sich der gegnerische Nachrichtendienst bedient. Der eigene Dienst muß jederzeit in der Lage sein, diesen Angriffen wirksam zu beggnen. Das ist eine unverzichtbare Forderung an die Politik, die für das von ihr geschaffene Abwehrorgan die volle Verantwortung zu tragen hat. Doch leider ist dies vielen Politikern nicht bewußt.

Im MAD habe ich den Sinn von Murphys Gesetz besonders klar erkannt: „Nichts ist so einfach, wie es aussieht, alles dauert länger, als man denkt. Wenn etwas schiefgehen kann, dann geht es schief." In keiner meiner Verwendungen habe ich dieses Gesetz so deutlich bestätigt gefunden wie an der Spitze des Militärischen Abschirmdienstes. Und die strikte Befolgung des Mottos des MAD

„Tue recht und scheue niemand", das ich nicht besonders mochte, weil es Selbstverständliches formulierte, schützt nicht davor, daß andere keine Scheu haben, dem Nachrichtendienst und seinen Mitarbeitern Unrecht anzutun. Unser Bestreben, unsere Pflichten zu erfüllen im Interesse unseres Landes und im Rahmen des militärischen Auftrages bzw. dessen, was uns das Recht an Spielraum setzt, hindert allerdings andere nicht daran, Unredlichkeit zu vermuten oder zu unterstellen, uns mit Mißtrauen zu begegnen bzw. Machtmißbrauch zu unterstellen und Angehörige des Dienstes zu diffamieren. Hierfür gibt es eine Vielzahl von Beispielen auch aus unseren Tagen. Wir müssen wohl damit leben. Dies soll kein Zeichen von Resignation sein. Es ist eine sachliche Darstellung der persönlichen Erfahrung als ehemaliger Chef eines geheimen Nachrichtendienstes. Es gibt Erfahrungen, die allerdings meine positive Feststellung gegenüber dem Dienst begründen: Es lohnt sich, als Soldat seine Kraft für die Arbeit im militärischen Nachrichtendienst und für die Sicherheit unseres Landes einzusetzen. Auch heute noch. Bedauerlicherweise scheinen einige Publizisten ganz bestimmter Medien und Magazine an einer eigenartigen Krankheit zu leiden, die man als Sicherheitssyndrom bezeichnen könnte. Mit wenig klarem Blick tanzt man eine Art „Schnüffelpsychose-Tango", ohne zu erkennen, daß uns die Balalaika vor rund 15 Jahren allzu gerne noch zu einem ganz anderen Tanz aufgespielt hätte.

Der Leopard II – Objekt der Begierde

Als der deutsche Kampfpanzer Leopard II Ende der 1970er Jahre unter besonderen Sicherheitsvorkehrungen aus den Werkshallen der Firma Krauss-Maffei rollte, war das eine Sensation. Nach den hervorragenden deutschen Panzern im Zweiten Weltkrieg, wie Panther, Tiger und Königstiger, stand nun der Leopard II im Blickpunkt der interessierten Öffentlichkeit und natürlich im Visier und der speziellen Optik der geheimen Nachrichtendienste. Die Neugier auf den Panzer war in Moskau nicht minder groß als in Washington. Es bestand ein besonderes Interesse für alle Daten des Panzers, sein Gewicht, seine Bewaffnung, seine Reichweite auf der Straße und auf dem Gefechtsfeld und besonders für den Motor, der eine bis dahin nicht bekannte Leistungsfähigkeit und eine revolutionäre Neuerung im Panzerbau darstellte. Alle Augen der Experten aus Ost und West richteten sich mit gleicher Begierde auf den Leopard. Daraus hätte man etwas machen können, dachten wir insgeheim in unserem Amt in Köln.

Dann wurde plötzlich das Amt für Sicherheit der Bundeswehr Anfang 1973 darüber unterrichtet, daß die Firma Omnipol in Prag den Auftrag gestellt habe, unter anderem ein Exemplar des Jagdbombers McDonnell Douglas Phantom und einen Motor des Kampfpanzers Leopard II zu beschaffen. Angeblich sollten diese den Embargobestimmungen unterliegenden Rüstungsgüter an eine libysche Waffenhändlergruppe geliefert werden. Tatsächlich lagen uns zum damaligen Zeitpunkt bereits Erkenntnisse darüber vor, daß der sowjetische

Der deutsche Kampfpanzer Leopard II im Einsatz; hier während einer Übung Mitte der 1980er Jahre.

KGB mit Hilfe internationaler Waffenhändler unter Beteiligung der tschechischen Außenhandelsfirma OMNIPOL versuchte, einen Leopard-II-Motor in die Hände zu bekommen. Dieser Motor war für den sowjetischen Nachrichtendienst von besonderem Interesse, wie man es sich leicht vorstellen kann, vor allem deshalb, weil so ein Nachbau eines auf hohem Entwicklungsstand befindlichen Geräts für die sowjetischen Panzerarmeen möglich geworden wäre, der dabei nicht nur Zeit und Entwicklungskosten gespart, sondern auch den taktischen Wert der sowjetischen Streitkräfte wesentlich erhöht hätte. Deshalb gingen wir davon aus, daß dieser als äußerst geheimhaltungsbedürftig erkannte

Motor fortgesetzt Gegenstand nachrichtendienstlicher Betätigung des Gegners sein würde. Wir richteten uns darauf ein und bauten ein kompetentes Team auf.

Aus diesem Grunde haben wir im MAD eine Abwehroperation aufgenommen mit der einzigen Zielsetzung, diese Absicht des Gegners durch geeignete Maßnahmen so abzuwehren, daß sowohl dieser gezielte spezielle Versuch als auch zukünftig zu erwartende weitere Absichten der Waffenbeschaffung aus Deutschland vereitelt oder zumindest ganz erheblich erschwert würden. Die Zuständigkeit des MAD sahen wir als gegeben an, weil mit dem Beschaffungsauftrag die militärische Sicherheit der Bundesrepublik Deutschland gefährdet war. Wir gingen also auf den Versuch zur Beschaffung des Leopard-II-Motors ein. Bei dieser Operation wurde sehr bald klar, daß hinter dem zivil getarnten Beschaffungsauftrag der gegnerische Nachrichtendienst stand.

Es kam uns darauf an, alle hier tätigen Personen und die Methoden des beteiligten tschechischen Nachrichtendienstes zu erkennen, was wiederum die Anwendung nachrichtendienstlicher Methoden seitens des MAD erforderte, um nicht vorzeitig die Operation zu gefährden oder gar zu enttarnen und die Abwehrabsicht zu vereiteln. Dazu gehörte natürlich auch, bei illegalen Waffengeschäften üblicherweise angewandte Verfahren und Praktiken einschließlich der Preisabsprachen und Bezahlung anzuwenden. Mit Einvernehmen des BKA wurde ein BKA-Beamter als Gewährsperson des MAD eingesetzt, da wir einen dafür geeigneten Soldaten nicht zur Verfügung hatten. Auf diese Weise wurden mit zwei Waffenhändlern der Gegenseite „Vertragsverhandlungen" eingeleitet und schließlich auch getroffen, die bis zur Übergabe des Leopard-II-Motors und eines Teils des vereinbarten Kaufpreises vorangetrieben wurden.

Die wechselseitige Übergabe sollte in der Nähe der Schweizer Grenze bei Konstanz erfolgen. Unsere MAD-Offiziere mutierten sehr bald zu gerissenen Kaufleuten. Den Waffenhändlern war bewußt, daß es sich um einen als Schiffsmotor deklarierten gestohlenen Leopard-II-Motor handelte und daß dieses Geschäft wegen der strengsten Geheimhaltung, der dieser Motor-Prototyp unterlag, mit einem ganz erheblichen Risiko verbunden war. Natürlich konnte unsere Operation nur dann Erfolg haben, wenn die Firmen Krauss-Maffei und Rheinmetall mit im Spiel waren. Ich kannte damals neben den Herren der Vorstände beider Firmen, die in der Rüstung besonders engagiert waren, unter anderem den Vorstandsvorsitzenden der Firma Mannesmann, Overbeck, der als ausgezeichneter Offizier der Wehrmacht für unser Vorhaben besonders aufgeschlossen und daher sehr hilfreich beim Anknüpfen der notwendigen Verbindungen zur deutschen Rüstungsindustrie war. Er hatte einmal, als ich Kommandeur der Panzerbrigade 12 in Amberg in der Oberpfalz war, bei einem Herrenabend des Panzerbataillons 124, das damals von Oberstleutnant Henning von Ondarza, dem späteren Inspekteur des Heeres, geführt wurde, einen sehr interessanten wirtschaftspolitischen Vortrag gehalten und zeigte sich dabei als Freund und Kamerad des Soldaten. Wir haben beide an diesem Abend bei gutem Frankenwein lange über Wirtschaft und Politik diskutiert, fast die ganze Nacht hindurch. Overbeck war ein herausragender Mann der Wirtschaft. Er hatte dabei seine Erinnerungen als Frontoffizier im Rußlandfeldzug nie verdrängt, so daß für eine vertrauensvolle Zusammenarbeit von Wirtschaft, Industrie und Bundeswehr die besten Voraussetzungen vorlagen. Das Gespräch war kameradschaftlich, und er fühlte sich offensichtlich in unserem Offiziersheim unter Soldaten sehr wohl.

Der Termin für die Übergabe des Leopard-II-Motors mußte aus technischen Gründen mehrmals verschoben werden. Aber dann kam endlich der Tag. Unsere Offiziere, die Oberstleutnante Sch. und F., standen auf dem LKW-Parkplatz und rauchten nervös eine Zigarette nach der anderen. Zu ihnen hatten sich zwei Herren des Bundeskriminalamts aus Wiesbaden gesellt. Es wurde kaum gesprochen. Oberstleutnant Sch. machte einige ironische Bemerkungen, ob die Partner denn auch wirklich unseren Motor abholen würden, genügend „Rubelchen" dabei hätten und ob die Operation tatsächlich „cash" abgewickelt werden würde; in unserem Fall waren 150.000 D-Mark bar auf die Hand vereinbart. Das war damals für einen MAD-Offizier, der nach Besoldungsgruppe A 15 mit bescheidener MAD-Zulage bezahlt wurde, viel Geld. Die Gruppe lehnte an einem MAN-Lkw, auf dessen Plattform ein größerer, von einer dichten Plane abgedeckter Gegenstand lag, der tatsächlich ein großer Schiffsmotor hätte sein können. Die Abdeckung war fest und dicht verzurrt. Die Tarnung war perfekt.

Dann kamen die Kaufleute aus dem Osten über den Grenzübergang und gingen direkt auf den Parkplatz zu. Sie kannten sich auf dem Platz gut aus, wie es schien. Offensichtlich hatten sie wenig Zeit. Einer der Herren trug einen Samsonite-Koffer, der vermutlich das Geld enthielt. Man begab sich auf die dem Grenzübergang abgewandte Seite des Lastkraftwagens, die nicht einzusehen war, um nun die vereinbarten Übergabemodalitäten abzuwickeln.

Nachdem an diesem 27. September 1974 im Rahmen des Treffens in Konstanz am Bodensee den Waffenhändlern die Schlüssel für den LKW übergeben worden waren und diese den Betrag von 150.000 D-Mark in einem gepolsterten DIN-A4-Umschlag übergeben hatten und der von den Kaufleuten mitgebrachte Fahrer sich auf seinen Sitz begeben hatte, gaben sich die deutschen

Geschäftspartner plötzlich als Offiziere des MAD zu erkennen und erklärten den völlig irritierten „Partnern", daß man hinter dem geplanten Geschäft einen östlichen Nachrichtendienst erkannt habe. Darauf verließen die Waffenhändler auf eine dringende Empfehlung von Oberstleutnant Sch. sehr schnell die Bundesrepublik und begaben sich auf dem kürzesten Weg auf Schweizer Territorium in Sicherheit. Der Betrag von 150.000 D-Mark wurde, wie es bei Abwehroperationen dieser Art üblich ist, als „Feindgeld" vereinnahmt und der Bundeshauptkasse zugeführt. Provision beanspruchten unsere MAD-Männer natürlich nicht. Es war eine Sache der Ehre. Unsere Männer waren glücklich über diese gelungene Operation.

Allerdings kamen wir nach dieser erfolgreichen Abwehroperation mit der Politik und den Gerichten in Schwierigkeiten. Von der Staatsanwalt Konstanz wurden Ermittlungsverfahren gegen Unbekannt eingeleitet; gemeint waren wir, aber bald abgeschlossen. Dann wurde das Verfahren gegen vier Angehörige des MAD nach einer Veröffentlichung in einem Hamburger Wochenmagazin wieder aufgenommen, das an einer engen Zusammenarbeit mit mir als Amtschef zeitweilig sehr interessiert war, und zwar wegen des Verdachts des Betruges, der Amtsanmaßung, Freiheitsberaubung und Nötigung. Ein deutsches Magazin klagte also den eigenen Nachrichtendienst an, der in einer sicherheitsrelevanten Aktion Schaden von unserem Land abgewendet hatte. Weitere Ermittlungsverfahren – unter anderem das des Generalbundesanwalts wegen des Verdachts des Geheimnisverrats und der Agententätigkeit (§ 93, 99 StGB) – führten zu einer baldigen Einstellung.

Der Bundesminister der Verteidigung hat dann, soweit mir erinnerlich ist, die Forderungen der Waffenhändler, unter anderem des belgischen Waffenhändlers v. d. W., nachgegeben und die einbehaltenen 150.000 D-Mark samt Nebenkosten wieder zurücküberwiesen. So hatte dann alles wieder seine Ordnung, und der sowjetische Geheimdienst KGB wurde bei dieser Operation nicht einmal wahrgenommen oder jemals erwähnt. Er schien nicht beteiligt gewesen zu sein. Und Moskau schwieg.

In der Führungsriege des MAD aber gab der Fall Anlaß zur Überlegung, die rechtliche Stellung des Nachrichtendienstes und dessen Möglichkeiten zum Einschreiten zu überdenken. Bisher war ich der Auffassung, daß ein geheimer Nachrichtendienst wie der MAD oder die CIA einen großen Freiraum für abwehrende Operationen bräuchte. Daß alles nach Recht und Ordnung verlief, dafür sollten die besonders ausgewählten Personen an der Spitze die fachliche und charakterliche Gewähr bieten. Auf ein besonderes Gesetz für den Dienst hätte ich damals verzichten können. Doch in den letzten Jahren nach meinem Ausscheiden aus dem Dienst habe ich meine Auffassung revidieren müssen. War ich bei meinem Dienstantritt gegen ein „MAD-Gesetz", so verlangte ich es nun, nach diesen Operationen, auch zum Schutze unserer Mitarbeiter und Mitarbeiterinnen. Nach der gelungenen „Operation Leopard II", den Folgen danach und dem gerichtlichen Vorgehen gegen Angehörige des Dienstes war zu befürchten, daß künftig Staatsanwälte nachrichtendienstliche operative Belange des MAD und der anderen Dienste nicht mehr wie bisher bewerteten und entsprechend berücksichtigten. Bald wurden Forderungen laut, die geheimen Mitarbeiter vor Gericht zu stellen. Wir suchten eine Lösung des Problems, indem wir zunehmend – in späteren Fällen – vor den Gerichten von der Möglichkeit des „Zeugen vom Hörensagen" Gebrauch machten. Die Linke in Deutschland war empört.

Bei möglichem Fehlverhalten in Gerichtsverfahren könnte auch die Zusammenarbeit mit den befreundeten Nachrichtendiensten im Inland, sprich BKA und LKA, nachteilig beeinflußt werden, da diese fürchten müßten, ihre Mitarbeiter könnten in Verfahren des MAD einbezogen werden, was natürlich keinen Dienst interessieren konnte. Dazu kam bald die Verunsicherung in den ausländischen Diensten, die zu überlegen begannen, welche Informationen mit den deutschen Diensten ausgetauscht werden konnten. Dies war eine meiner größten Bedenken. War das Grundprinzip des Quellenschutzes erst einmal verletzt, dann mußte irgendwann einmal der Damm brechen. Die Rechtsunsicherheit der operativ eingesetzten Mitarbeiter des MAD wurde durch gerichtliche Maßnahmen erhöht, da weder der Zeitpunkt des Ablaufs der „Operation Manager" noch später die Anwendung nachrichtendienstlicher Mittel und Methoden des MAD eindeutig geklärt und rechtlich verankert waren.

Die psychologisch-negative Auswirkung des Auftretens von operativen Bearbeitern als Beschuldigte vor einem Gericht mit der erwarteten Kolportage in bestimmten Medien, die solche Fälle nahezu begierig aufsogen, mußte Auswirkungen auf die Belastbarkeit des MAD-Personals und der geheimen Mitarbeiter haben. Und das geschah auch.

Doch die wirkliche große Welle des Mißtrauens gegen alle Nachrichtendienste in der Bundesrepublik und danach in den USA, Kanada und teilweise auch in Frankreich setzte erst später ein. Sie führte zu einer nahezu umfassenden Kontrolle der Dienste einschließlich der Präsenz von Vertretern politischer Parteien in den Kontrollgremien, die persönlich die Dienste hassen wie die Pest. Gleichwohl nehmen sie diese Dienste gerne an, wenn es um den eigenen Personenschutz geht.

Alles, was fliegt, ist interessant

Auf Grund von Hinweisen einer Gewährsperson des MAD, wonach ein belgischer Waffenhändler sich bemühte, Unterlagen über das Rüstungsprojekt MRCA Tornado zu beschaffen und an die ČSSR zu verkaufen, leiteten wir die „Operation K." ein. Diese Hinweise bestätigten eindeutig die gleichen nachrichtendienstlichen Hintergründe wie wir sie bereits in der Abwehroperation „Manager" festgestellt hatten. Von Juni bis Ende Juli 1976 gelang es der Spionageabwehr des MAD – zunächst allein, später dann in Zusammenarbeit mit anderen Staatsschutzbehörden – Beweise für die nachrichtendienstliche Tätigkeit des belgischen Waffenhändlers Ku. und von zwei deutschen Ingenieuren zu finden.

Im Gegensatz zur „Operation Leopard II" und nicht zuletzt aufgrund der damals gemachten Erfahrungen wurde hier aber von uns sehr früh der Generalbundesanwalt informiert und der angestrebte exekutive Abschluß auch erreicht. Die Urteile wurden am 14. Dezember 1977 verkündet. Die Verurteilungen haben die Beurteilung des MAD in dieser Operation bestätigt. Ein schwerwiegender aktueller Schaden für die Sicherheit der Bundesrepublik Deutschland konnte durch diese erfolgreiche Operation abgewendet werden. Jedoch zeigten sich hier auch die Probleme und Grenzen der Zuständigkeit und die Frage der Federführung bei einer solchen Operation. Es handelte sich um Zivilpersonen und nicht um Soldaten; es ging aber um Rüstungsgüter, um illegalen Waffenhandel und um Waffensysteme der Bundeswehr. Allein daraus leiteten wir unsere Zuständigkeit ab und begannen die Arbeit. Beide Operationen hatten natürlich eine ganz besondere Bedeutung, und aus meiner Sicht rechtfertigte der Erfolg die Vorgehensweise des MAD. Die Staaten des damaligen Ostblocks waren ja ständig bemüht, sich über den illegalen Waffenhandel in der Bundesrepublik und anderen westeuropäischen Staaten Informationen, Unterlagen, Komponenten von Rüstungsgütern oder gar komplette Waffensysteme zu beschaffen. Der dadurch entstandene Schaden zu Lasten der Sicherheit unseres Landes war kaum zu unterschätzen. In den Ostblockländern konnte man auf diese Weise erhebliche Kosten bei der Entwicklung von Wehrmaterial einsparen. Es entstand bei uns der Eindruck, daß die gegnerischen Dienste erkannt hatten, daß hier eine Nahtstelle in der Zuständigkeit der abwehrenden Dienste, die teilweise und zeitweise durchaus einem Rivalitätsdenken unterlagen, ein ganz besonderes und lohnendes Operationsfeld offenhielt.

Spionage stört die Harmonie bei der Kieler Woche

Eine ganz besondere Aufgabe des MAD, die der Dienst alljährlich zu erfüllen hatte, war die Partnerschaftsveranstaltung während der Kieler Woche. Sie sollte der Vertiefung der Zusammenarbeit der Nachrichtendienste dienen. Unauffällig lag das MAD-Schiff immer in einer ganz bestimmten Gruppe. Es war genau so wie beim „Rhein in Flammen" in Koblenz, wo das MAD-Boot ebenfalls in einer besonderen Spitzenposition mitfuhr. Niemand wußte, wer an Bord des Schiffes war. Beide Veranstaltungen waren eine Besonderheit der deutschen Nachrichtendienste. Während andere Dienste jährlich ihre Partner zu Vortragsveranstaltungen einluden, bei denen besondere Themen der nachrichtendienstlichen Arbeit und der Zusammenarbeit erörtert wurden, unternahm das Landesamt Niedersachsen regelmäßig einen Wochenendausflug, der irgendwo in einem besonders schönen Teil von Niedersachsen an einem späten Sonntagmorgen sein Ende fand. Der MAD aber begab sich auf das Wasser. Das hatte den Vorteil, daß niemand aus der Gruppe auszuscheren vermochte.

Das Ende der Veranstaltungen zu Lande war sehr ähnlich. Man hatte sich an drei Tagen näher kennengelernt und versprach sich gegenseitig, in Zukunft noch besser zusammenzuarbeiten als bisher. Der Abend des zweiten Tages bei der Veranstaltung in Niedersachsen wurde mit einem Aalessen am Großen Meer in einer zünftigen Fischerkate beendet. Es war schon amüsant, wie der recht fette Aal mit der Hand verzehrt wurde und diese danach mit einem „Schuß" Korn aus der Flasche gereinigt wurde. Beim Frühstück am Abreisetag fehlten einige Teilnehmer. Auf dem Weg zum Frühstück traf ich den britischen Kameraden und fragte ihn, ob er mit mir zum Essen gehen wolle. Entsetzt schaute mich der Brite an und sagte leicht gequält, wie mir scheinen wollte: „Oh, no, Sir, no, no!" Er hatte, wie mir schien, ein Problem.

Als dann später alle Teilnehmer ihre Dienstwagen bestiegen, um den Heimweg anzutreten, war eine gewisse Unsicherheit im Auftreten allen eigen. Das hatte einen ganz einfachen und sehr natürlichen Grund. Die Gruppe der Spitzen der Dienste hatte diese Veranstaltungen mit einem Umtrunk begonnen, und als man sich die Hand zum Abschied drückte, wurde gern noch zum Lebewohl ein letztes Gläschen getrunken. Bei den Niedersachsen war dies immer ein Korn. Wie hätte es denn auch anders sein können. In Niedersachsen.

Etwas hat mich damals bei den deutschen Diensten beeindruckt. Die Chefs der LfV in Hamburg, Bremen, Hannover, Schleswig-Holstein und NRW waren alle Mitglieder der SPD oder zumindest doch der Partei sehr nahestehend, die Kameraden südlich der Mainlinie bekannten sich zur CDU oder CSU. Ich erinnere mich nicht, daß man damals bei der Zusammenarbeit einen Unterschied gemerkt hätte. Zu sehr waren sie alle ihrer besonderen Aufgabe verpflichtet.

Doch zurück zur Kieler Förde. Unser MAD-Schiff schaukelte auf bewegtem Wasser, und man wird nichts verkehrt machen, wenn man die Stimmung unter den Teilnehmern an dieser besonderen Art einer Regatta als gehoben bezeichnen würde, nicht unähnlich der beim Ausflug an das Große Meer. Da kam ein Ruf aus rauher Kehle: „Herr General, ein Anruf aus Pullach!" Es war mein neuer Partner Dr. Klaus Kinkel, der hier bei dieser vergnüglichen Party störte. Klaus Kinkel schien erregt zu sein. Was war nur passiert? Schlimm war es schon, daß Kinkel sich für die Kieler Wochen entschuldigen ließ und nun auch noch zu stören wagte. Kinkel hatte einen Überläufer aus der DDR, es war ein Oberleutnant Stiller, so hieß es, und der wußte einiges zu berichten, was nicht nur für unseren Dienst hochinteressant war, sondern vor allem die hohe Politik interessieren mußte. Doch was Kinkel mir berichtete, das war schon ein Kabinettstückchen. Unter den zahlreichen Agenten, die Stiller gegenüber dem BND enttarnt hatte, war ein guter alter Kamerad von mir aus der Zeit gemeinsamer Generalstabsausbildung an der Führungsakademie in Hamburg-Blankenese. „Nehmen Sie ihn sofort fest, Herr Komossa!" forderte Kinkel. Doch das durfte ich ja eigentlich nicht direkt, weil Festnahmen nicht in die Befugnisse des Chefs des MAD fielen. Also ging alles dann seinen normalen Lauf und Weg, und ich übergab den Fall Petrelli zunächst einmal zum Vollzug der Polizei. An Bord ging die Feier weiter.

Nachdem wir festgemacht hatten und im traditionsreichen Hotel „Kieler Kaufmann" abgestiegen waren, beschäftigte mich die Sache doch noch eine ganze Weile. Siegfried Petrelli, ich nannte ihn aus irgendeinem dummen Grunde „Petronius", war ein Kamerad wie viele andere auch im 4. Generalstabslehrgang. Er wirkte etwas zurückgezogen, mehr ernst als fröhlich, war kein „Überflieger" und fiel eigentlich weder durch besonderen Fleiß noch in irgendeiner anderen Weise auf. Ich ging nur zögerlich an die Bearbeitung des Falles und war im Herzen nicht besonders glücklich über das, was ich nun zu tun hatte.

Nach der Generalstabsausbildung bewohnte Petrelli eine Zeitlang die Dachwohnung im Hochhaus, das primär den Lehrgangsteilnehmern als Wohnstätte diente. Dort habe ich ihn einmal, als ich MAD-Chef war und bevor er zum „Fall" wurde, aufgesucht. Es war eine wunderschöne Dachwohnung, groß und hell. Mir fiel damals auf, daß er über eine perfekte elektronische Ausstattung verfügte. Ein wenig Mißtrauen kam in mir damals durchaus auf. „Ja", meinte er auf meine Frage, „ich bin ein begeisterter Funkamateur."

Doch mehr wollte er damals über sein besonderes Hobby nicht verraten. Daß er die Gerätschaften nutzte, um unser Land zu verraten, wäre mir damals nicht direkt in den Sinn gekommen. Ich wollte es einfach nicht, daß jedermann denken mußte, ich sei von Natur aus mißtrauisch und etwa aus diesem Grunde an die Spitze des Nachrichtendienstes gekommen. Nach Übernahme der Verantwortung für den MAD hat sich das Verhalten mancher Kameraden – auch von Vorgesetzten – mir gegenüber aber verändert. Ich konnte oft den Eindruck nicht leugnen, daß manch einer wohl unabsichtlich Distanz hielt, weil er nicht wußte, was ich wußte, hätte wissen können und müssen. Es war ja bekannt, daß der MAD-Chef über Dossiers verfügte, zu denen niemand sonst Zugang hatte und daß er einen besonders gesicherten Panzerschrank hatte, zu welchem außer ihm nur ein Mensch Zugang hatte. Jede Öffnung wurde protokolliert. Wie gesagt, „Petronius" war ein unauffälliger Kamerad, mehr dem Durchschnitt der Lehrgangsteilnehmer zuzurechnen. Was ich im Laufe der Operation aber dann erfahren mußte, war überraschend.

Warum wir die „teuflischen Dienste" brauchen

Von Zeit zu Zeit gerät einer der drei deutschen Nachrichtendienste in die Schlagzeilen der Presse. Im Mai 2006 war es wieder einmal der Auslandsnachrichtendienst BND. Nachdem sich in dem Streit um den Umzug des BND von Pullach nach Berlin die Gemüter beruhigt hatten, erregten plötzlich Meldungen über einen Inlandseinsatz Aufsehen, der ja grundsätzlich dem Dienst untersagt ist. Was war geschehen und wer war verantwortlich?

Was im Frühjahr 2006 ans Tageslicht befördert wurde, hat eine Vorgeschichte, die bis in die späten 1990er Jahre zurückreicht. Damals war Bernd Schmidbauer (CDU) als Parlamentarischer Staatssekretär im Bundeskanzleramt Koordinator für die Geheimdienste (1991 bis 1998) und Jörg Geiger in der Zeit von Juni 1996 bis Dezember 1998 Präsident des BND. Die Zusammenarbeit mit Schmidbauer war für mich wie auch zuvor mit Dr. Schüler besonders angenehm. Daß der eine der CDU zuzuordnen war und der andere der SPD, war für mich ohne jede Bedeutung. Es ging allein um die Sache.

Worum ging es in diesem Fall, der im Jahre 2006 über Monate hinweg die Gemüter bewegte? Im BND wurde vermutet, daß ein Mitarbeiter des BND über einen Journalisten Interna aus dem Dienst weitergab. Also mußte, so meinte man, eine Operation gegen Journalisten eingeleitet werden, um die undichte Stelle zu enttarnen. Vereinfacht ausgedrückt heißt es, daß der Dienst Journalisten bespitzelt haben soll. Tatsache scheint zu sein, daß mehrere Journalisten mit dem BND kooperierten und dabei auch Kollegen ausforschten. Es gibt nun leider auch Journalisten, deren weiße Weste graue Schattierungen aufweist. Die Pressefreiheit und die Freiheit der Berichterstattung sind Grundrechte nach Art. 5 GG. Doch wird dies immer beachtet? Die entscheidende Frage ist, ob durch die geheimen Operationen des BND dieses Grundrecht verletzt oder beschädigt wurde. Dies zu prüfen, müßte Aufgabe der zuständigen Gerichte sein.

Natürlich wird die Pressefreiheit nicht verletzt, wenn ein Journalist sich mit einem BND- oder MAD-Mann in Berlin, Brüssel, Moskau oder Oslo bei einem Empfang unterhält. Es gibt Fälle, in denen Journalisten sehr bereitwillig mit BND-Mitarbeitern sprechen. Dies scheint hier zum Teil auch der Fall gewesen zu sein.

Diese Vorgänge wurden zwischen 1993 bis 1995 vertraulich behandelt; seitdem sind zwölf Jahre vergangen. Warum sind sie dann erst jetzt in die Medien gekommen?

Nach den vorliegenden Erkenntnissen scheint sicher zu sein, daß die Operationen des BND, die hier zur Diskussion stehen, nicht seinem originären Aufgabenfeld zuzuordnen sind. Dann wären sie tatsächlich unzulässig.

Journalisten arbeiten aber nicht in einem geschützten Freiraum, in welchem alles erlaubt ist. Auch sie haben Grenzen zu beachten, und dies tun sie ja auch in aller Regel. Manche von ihnen nehmen es aber nicht ganz genau mit dem, was sie dürfen oder auch besser nicht tun sollten.
Es gibt Fälle, die zeigen, daß einige Journalisten – aus den unterschiedlichsten Motiven heraus – mit Spitzen der abwehrenden Dienste kooperiert haben. Es wäre unserem Land sicherlich nicht nützlich, wenn hier so etwas wie eine Gesprächssperre verhängt oder Mißtrauen aufgebaut werden würde. Auf den Einzelfall kommt es an. Nachdenklich muß stimmen, daß Vorgänge aus dem Jahre 1993 erst 2006 bekannt und sensationsheischend in die Medien gebracht wurden.

In anderen Ländern ist eine enge Zusammenarbeit von Journalisten mit den eigenen Nachrichtendiensten kein Sündenfall. Es ist ganz selbstverständlich, daß Journalisten dort ihren Diensten berichten, wenn sie etwas Interessantes in einem anderen Land erfahren haben. Man berichtet zum Beispiel in London, wenn man in Kairo – oder auch in Berlin – etwas erfahren hat, was für das britische Königreich von Interesse sein könnte. Das ist eine alte Tradition, die vermutlich aus der früheren Kolonialzeit stammt. Die Zusammenarbeit zwischen Presse und Nachrichtendiensten ist hier eine ganz natürliche Angelegenheit. Es ist, könnte man sagen, eine Sache der Ehre. Man spricht allerdings nicht darüber.

Schlagzeilen wie „Skandal! Presse systematisch infiltriert" oder „Ein Abgrund von Bespitzelung" zwingen zu sorgfältiger Aufklärung. Die Nachrichtendienste sind geschaffen, um unserem Land zu dienen. Dies darf nicht außer acht gelassen werden. Bei Attacken gegen die Dienste wird man daher tunlichst prüfen müssen, wem der Angriff dient und wer dahintersteckt.

Die gute Zusammenarbeit mit den verbündeten und befreundeten Nachrichtendiensten ließ mich dennoch schon früh daran zweifeln, ob es sinnvoll ist, daß es Gebiete gibt, bei denen wir uns im Sinne einer Arbeitsteilung ganz auf die Arbeit unserer Freunde verlassen sollten. Das Feld der Nachrichtendienste gehört sicherlich nicht zu diesem Bereich.

Diese Idee einer möglichen Arbeitsteilung und wie weit diese gehen könnte, veranlaßte mich zu einem Disput mit dem damaligen Bundeskanzler Helmut Kohl und seinem Verteidigungsminister Lothar Rühe. Ich schlug damals vor, in der Frage der „Feindstaatenklausel", die den Alliierten das Recht einräumt, bei einem entsprechenden Fehlverhalten Deutschlands jederzeit militärisch einzugreifen bzw. in der Frage eines deutschen Sitzes im Sicherheitsrat der Vereinten Nationen initiativ zu werden. Beide Regelungen waren aus meiner Sicht revisionsbedürftig. Doch die Bundesregierung hat diese Angelegenheit anders bewertet. Am 25. Juni 1993 wandte ich mich nach vorangegangenen Gesprächen schriftlich an Bundeskanzler Helmut Kohl und parallel auch an Verteidigungsminister Lothar Rühe mit der Anregung, die Bundesregierung möge im Sicherheitsrat der Vereinten Nationen initiativ werden und eine Revision der UN-Satzung beantragen, und zwar mit dem Ziel, die „Feindstaatenklausel" in der Satzung der Vereinten Nationen zu streichen und für die Bundesrepublik Deutschland einen Sitz im Sicherheitsrat zu fordern. Es war eine Zeit, die für diese Anliegen besonders günstig erschien. Die Vereinigten Staaten von Amerika sahen damals in Deutschland ihren stärksten und sichersten Verbündeten auf dem europäischen Kontinent. Der US-Präsident sprach damals nicht von einer „privilegierten Partnerschaft", wie es Bundeskanzlerin Merkel heute gerne mit Blick auf die Türkei tut. Für die Amerikaner war Deutschland ihr „utmost", sprich ihr wichtigster Vorposten gegenüber dem Ostblock, der zuverlässigste Verbündete, der beste Freund. Es war offensichtlich, daß die Gelegenheit für diese Anträge der deutschen Seite so bald nicht günstiger sein würde als zu jener Zeit. Und wenn sich denn doch einige Mitglieder in der UNO gegen die Anträge entschieden hätten, dann hätte Deutschland Gewißheit darüber gehabt, wer seine zuverlässigen Freunde in der Welt waren. Es gab keinen Grund, die Anträge nicht zu stellen. Japan, das lag auf der Hand, hätte sich einer deutschen Initiative umgehend angeschlossen.

Bundeskanzler Helmut Kohl (1984): Er hielt die Streichung der diskriminierenden „Feindstaatenklausel" für nicht angezeigt. Die „Feindstaatenklausel" bezieht sich auf diejenigen Staaten, die während des Zweiten Weltkrieges Feind eines Unterzeichnerstaates der UN-Charta waren, also insbesondere auf Deutschland und Japan. Gegen diese Staaten können bei „aggressivem Verhalten" Zwangsmaßnahmen bis hin zur militärischen Intervention ohne besondere Ermächtigung durch den UN-Sicherheitsrat ergriffen werden. Zwar wurde die „Feindstaatenklausel" 1995 für obsolet erklärt, ihre gänzliche Streichung soll aber erst im Zuge einer umfangreicheren Überarbeitung der Charta erfolgen.

Ich legte Bundeskanzler Helmut Kohl unter anderem nahe:

Bei meinen deutschland- und sicherheitspolitischen Vorträgen in den letzten Monaten und in zahlreichen Zuschriften auf Pressebeiträge wird zunehmend die Frage gestellt, ob wir Deutsche uns angesichts steigender Erwartungen der Völkergemeinschaft wirklich mit der Feindstaatenklausel in der UN-Satzung abfinden müssen. Unser Volk hat jedenfalls ein ausgeprägtes Bedürfnis nach Gerechtigkeit und aufrichtiger Partnerschaft entwickelt ... Unsere Freunde in der Welt werden Verständnis haben für einen durch Sie eingebrachten Wunsch nach Gleichwertigkeit und uneingeschränkter Partnerschaft in der Gemeinschaft der Völker. Die Klausel hat jeden Sinn verloren. Sie kann zum Hemmnis werden.

Die Antworten von Kanzler Kohl und Verteidigungsminister Lothar Rühe waren nicht gleichlautend, ja wohl auch nicht einmal abgestimmt. Ich hatte oft den Eindruck, daß man sich an der Regierungsspitze in wichtigen nationalen Fragen nicht immer austauschte. Beide stimmten allerdings darin überein, daß eine ständige Mitgliedschaft der Bundesrepublik im UN-Sicherheitsrat nicht erforderlich und nicht erwünscht sei, da die Interessen unseres Staates in jeder Beziehung von unseren Freunden USA, Großbritannien und Frankreich voll wahrgenommen würden. Dies sei gewährleistet. Daher sei es überflüssig, wegen „der deutschen Frage" Unruhe in die Vereinten Nationen zu bringen. Eine Änderung der Satzung der Vereinten Nationen stand damals bereits auf der Tagesordnung. Die Bonner Regierung zeigte aber kein Interesse.

Als die rot-grüne Regierung dann mehr als ein Jahrzehnt danach die Frage doch noch stellte, hatte sich die Situation aufgrund des harten Neins von Bundeskanzler Gerhard Schröder im Hinblick auf die US-Politik im Nahen Osten verändert. Die Zahl der Freunde unseres Landes hatte sich – leider zum Nachteil Deutschlands – verringert.

Wenn wir seit 1990 ohnehin nur von Freunden „umzingelt" sind, deren Interessen angeblich eindeutig mit den unsrigen in Übereinstimmung stehen, warum brauchen wir dann noch Mitbestimmung in supranationalen Gremien? Warum brauchen wir dann geheime Dienste? Können nicht sogar manche Dienste, wie zum Beispiel BND und MAD, eingespart werden, da unsere zuverlässigen Partner in jeder Situation für uns handeln und in der Stunde der Gefahr die „deutsche Karte" ziehen? Warum also noch deutsche Nachrichtendienste?

Nach jahrelangem Tauziehen fiel im Sommer 2005 in New York die Entscheidung: Deutschland bleibt außerhalb des Sicherheitsrates. Die Sieger des Zweiten Weltkrieges bleiben 60 Jahre nach seiner Beendigung weiterhin unter sich (siehe im Anhang auch Dokument S. 210/211). Für diesen schrecklichsten der Kriege in der Neuzeit gibt es keinen formalen Friedensschluß. Und wenn es einen begründeten Verdacht über deutsches „Fehlverhalten" gibt, wie man dies auch immer interpretieren mag, dann können die Truppen der Siegermächte in Deutschland einmarschieren. Wir bleiben durch unsere Freunde „gesichert".

Im Jahre 2006 sieht das Bild der nachrichtendienstlichen Bedrohung – wie bereits geschildert – anders aus als zu Zeiten des Kalten Krieges. Die freundschaftlichen Beziehungen zu den mittel- und osteuropäischen Staaten haben diese aber bisher noch nicht veranlaßt, ihre operative Tätigkeit gegen Deutschland einzustellen oder wenigstens aus Agenten „Schläfer" zu machen. Das Lagebild hat sich verändert. Auch die Methoden wurden verfeinert. Eine große Rolle spielt dabei der Einsatz von elektronischen und optischen Mitteln. War es früher einmal die in der Schweiz gefertigte „Abrollkamera", die den „Kundschaftern für den Frieden" der Genossen Mielke und Markus Wolf für ihren Einsatz ohne Blitzlicht zur Verfügung stand, so spielt sich heute ein großer Teil der offensiven Aufklärung im Internet ab. Es ist ein Krieg, der nie durch einen Friedensschluß zum Abschluß kommen wird. Auch Freunde haben das Bedürfnis, sich von Deutschland ein Bild zu machen, von seiner Industrie und von seinen militärischen Fähigkeiten.

Das alles ist Vergangenheit, Geschichte? Überholt durch die Ost-West-Kooperation in Europa? Und durch den Frieden im Inneren? Der Kampf um die Seelen geht weiter. Gewisse Kräfte, die unserem Land schaden könnten, befinden sich zur Zeit in einer Phase der Konsolidierung. Es ist ähnlich wie mit den Terroristen, sie bereiten sich weiterhin vor und warten auf ihre Stunde. Und sie glauben daran, daß diese Stunde einmal für sie schlagen wird. Dann werden die Schläfer auch in unserem Lande wach. Dann werden sie zuschlagen. Es gibt also gute Gründe, die Sicherheit unseres Landes nicht zu vernachlässigen.

Die Bundeswehr bleibt der entscheidende Faktor für die Sicherheit unseres Landes. Damit bleibt sie weiter Angriffsziel sicherheitsgefährdender Kräfte. Für alle ausländischen aufklärenden Dienste und die Gegner im Inneren behält die Bundeswehr einen anhaltend hohen Stellenwert. Es wird also weiterhin großer Anstrengungen bedürfen, Gefahren für die Sicherheit unseres Landes zu erkennen und abzuwehren. Ergebnisse werden dabei in Zukunft nur noch in enger Zusammenarbeit aller zu erzielen sein, die ihr Land lieben und verteidigen wollen. Dabei sollen die Dienste durchaus politischer Kontrolle unterliegen. Doch hier gibt es Grenzen. So zum Beispiel, wenn in einem solchen Gremium Personen tätig sind, die sich in der Vergangenheit nicht nur einmal als Risiko für die Sicherheit des Landes erwiesen haben und ihre Überzeugungen möglicherweise auch heute noch nicht aufgegeben haben, oder wenn das Kontrollgremium Forderungen an die Dienste stellt, die im Interesse der Sicherheit seiner Mitarbeiter und Mitarbeiterinnen nicht akzeptabel sind.

Mit dem Gesetz über die parlamentarische Kontrolle der nachrichtendienstlichen Tätigkeit des Bundes vom 11. April 1978 war erstmals sichergestellt, daß die Tätigkeiten der Nachrichtendienste ständig und umfassend kontrolliert werden. Das Gesetz sah in seiner ersten Fassung vor, daß die Vorsitzenden der drei im Bundestag vertretenen Parteien – CDU/CSU, SPD und FDP und deren Stellvertreter – diesem Gremium angehören sollten. Dieses Gremium war die PKK, die Parlamentarische Kontrollkommission, die heute Parlamentarisches Kontrollgremium (PKG) heißt, um Verwechslungen mit der kurdischen PKK auszuschließen. Mit diesem Gesetz sollte die Legislative die Arbeit der Exekutive überwachen.

Ich erinnere mich noch sehr gut an die ersten Sitzungen dieses Bundestagsorgans. Die Mitglieder ließen sich zuweilen vertreten, wenn die Themen der Tagesordnung wenig Interessantes versprachen. Ein Fraktionsvorsitzender aber versäumte keine Sitzung. Es war der SPD-Abgeordnete Herbert Wehner, der stets ganz kurz vor Beginn erschien, Platz nahm, seiner alten braunen Aktentasche einen Block entnahm und begann, die Ausführungen der Chefs der Dienste zu stenographieren. Nach dem Gesetzestext wurde die Kontrollfunktion übrigens nicht direkt gegenüber den Nachrichtendiensten ausgeübt, sondern die Bundesregierung unterlag der Kontrolle durch die Kommission. Eine Schlüsselrolle bei der Kontrolle übte in dieser Zeit der Staatssekretär Schüler beim Bundeskanzler aus. Er war die graue Eminenz. Bei ihm liefen alle Informationen zusammen. Ihm vertrauten die Chefs der Dienste. Er beherrschte die Kunst zu schweigen. Ihm konnten sie auch vertrauen, wie sich zeigen sollte. Man kann und muß wohl auch die Dienste einer permanenten Kontrolle unterziehen, doch gibt es, wie bereits dargelegt, Grenzen, die nicht verletzt werden dürfen, ohne daß die Effizienz der Arbeit bedroht wird.

Ich hoffe, daß in Deutschland die Politik aus den eigenen Fehlern gelernt hat und die Nachrichtendienste als besonders sensibles Instrument zu behandeln weiß – mit dem notwendigen Augenmaß für die politischen Erfordernisse zum Wohl des eigenen Landes. Wie die Welt, wie Europa morgen aussieht, kann kein Politiker oder Publizist voraussehen. Es hat in den letzten Jahren einige Fehleinschätzungen der politischen Führungen gegeben. Zu denken ist hier natürlich an den Iran, Afghanistan und den Irak. Entwicklungen wie im Nahen Osten sollten in Europa, so meint man, nicht mehr möglich sein. Doch wer weiß, was morgen sein wird? Wer hat schon 1995 geahnt, wie Europa fünf Jahre später aussehen würde? Wer hat den Zusammenbruch der Sowjetunion vorausgesehen? Ich fand auf dem Felde der Politik im letzten Jahrzehnt bestätigt, was der preußische General und Militärtheoretiker Carl von Clausewitz einmal schrieb: „Wie jemand in einer Sprache, der er nicht ganz gewachsen ist, mit einem richtigen Gedanken zuweilen Unrichtiges sagt, so wird die Politik oft Dinge anordnen, die ihrer eigenen Absicht nicht entsprechen."

Die Rolle der geheimen Dienste im demokratischen Staat

Die Rolle der Sicherheitsorgane in einem demokratischen Staat bedarf einer stets neuen Bestimmung, die unabhängig von politischen Mehrheiten einer Prüfung zu unterziehen ist, und zwar je nach Entwicklung der Sicherheitslage und ihren Veränderungen. Diese Rolle ist heute natürlich anders zu definieren als vor 15 Jahren. Sie muß also jeweils der Zeit angepaßt werden. Dies ist in der Vergangenheit auch wiederholt geschehen.

Dabei geht es im Grunde zunächst um die Grenzziehung zwischen den Erfordernissen der Sicherheit des Staates auf der einen und den Ansprüchen der Freiheit des Bürgers auf der anderen Seite. Problematisch wird diese Unterscheidung dadurch, daß die gesellschaftliche Anschauung darüber, wo diese Grenze zu verlaufen habe, sich wandelt. Konfliktreich wird dieser Wandlungsprozeß dadurch, daß es darüber auch unterschiedliche Auffassungen gibt, die durch politische Grundeinstellungen wesentlich beeinflußt werden.

Ein Konservativer wird immer dazu neigen, im Zweifel für die Erfordernisse des Staatsschutzes einzutreten. Ein Liberaler hingegen wird eher den Freiheitsraum des einzelnen schützen und – wo immer möglich – zu erweitern suchen. Hierfür lieferte vor allem die FDP immer wieder Beispiele. Die Dienste befinden sich mitten in diesem Konflikt, und das wird sich nicht ändern, so lange es Parteien mit unterschiedlichen Zielsetzungen hinsichtlich der inneren Sicherheit des Staates gibt. Dies gilt auch im Falle einer Koalition, in der sie trotz Übereinstimmung in den Grundzügen der Politik bestrebt sind, ihre eigenen Ziele zu verfolgen.

Ein signifikantes Beispiel hierfür ist eine Aktion in Großbritannien, die am 10. August 2006 stattfand. Es war den britischen Diensten gelungen, wieder einmal einen großen Terroranschlag in der Phase seiner unmittelbar bevorstehenden Durchführung zu verhindern. In letzter Sekunde wurden die Anschläge vereitelt, bei deren Durchführung sechs Flugzeuge mit Sprengstoff an Bord über US-Großstädten zur Explosion gebracht werden sollten. Einundzwanzig mutmaßliche Täter wurden festgenommen. Es handelte sich um britische Bürger asiatischer Herkunft, wie die Sicherheitsdienste bekanntgaben. Hier zeigte sich bei der Verwendung von Flüssigsprengstoff eine neue Qualität von Terroranschlägen. In England traten bei der Verhinderung des Anschlags die Kräfte der Heimatschutzkommandos in Aktion. In Deutschland hingegen wurde der Begriff „Heimatschutz" vor einigen Jahren abgeschafft, die Heimatschutzbrigaden wurden aufgelöst, für überflüssig erachtet.

Exponierte Abgeordnete der SPD beeilten sich, vor „übertriebenem Aktionismus" zu warnen. Ist schon vergessen, daß Deutschland mit Schwerpunkt in Hamburg vor dem 11. September 2001 Bereitstellungsraum für die damaligen Anschläge war?

Deutschland kann sich keiner geschützten Insellage erfreuen. Und dennoch: Für die Täter gibt es in Deutschland – völlig unverständlich – Sympathisanten. Dabei wird vergessen, daß in jedem Land jede einzelne Gruppe durch den Terror gefährdet ist, daß alle Menschen, gleich welcher Religion sie angehören oder welcher ethnischen Gruppe, im gleichen Umfang gefährdet sind. Keiner ist geschützt. Auch nicht jener, der Sympathie für diese Art von Kampf zeigt. Es wird hier nicht selektiert. Die Bedrohung ist eine allgemeine, eine gemeinsame Gefährdung aller Menschen. Die Frage ist heute nicht jene, ob morgen wieder etwas passiert, sondern wann und wo der nächste Anschlag erfolgt.

Die Dienste können sich dem Wandlungsprozeß der letzten Jahre auf diesem Sektor der Gefährdung nicht entziehen. So gesehen ist die Zeit der blauäugigen Verwendung nachrichtendienstlicher Mittel, die einst zum Rücktritt von Verteidigungsminister Georg Leber führten, vorbei. Der Kampf wird heute mit anderen Mitteln und mit anderen Zielen und Methoden geführt.

Das Vertrauen zu einem Nachrichtendienst hängt wesentlich von der Integrität und dem Rechtsbewußtsein jedes einzelnen Mitarbeiters ab. Das Gesetz liefert nur den Rahmen. Die Auswahl der Mitarbeiter, ihre Ausbildung und fachliche Förderung sind deshalb nicht zuletzt unter dem Aspekt der Eigenkontrolle des Dienstes zu ordnen. Der „Fall BND" des Jahres 2006 liefert einige Erkenntnisse hierzu, er wirft vor allem die Frage auf, ob die verschiedenen Bundesregierungen bei der Besetzung von Führungspositionen immer eine glückliche Hand hatten.

In totalitären Staaten sind Staatsraison und Sicherheitsinteresse einzige Kriterien für geheimdienstliches Handeln. In der Demokratie hingegen stoßen die Sicherheitsdienste an verfassungsrechtliche Schranken. Kein übergeordnetes Staatswohl und kein möglicher Erfolg rechtfertigen es, die freiheitlich-demokratische Grundordnung zu verletzen. Dazu gehören die unverzichtbare Achtung der Menschenwürde und der Grundrechte sowie die Orientierung am Rechtsstaatenprinzip. Für den Soldaten gehört auch die im Soldatengesetz verankerte Pflicht zur Kameradschaft dazu, die zum Beispiel von Polizeibeamten nicht gefordert wird.

Der Autor als MAD-Chef im Gespräch mit dem ersten Kommandeur der GSG 9, Ulrich Wegener (links), dem „Helden von Mogadischu". GSG 9 stand früher für Grenzschutzgruppe 9, der Antiterrorismuseinheit der deutschen Bundespolizei. Rechts Oberst Peter, Kommandeur einer MAD-Gruppe.

Ein demokratischer Rechtsstaat, der zu seinem Schutz Rechtsbrüche begeht, gerät mit sich selbst in Widerspruch. Er wäre – notfalls unter Inanspruchnahme des Widerstandsrechts – vor sich selbst zu schützen. Um letzte Zweifel auszuräumen: Der Angehörige eines Nachrichtendienstes, der in Ausübung seiner Tätigkeit vorsätzlich das Grundgesetz verletzt, ist im Grundsatz selbst ein Extremist. Er schadet unserem Staat mehr, als es ein Wehrpflichtiger tut, der den Revolutionär Che Guevara in seinem Spind hängen hat. Unbestritten ist aber auch, daß die Wahrung der inneren und äußeren Sicherheit mitunter Einschränkungen in individuellen Freiheitsrechten und auch konspirative Maßnahmen am Rande – aber immer innerhalb – der Legalität erforderlich macht.

Durch streng rechtmäßiges Handeln verlieren die Dienste nicht an Wirksamkeit. Im Gegenteil. Sie dürfen allerdings nicht müde werden, neue Abwehrmethoden zu entwickeln, die Ausbildung der Mitarbeiter zu verbessern und sich ständig um Innovationen zu bemühen. Sie müssen kreativ sein.

Sicherheitsorgane, die dem Bürger Furcht einflößen, schaffen Verunsicherung, können Staatsverdrossenheit, Radikalismus und Extremismus fördern. Eines ist sicher: Der Bürger wird sich mit seinem Staat um so stärker identifizieren, je mehr die Verfassungswirklichkeit dem Verfassungsanspruch entspricht.

Die Nachrichtendienste können hierzu nicht nur einen Beitrag leisten, indem sie ihre verfassungsgemäßen Aufgaben erfüllen. Sie können es auch indirekt dadurch, daß sie etwas beweisen, nämlich indem sie durch ihre tägliche Arbeit zeigen, daß es möglich ist, Recht und Freiheit zu schützen, ohne das Grundgesetz zu verletzen.

Ein abwehrender Nachrichtendienst hat mitten im Frieden bereits ständig Kontakt mit seinem Gegner. Er muß sich bei seiner Arbeit auf Hilfen durch den Staat abstützen können. Seine Arbeit lebt von dem Vertrauen und von der Glaubwürdigkeit, die den Diensten von unseren Bürgern entgegengebracht wird.

Absolute Sicherheit für den Bürger wird es in keinem Land der Erde geben. Dieser Satz wird von den Regierenden im Hinblick auf die Gewährleistung der Sicherheit oft wiederholt; der Grad der Gefährdung aber kann minimiert werden. Notwendig sind verbesserte Systeme der Vorsorge und die Früherkennung von Aktionen im terroristischen Umfeld. Wird die Lage ruhiger, rüsten die Regierenden schnell wieder ab. So wurde nur kurze Zeit nach den schrecklichen Gewalttaten bei der Bekämpfung der extremistischen Szene die Rasterfahndung in den Sicherheitsbehörden wieder abgeschafft. Sie aber hatte Erfolge bei der Aufklärung terroristischer Anschläge gebracht. Sehr bald nach den letzten Anschlägen wurde der Informationsaustausch zwischen den aufklärenden Diensten in Deutschland wieder „zurückgefahren". Die Zusammenarbeit wurde durch entsprechende Richtlinien reduziert. Es ist erstaunlich – ja unverantwortlich –, wie führende Persönlichkeiten, in deren Händen unsere Sicherheit ruht, agieren. Mein direkter truppendienstlicher Vorgesetzter ordnete zum Beispiel an, ihm eine Liste aller geheimen Mitarbeiter des MAD, die im operativen Einsatz der Spionageabwehr und auch beim verdeckten Einsatz im Zuge der Terroristenbekämpfung stehen, mit Klarnamen vorzulegen. Ich halte dies für einen Skandal. Meine Weigerung, seiner Anordnung nachzukommen, war der weiteren Zusammenarbeit natürlich nicht förderlich. Doch setzte ich mich durch.

Vieles, was ich damals in der Zusammenarbeit mit dem Bundesministerium der Verteidigung erlebte, kam meiner Ansicht nach der Begünstigung des Gegners sehr nahe. Auch über die Personalauswahl bei den Diensten läßt sich vortrefflich diskutieren. Sie blieb mir in mehreren Fällen völlig unverständlich. Eine Ausnahme bei den mir vorgesetzten Herren war Staatssekretär Schüler im Bundeskanzleramt. Einige Male mußte ich bei ihm aufgrund unerfüllbarer Forderungen meiner Vorgesetzten Hilfe einholen. Auch dieses Verhalten war natürlich, wie sollte man es anders erwarten, nicht gerade laufbahnförderlich.

Eines der Hauptprobleme, das meine damalige Arbeit belastete, war die weitgehende fachliche Unkenntnis mancher Offiziere im Verteidigungsministerium. Dominierend hingegen war deren Mißtrauen gegenüber dem Dienst, den sie nicht kannten. Und sie wußten nicht, was diese über sie selbst möglicherweise wußten. So wurde oft versucht, durch Maßnahmen der Personalpolitik Einblick in den Dienst zu bekommen, was zu mehreren Fehlbesetzungen auf wichtigen Dienstposten führte.

Auch die Akten stießen auf plötzliches Interesse. Bei deren Studium vergrößerte sich allerdings die Unsicherheit, so daß Namen geschwärzt wurden. Die personelle und materielle Sicherheit ist in Deutschland wie auch in verbündeten und befreundeten Ländern nicht gerade optimal gewährleistet.

Auch der Schlüssel zu mehr Sicherheit im internationalen Flugverkehr liegt immer noch am Boden und weniger in den technischen Systemen an Bord der Maschinen. Es muß verhindert werden, daß Terroristen an Bord kommen. Natürlich haben wir gerade in letzter Zeit auf dem Gebiet der Sicherheit im Luftverkehr erhebliche Fortschritte gemacht. Aber gerade hier sind der Sicherheit auch Grenzen gesetzt.

Der frühere Generalbundesanwalt Buback hatte mir in einem Vieraugengespräch in Hamburg einmal gesagt: „Wenn die Terroristen im größeren Rahmen zuschlagen, sind wir nicht ausreichend gerüstet." Er selbst mußte den Preis für das Fehlverhalten oder die Versäumnisse anderer mit seinem Leben bezahlen.

Deutschland hat auf dem Gebiet seiner inneren Sicherheit in der Vergangenheit große Fehler gemacht. Nach den Terroranschlägen der 1970er und 1980er Jahre wurde übereilt Entwarnung gegeben, obwohl die Bedrohung unserer inneren Sicherheit keineswegs beseitigt war. Noch heute leben Terroristen von damals unerkannt unter uns. Ihre Verfolgung wurde frühzeitig eingestellt, besonders nach dem Ende der europäischen Teilung. Mit dem Zusammenbruch der UdSSR wuchs unsere Sicherheit erheblich. Viele Politiker glaubten daran, daß nun wesentliche Bedrohungen auch im Inneren beseitigt seien. Es war falsch, unsere abwehrenden Dienste an die Grenze ihrer Leistungsunfähigkeit heranzuführen. Halbierung der Kräfte, Auflösung von Führungsebenen im

MAD, Abbau auf breiter Front, daran wurde intensiv gearbeitet. Jedermann aber weiß, daß auch eine Stabilisierung von Kräften zum Erhalt der inneren Sicherheit Zeit braucht.

Seit 1990 wurden sogar die Ausgaben für den Katastrophenschutz erheblich reduziert. Die medizinischen Geräte waren schon bald veraltet, die Fahrzeuge ebenso.

Es wird manchem Leser nicht gefallen: Ich bin zu der Auffassung gelangt, daß diejenigen Organe in Deutschland, die für die innere Sicherheit sorgen sollen, echten Bedrohungen nicht gewachsen sind. Ich verweise allein auf die mögliche Gefährdung durch islamische Extremisten; davon sollen sich heute in unserem Land mehr als 31.000 aufhalten, die in achtzehn erkannten Organisationen gebündelt sind. Das halte ich für beunruhigend.

Der Anschlag vom 11. September 2001 in den USA war von langer Hand sorgfältig vorbereitet. Es zeigte sich uns eine völlig neue Dimension der Bedrohung, der wir nicht gewachsen sind. Innenminister Schäuble hat dies im November des Jahres 2006 ausdrücklich bestätigt. Auch in diesem Kampf gilt das Moment der Überraschung, die wir allerdings durchaus verringern könnten. Der Feind muß frühzeitig erkannt und energisch bekämpft werden. Dazu muß aber der politische Wille vorhanden sein. Auch hier gilt das Gesetz der Abschreckung. Dieser Krieg wird im Dunkeln geführt und sein Hauptelement bleibt die Überraschung des Gegners. Gerade hierbei spielt der menschliche Faktor eine ganz entscheidende Rolle.

Ich erinnere mich an ein Gespräch mit einem meiner geheimen Mitarbeiter. Es war ein junger Offizier, den wir in eine extremistische Gruppierung einschleusen konnten. Eine derartige Aktion ist nicht außergewöhnlich, sie wird von allen geheimen Nachrichtendiensten praktiziert. Dieser junge gefestigte Soldat aber machte nach etlichen Monaten der Zusammenarbeit mit der extremen Gruppe einen inneren Wandlungsprozeß durch. Ständig den Diskussionen der „Gegenseite" ausgesetzt, von vorgeblichen Kameraden beeinflußt, begann er allmählich daran zu zweifeln, ob es richtig war, was er dort in der Gruppe, deren Ziele er aufklären sollte, tat. Diese verdeckte Arbeit ist schwierig, sie kann problematisch werden, bis hin zu einer unerträglichen Belastung. Für die Arbeit in einem geheimen Nachrichtendienst ist deshalb nicht jedermann geeignet.

Ein Blick auf die andere Seite

Noch bevor am 9. November 1989 nach der Ankündigung durch Günter Schabowski, Mitglied des Politbüros der SED, die Mauer fiel und das Volk die Vereinigung Deutschlands erzwang, hatte die Gesellschaft für die Einheit Deutschlands bei ihrer Tagung im Reichstag zum wiederholten Male die Forderung nach Wiederherstellung der staatlichen Einheit an die Politiker herangetragen. Nun kam, unerwartet zu später Stunde, der Tag der Einheit. Der Leitende der Tagung, Professor Dr. Ekkehard Wagner, unterbrach die Tagung: Alle Teilnehmer verließen den Saal im Reichstagsgebäude und stürmten mit dem Ruf „Einheit! Freiheit!" zum Brandenburger Tor. Die Tagung mit der Forderung nach der Einheit des Volkes fand so durch Fakten einen für diesen Tag nicht eingeplanten Abschluß. Dieser 9. November 1989 war der tatsächliche Tag der deutschen Einheit.

Unter jenen Menschen, für die diese Nacht vor lauter Glücksgefühl nicht enden wollte, war einer, der die allgemeine Freude sicherlich nicht in gleicher Weise wie andere teilen konnte und bis zur Stunde auf eine andere politische Entwicklung gehofft hatte. Selbst wenn er die Realität des Tages seit längerer Zeit schon befürchtet hatte, war Markus Wolf, Generaloberst und Chef der Hauptverwaltung Aufklärung (HVA), der NVA und stellvertretender Minister des Ministeriums für Staatssicherheit (MfS), von der Entwicklung des Tages überrascht. Es war ein Stück Ironie der Geschichte, daß Markus Wolf später am

Markus Wolf (1923–2006), der Geheimdienstchef der DDR, auf einer Aufnahme aus dem Jahre 1991. Wolf leitete 34 Jahre lang die Hauptverwaltung Aufklärung (HVA), den Auslandsnachrichtendienst im Ministerium für Staatssicherheit der DDR. 1990 flüchtete er kurz vor der Wiedervereinigung Deutschlands über Österreich in die UdSSR. Nach dem gescheiterten Putschversuch gegen den sowjetischen Präsidenten Michail Gorbatschow (Augustputsch 1991 in Moskau) suchte Wolf Zuflucht in Österreich. 1991 beantragte er dort vergeblich politisches Asyl. Nach der Ablehnung des Antrags stellte sich Wolf den deutschen Behörden.

17. Jahrestag des Mauerfalls verstarb. Markus Wolf war neben dem Chef der GRU (Glawnoje Raswedywatelnoje Uprawlenije/Hauptverwaltung für Aufklärung [beim Generalstab der Streitkräfte der Russischen Föderation]), des sowjetischen militärischen Nachrichtendienstes, mein direkter Gegner im Kampf der geheimen Dienste. Wolf war es, der über mehr als 30 Jahre den Kampf gegen die Bundesrepublik im Dunkeln geführt hatte. Er war der Mann, der in den Jahren der Teilung große Schuld auf sich geladen hatte, verantwortlich für Not, Tod und Elend. Am 9. November 2006 war zu erwarten, daß viele Zeitungen in Deutschland dieses Gegners der Einheit der Deutschen in Freiheit gedachten. Das wahre Gesicht dieses Mannes aber, der sich nach der Vereinigung in zahlreichen Büchern von jeglicher persönlicher Schuld freizusprechen suchte, wurde an diesem Tage nur ganz selten nachgezeichnet.

Markus Wolf hat in den drei Jahrzehnten seiner nahezu unbegrenzten Macht in der DDR und über die DDR hinaus mehr als 500.000 Menschen unmittelbar oder auch mittelbar in großes Unglück gestürzt. Er führte sie zum Verrat und zur Denunziation von Nachbarn bis in die Familien hinein. Er führte einen harten und gnadenlosen Kampf gegen seine Gegner. Von vielen auch heute noch hochgeachtet, ja teilweise als einer der erfolgreichsten Spionagechefs der Welt von alten Genossen auch heute noch bewundert, war er doch in Wahrheit nichts anderes als ein Feind der Demokratie, und zwar ohne Gnade gegenüber seinem Gegner. Dabei gab er sich äußerst zivil und weltmännisch im Umgang vor allem gegenüber westlichen Gesprächspartnern und Journalisten. Und seine Bücher waren frei von jeglicher Reue über seine Taten. Er schrieb über „Einsichten und Bekenntnisse" und dennoch enthielten die Bücher keinerlei Bekenntnis eigener Verfehlungen. Die „FAZ am Sonntag" schrieb über Markus Wolf, daß er sich in seinen Büchern weder an die „unter seiner Mitwirkung begangenen Verbrechen erinnerte" noch „zu Bekenntnissen und Einsichten" kam. Im Jahre 1981, als es vielen Menschen rechts und links der „innerdeutschen Grenze" immer noch um die Anerkennung der DDR ging, um eine Grenzziehung in der Mitte der Elbe, um den Erhalt einer modifizierten DDR, war Wolf, der sich – ähnlich wie Michail Gorbatschow – als Reformer des Kommunismus begriff, auf deren Seite und ließ es unter anderem zu, daß einer seiner engeren Mitarbeiter, ein Spezialist für Industriespionage in der „Bundesrepublik", den Weg zum Henker gehen mußte. Auch wenn sich Wolf zu Ende des Kalten Krieges und danach in seinen Büchern als kritischen Gegner Mielkes darzustellen suchte, blieb er doch bis zur letzten Stunde ein konsequenter Kommunist und der Roten Fahne der Tscheka in Treue verbunden. Es gibt keinen Zweifel, daß Wolf auch seinem wahren Herrn, dem sowjetischen KGB, über das Ende der DDR hinaus die Treue hielt und ihm verpflichtet blieb.

Mehr als einhundert Auszeichnungen wurden diesem hochgeachteten „Kämpfer für das Proletariat" von Erich Mielke verliehen. Seine Generalsuniform hatte keinen Platz für alle diese Dekorationen. Dazu kamen wohl noch etliche Auszeichnungen gehobener Klasse vom sowjetischen KGB.

In seiner aktiven Zeit an der Spitze der HVA konnte Wolf sicherlich keine Kenntnis über alle Operationen haben, die sein Dienst ausführte. Doch alle Operationen des Spionagedienstes der NVA folgten seinen Direktiven und, vor allem bei der Anwerbung von Agenten in der Bundesrepublik, einem von ihm entworfenen Muster.

Eines Tages, es war kurz vor Weihnachten, stand ich am Fenster meines Dienstzimmers und schaute vom dritten Stockwerk auf das Gelände vor dem Gebäudekomplex mit dem dahinterliegenden Wald. Es lag nur ein ganz wenig Schnee auf den Gipfeln der Bäume. Nun, am Rhein kam der Winter spät, und Schnee gab es gar selten im Kölner Raum. Beim Blick auf den Waldrand wunderte ich mich wieder einmal über den Leichtsinn unserer Leute, denn niemand schien zu bemerken, daß man vom Waldrand aus direkt in mein Büro sehen konnte, wenn das Zimmer beleuchtet war. Es gab keinen Sichtschutz vor den großen, hohen Fenstern. Der Spaziergänger am Waldesrand hätte mich – am Fenster stehend – gut beobachten können. Und als gut ausgebildeter Mann der Gegenseite hätte er mit einem Präzisionsgewehr den nachdenklichen Mann dort am Fenster gegenüber im dritten Stockwerk dieses großen Gebäudes ohne Probleme erschießen können. Die Fenster des Raumes waren aus normalem Glas gefertigt. Wenn es um die persönliche Sicherheit des AC ging, dann stimmten

Der Autor (2. von links) als Amtschef des MAD im Gespräch mit Kollegen

seine Vorgesetzten, der stellvertretende Generalinspekteur Generalleutnant H. als militärischer Vorgesetzter und Staatssekretär Dr. H. überein: So wenig Schutz wie möglich! Darin unterschieden sich beide von den Vorgesetzten der Präsidenten des BfV und des BND. Deren Schutz war optimal ausgelegt bis in den Bereich der Wohnungen. Mir aber wurde empfohlen, gewisse Sicherheitsmaßnahmen an meinem Einfamilienhaus auf eigene Kosten durchzuführen. Ja, hieß es von den Spezialisten, ich sei ganz erheblich gefährdet. Auch meine Familie! Die Herren, die zu entscheiden hatten, dachten aber vermutlich, daß der MAD-Chef ja ein Soldat sei wie jeder andere, der müsse eben jederzeit zum Sterben bereit sein. Eben, wie andere Soldaten auch. So habe ich diesen Mangel an persönlichem Schutz interpretiert und mich damit abgefunden. Daß der Amtschef des MAD aber in ähnlicher Weise durch die gegnerischen Dienste gefährdet war wie seine beiden Kollegen von BND und BfV, das interessierte nicht. Es schien auch keineswegs die Herren zu berühren, daß die Bedrohung des Amtschefs des MAD auch die Familie erfaßte.

Der Leiter der Abteilung Spionageabwehr, Oberst Krase, „mein Mann der zwei Seiten", meldete sich an diesem frühen Winternachmittag bei mir und sagte, daß er gerade einen CM bei sich habe, den er mir gerne einmal vorstellen würde. Ob es mir wohl heute paßte, fragte er. Natürlich wollte ich den CM kennenlernen. Grundsätzlich habe ich mich allerdings stets zurückgehalten, mit VM oder CM persönlich in Kontakt zu kommen. Ich wollte bei der Führung der Gegenoperationen im Hintergrund bleiben. Später, nachdem Krase als Spion enttarnt worden war, wunderte ich mich sehr, daß er mich in dieser Weise informierte und mir sogar einen CM vorstellte. Wahrscheinlich ging es darum, mein Vertrauen zu gewinnen.

Nachdem mir Oberst Krase die Einzelheiten der Operation vorgetragen hatte, bat ich ihn, mit dem CM zu mir zu kommen.

Der CM berichte mir über Vorgänge an der innerdeutschen Grenze und auf dem Gebiet der damaligen DDR. Dieses war natürlich ein Fall von vielen, doch in den Einzelheiten interessant. Was ich bereits wußte, wurde mir nun aus erster Hand bestätigt.

Auf den Parkplätzen der Interzonenautobahnen in der DDR kam es regelmäßig zu Anbahnungen für eine geheimdienstliche Zusammenarbeit von Soldaten der Bundeswehr mit Mitarbeitern der HVA und des MfS. Dabei waren die angesprochenen Soldaten oft überrascht, welche Detailkenntnis die andere Seite über die Bundeswehr und ihre Einrichtungen hatte.

Viele Versuche der Anbahnung liefen nach einem gleichen oder doch sehr ähnlichen Schema ab. Einem parkenden Fahrzeug mit polizeilichem Kennzeichen der Bundesrepublik näherten sich ganz unauffällig zwei Männer in mittleren Jahren und fragten, ob der Mann an seinem PKW vielleicht Hilfe bräuchte. Dieser Mann war Feldwebel in einer Kampfeinheit der Bundeswehr, was man ihm aber keineswegs anmerken konnte. Man bot ihm Zigaretten an und sprach über dies und jenes und auch über Politik. „Sie sind doch sicher Soldat, nicht wahr?" fragte einer der beiden Männer. Und bald sprach man über die Bundeswehr, über Ausrüstungen, den guten Panzer Leopard II A5 und dergleichen mehr. „Wie gefällt Ihnen der neue Leo?" wurde gefragt, und ob es denn in Munster-Lager immer noch so trostlos in den Unterkünften und im Unteroffiziersheim sei. Man kannte sich also aus, wie es schien. Nach einer Weile wurde das Thema gewechselt. Die beiden Männer erklärten, daß sie auch Soldaten seien, Kameraden quasi, bei Magdeburg stationiert, da sei es ganz ordentlich. Fast alles gäbe es dort, sagten sie, auch schicke Mädels, die gar nicht so übel seien. Man lachte und erzählte schlüpfrige Witze. Schließlich sprachen die Herren aus dem Osten über Möglichkeiten einer Zusammenarbeit. Man könne doch nicht zusehen, wie Deutschland vor die Hunde gehe, meinte einer der Männer aus Sachsen. Gerade Soldaten stehen doch in der Pflicht, gegen den Krieg zu kämpfen, der doch nur den Kapitalisten und Imperialisten Profite bringe; vor allem durch Rüstungsgeschäfte, durch immer neue notwendige Nachkäufe von ausgefallenem Rüstungsmaterial im Kriege. Sie selbst seien gegen den Krieg. Man könne – übrigens – beim Kampf gegen den Imperialismus auch ganz gut Geld verdienen, sagte einer. Na ja, meinte der andere, ein „kleines Zubrot" zum Sold eben. „Das ist doch nicht schlecht, oder?"

Man trank schließlich ein Gläschen Wodka, spottete über „den Iwan" und rauchte. Bald schien man sich gut zu verstehen. Sie waren ja eigentlich Kameraden, sagten sie, arme Hunde seien sie in Wirklichkeit alle. Und die großen Bosse da oben lachten sich kaputt und schaufelten „jede Menge Moos" in ihre Taschen.

„Wie wäre es, wenn wir zusammenarbeiten?" fragte plötzlich einer der freundlichen Männer aus der DDR. Der Feldwebel wurde unruhig, roch den Braten und wurde leicht nervös. Schließlich gab er zu verstehen, daß er „für einen solchen Deal" überhaupt nicht geeignet sei. Nein, das könne er nicht. Das sei auch zu gefährlich. „Na, das lernst Du schon, ach was", sagte einer. Wenn sich der Bundeswehrsoldat aber weigerte, dann könne man auch nachhelfen. „Du hast uns schon zu viel erzählt", sagte er. Einer der bis dahin freundlichen Herren griff in seine Manteltasche und zog auffällig langsam einen Beutel mit einem weißen Pulver heraus und schwenkte ihn vor dem Gesicht des Bundeswehrsoldaten. „Nu", sagte er „wissen Sie, was das ist? Wenn Sie nicht mitmachen wollen oder unser Gespräch Ihrem Vorgesetzten, dem Oberstleutnant M. melden" – man zeigte, daß man sich gut auskannte – „dann können wir in Ihrem Kofferraum einen gleichen Beutel wie diesen hier finden. Schon heute, wenn Sie wollen. Gar kein Problem! Ganz einfach! Wissen Sie, was dies hier in dem Beutel ist? Nu, reines Heroin. Ganz sauber, nicht verlängert. Das kostet 'ne Menge Kohle. Ja, dafür gibt es aber in der DDR einige Jährchen Knast, na ja, Sie wissen schon. Da wird Ihre Frau Monika eben auf Sie warten müssen, und Tochter Julia wird dann eben in vier Jahren – sie ist doch schon zehn? – ohne ihren Vater konfirmiert werden. Ja, Sie staunen, wir kennen uns gut aus. Sie können sich alles auch noch überlegen. Wenn Sie wollen, dann treffen wir uns wieder in vier oder sechs Wochen. Ist das in Ordnung?

Wir arbeiten übrigens schon mit einem Kameraden in Ihrem Bataillon gut zusammen. Den Namen können wir natürlich nicht sagen, versteht sich von selbst. Wir sind ja nicht doof. Unsere Leute haben 100 pro Schutz" (meint: sind zu 100 Prozent abgesichert).

Einige Soldaten in der Bundeswehr fielen auf solche zum Teil plumpe Angebote herein und litten viele Jahre danach unter den Folgen eines solchen ersten Gespräches, das schließlich in einer geheimen Mitarbeit mündete. Der Dienst in der Bundeswehr und zugleich die Arbeit für das MfS, das ließ sich eben nicht vereinbaren. Der geworbene VM litt oft bis zu einer Erkrankung unter den Folgen seiner Verpflichtung für die Genossen Erich Mielke oder Markus Wolf.

Zum MAD kamen nach solchen Anbahnungen oft Männer, die verzweifelt waren und nicht mehr wußten, was sie tun sollten. Manche waren da schon mit ihren Nerven am Ende.

Dieser Mann aber, mit dem ich in meinem Dienstzimmer an diesem Dezembernachmittag bei einer Tasse Kaffee sprach, hatte starke Nerven.

Nach der Rückkehr aus Berlin hatte er seinem Disziplinarvorgesetzten sein Erlebnis auf einem Parkplatz der Autobahn auf dem Gebiet der DDR gemeldet. Der Hauptmann schickte ihn zur nächsten MAD-Stelle, und der Fall landete schließlich unter Umgehung des Dienstweges beim Amt für Sicherheit der Bundeswehr. Wir gaben dem Mann Sicherheit.

Ein anderer Unteroffizier berichtete eine Anbahnung bei einem Aufenthalt in Ost-Berlin. Er wurde im Bahnhofsrestaurant zu einem Glas Bier eingeladen. Man kam ins Gespräch, trank noch einige Gläschen, und die Begegnung endete schließlich in einer uns bekannten konspirativen Wohnung im Ostsektor. Zu später Stunde meinten die beiden Männer aus der DDR, es waren wieder zwei, man wolle doch den Abend fröhlich beenden. „Wir sind schließlich Kameraden, müssen Sie wissen! Nicht wahr?" sagte er. Im Gespräch davor hatte unser Unteroffizier der Bundeswehr leichtsinnig einige Interna aus seiner Einheit geschildert. Auch Namen von Vorgesetzten hatte er genannt, und er hatte mit gelöster Zunge auch einiges andere erzählt, was ihm später sehr leid tat. Plötzlich – es war schon ziemlich spät, aber man war in bester Laune, man sang gemeinsam das Fallschirmjägerlied – öffnete sich die Tür zu einem Nebenzimmer und ein hübsches Mädchen, Anfang Zwanzig kam herein. Sie war unbekleidet und trug eine geöffnete Flasche Rotkäppchensekt in ihrer rechten Hand, in der linken drei Sektgläser. Derartige Anbahnungsversuche waren keine Einzelfälle!

Viele der so auf dem Gebiet der DDR angesprochenen Soldaten der Bundeswehr, von denen die meisten den Dienstgrad eines Unteroffiziers hatten, es waren aber auch jüngere Offiziere dabei, kamen nach ihrer Reise aus der DDR und Ostberlin zu ihrem Disziplinarvorgesetzten und meldeten die Vorfälle. Einige meldeten sie aber auch nicht und litten oft viele Jahre darunter. Die Belastungen gingen sogar bis in die Familien hinein und manche endeten in einer familiären Katastrophe.

Dieses sind nur zwei Fälle von vielen. Alle diese Operationen aber hatten eines gemeinsam: Sie trugen die Handschrift von Markus Wolf, dem General-

Oberst und Chef der Hauptverwaltung Aufklärung (HVA) der Nationalen Volksarmee. (Siehe hierzu im Anhang Dokument 213.)

Auftrag erfüllt – der Abschied vom Dienst

Am 21. März 1980 stand ich vor den Angehörigen des Dienstes, um Abschied zu nehmen. Ich sagte ihnen unter anderem:

Nach 2 1/2 Jahren gemeinsamer Arbeit und gemeinsamen Dienens an einer Aufgabe, die nur sehr schwer anderen Aufgaben in den Streitkräften vergleichbar ist, stehe ich zum letzten Male vor Ihnen, um Abschied zu nehmen, vor allem aber, um Ihnen zu danken.
Als ich diesen Dienst übernahm, trat ich sicher kein leichtes Erbe an. Ich übernahm aber einen guten und eingespielten Apparat, der als Nachrichtendienst einen guten Ruf hatte. Und ich freute mich auf meine Aufgabe, kehrte ich doch zurück an einen Punkt meines soldatischen Wirkens, an dem ich schon 1956 gestanden hatte, als ich in der Prüfstelle VM in der Sicherheitsüberprüfung tätig war. Ich übernahm die Führung des Dienstes mit Zuversicht und in der Hoffnung, daß wir gemeinsam den uns gestellten Auftrag erfüllen und die vor uns liegenden Probleme lösen würden – in der Erwartung der Hilfe der Spitze des Ressorts, um die ich bei meiner Einführung in das Amt gebeten hatte, im Vertrauen auf die gesunde Substanz in unseren MAD-Gruppen, Stellen und Trupps und im Vertrauen auf die Effektivität des Dienstes, des ASBW (Amt für Sicherheit der Bundeswehr) und seiner qualifizierten Mitarbeiter. Es war meine Absicht, aufbauend auf den bisherigen Erfahrungen und Erfolgen, gemeinsam mit Ihnen die bisherige Arbeit fortzusetzen zur Erfüllung des Auftrages. Es kam mir vor allem darauf an, den MAD aus dem Streit der Parteien herauszuhalten, das Vertrauen zum Dienst zu fördern, den MAD herauszuführen aus den Schlagzeilen der Presse, die Zusammenarbeit mit den Partnerdiensten und dem BMVg weiterzuentwickeln, dem MAD eine Phase der Konsolidierung zu verschaffen und schließlich die Effizienz der Abwehr zu verbessern und unseren Dienst an die veränderte Bedrohungslage anzupassen.
Ich will heute nicht bilanzierend vortragen, was wir gemeinsam erreicht haben, welche Erfolge wir erzielt haben oder welche uns versagt blieben. Nur folgendes möchte ich feststellen:

1. Der MAD läuft heute mit Sicherheit weniger Gefahr als noch vor 2 1/2 Jahren, in die Schlagzeilen der Medien zu geraten.
2. Der Dienst ist aus dem Streit der politischen Parteien herausgeführt, und alle Parteien haben heute ein hohes Maß an Vertrauen in unseren Dienst.
3. Die Anpassung des MAD an die veränderte Bedrohungslage ist in wesentlichen Bereichen gelungen, leider ohne Zersetzungs- und Sabotageabwehr.
4. Wir sind auf dem Wege zu weiterer Konsolidierung des Dienstes.
5. Die Zusammenarbeit mit Partner- und verbündeten Diensten wurde intensiviert.

Ich weiß, daß mein Verdienst an dieser Entwicklung gering ist. Sicherlich hatte ich die Ziele gesetzt, den Kurs überprüft und neu festgelegt, was aber erreicht wurde, ist das Ergebnis gemeinsamer Anstrengung, ist das Ergebnis Ihrer Arbeit, in der Sie meinen Vorstellungen folgten und diese verwirklichten. Die Hauptprobleme, die uns belasteten und zum Teil auch verunsicherten, gehören heute der Geschichte an.
Die innere Situation ist gefestigt, das Amt hat eine Kurzstudie dem BMVg vorgelegt und Vorschläge zur weiteren Verbesserung unserer Lage unterbreitet. Wenn diese realisiert werden, wird sich die Lage weiter entspannen. Es bleibt noch vieles zu tun. [...]

Unser Dienst ist zu ernst und auch zu risikoreich, als daß es Raum für übertriebenen Ehrgeiz geben darf, dem es mehr um die Person als um die Sache geht, für Neid und Intrige, für Machtanspruch und Machtgelüste. Es darf in der Abwehrarbeit keinen Raum geben für „graue Eminenzen". Unser Dienst ist so ernst zu nehmen, daß ein jeder im MAD sich seiner Verantwortung für die Gesamtaufgabe voll bewußt sein muß. Zweieinhalb Jahre meiner Verantwortung für den MAD liegen nun hinter mir. Diese Zeit ist nicht ohne Spuren geblieben. Aber ich habe die Aufgabe gern erfüllt, wenn auch manche Schatten auf dieser Zeit lagen.

Die Bilanz dieser Jahre ist ohne besonderen Glanz. Ich selbst habe keine besonderen Verdienste vorzuweisen, aber ich glaube, daß ich meine Pflicht erfüllt habe. Wie man später über diese Zeit urteilen wird, weiß ich nicht. Aber ich bin sicher:

Niemand wird uns die Lauterkeit unseres Strebens absprechen können, niemand wird uns Unredlichkeit in der Erfüllung unseres Auftrages nachsagen dürfen, auch nicht die Überschätzung der eigenen Aufgabe.

Jeder Augenblick, jede Zeit ist Gegenwart und morgen schon ein Stück Geschichte. Auch meine Zeit an der Spitze des MAD ist nun Geschichte. Wenn dieser Zeitabschnitt einmal transparent werden sollte, was ich mir durchaus wünsche, so bin ich ohne Sorge über das Urteil. Ich habe immer nur den Auftrag und den Dienst gesehen, nichts anderes. [...]

An dieser Stelle sei noch einmal darauf hingewiesen, daß die Nachrichtendienste, die natürlich die ganz besondere Neugierde des Bürgers wecken, ein weites Feld sind. Die Pflicht zur Verschwiegenheit setzt Grenzen, die auch der Autor nicht überschreiten darf. Erlaubt sei ihm aber die Feststellung, daß der Militärische Abschirmdienst in der Dienstzeit des Autors hervorragend qualifizierte Mitarbeiter und Mitarbeiterinnen hatte. In allen Bereichen waren es Könner ihres Fachs.

An der Schnittstelle
von Politik und Militär

Der Einzug der Parteipolitik in die Kasernen

Ein Blick zurück kann oft den Blick nach vorne schärfen. Wer die Vergangenheit kennt und diese auch zu verstehen gelernt hat, hat meist einen freien Blick auf die Gegenwart. Prognosen für die Zukunft bleiben aber immer mit dem Faktor Unsicherheit behaftet.

Seien wir behutsam mit Zukunftsprognosen. Wer glaubt, heute die Zukunft deuten zu können, hat schon oft geirrt.

Mit der Aushändigung der Ernennungsurkunde zum Bundesminister der Verteidigung an Helmut Schmidt zog die Parteipolitik in die Kasernen der Bundeswehr ein. Dies ist weniger Helmut Schmidt anzulasten, als jenen Soldaten und Beamten, die so etwas wie eine politische Wende erhofften. Zunächst geschah dies ganz unauffällig. So übernahm Helmut Schmidt im Bundesministerium der Verteidigung von seinem Vorgänger den Konteradmiral Trebesch aus dem Führungsstab der Streitkräfte, der als CDU-Mann allgemein bekannt war, und behielt ihn als Leiter des Planungsstabes in einer Schlüsselposition auf der Hardthöhe. Trebesch hat dies seinem Minister bis zum Ende der Dienstzeit durch ein besonderes Maß an Loyalität gedankt. Es war ein geschickter Schachzug des neuen Ministers. Wenn er eine solche Schlüsselposition mit einem Mann der CDU besetzt hielt, dann konnte doch niemand dem neuen Minister parteipolitisches Taktieren unterstellen. Ähnliches vollzog sich auch in anderen Bereichen der Bundeswehr. Völlig unbemerkt von der Öffentlichkeit und im inneren Kreis des Ministeriums aber wurden auf dem Personalsektor die Weichen für die Zukunft gestellt. Schmidt kannte die hohen Militärs. Er wußte, daß die wenigsten von ihnen heimlich ein SPD-Parteibuch in der Tasche trugen. Und das wußte er geschickt auszunutzen. Auf diese Weise versicherte er sich der Unterstützung der militärischen Führung. Parallel dazu wurden behutsame Veränderungen im Offizierkorps vorbereitet. Ich halte dies keineswegs für ungewöhnlich oder gar kritikwürdig.

Jedermann hatte natürlich Verständnis dafür, daß Helmut Schmidt sich Lilo Schmarsow, eine sehr tüchtige Sekretärin, in das Ministervorzimmer holte, die fortan manche Fäden geschickt in der Hand hielt. Jedermann mußte auch verstehen, daß er in der Adjutantur Männer brauchte, denen er auch persönlich und besonders politisch vertrauen konnte. Die Vorstellung, in der unmittelbaren Nähe des Ministers einen Maulwurf der Opposition zu haben, wäre für jeden Inhaber des Amtes unerträglich gewesen. So kamen junge Offiziere, die sich schon in der Jugendorganisation der Jungsozialisten ausgezeichnet hatten, in Schlüsselpositionen, in denen einige nach Ablauf der gesetzlichen Mindestlaufzeiten vom Major zum Oberst aufsteigen konnten und später dann nahezu zwangsläufig General werden mußten. Das war das wirklich Neue auf der Hardthöhe: Der politisch denkende Offizier war geboren. Den Soldaten mit Blick zur Politik hatte es bekanntlich schon in der Person von Generalinspekteur Ulrich de Maizière gegeben.

Bei der Verabschiedung von General Ulrich de Maizière schrieb im Jahre 1972 die FAZ, dieser Generalinspekteur sei ein politischer Offizier gewesen. Natürlich war dies auf de Maizière bezogen falsch. Er war kein politischer Offizier, er war ein General „mit Blick zur Politik", stellte ich korrigierend fest. So wußte er selbst auch meist, was der Minister erwartete und konnte sich darauf einstellen.

Die Übernahme der Befehls- und Kommandogewalt über die Bundeswehr durch einen Sozialdemokraten wurde als ein ganz besonderes Ereignis mit weitreichender Tragweite verstanden. Es war auch die Zeit, in der sich die militärische Spitze in einem bestimmten Umfang neu orientieren mußte.

Bei der Personalführung mußte man bisher nicht überlegen, wo der Kandidat für einen Generalsdienstposten seine politische Heimat hatte, oder besser, mit welcher Partei er sympathisierte. Im Grunde genommen war ja die Generation der militärischen Führung, die die Bundeswehr aufgebaut und auch geformt hatte, aus der Ebene der Bataillonskommandeure der Wehrmacht gekommen. Sie alle hatten den Krieg an der Front und zum Teil auch, wie die Generale de Maizière, Adolf Heusinger und Hans Speidel, in hohen Stäben der Wehrmacht bis zum Führerhauptquartier erlebt und waren durch den Einsatz an der Front, meist längere Zeit im Einsatz an der Ostfront, geprägt. Mit ihrer Kriegserfahrung und den innenpolitischen Verhältnissen während der Aufbaujahre und der Ablehnung der Bundeswehr durch die Sozialdemokraten, hatten sie kaum eine andere Wahl, als sich der CDU und CSU verbunden zu fühlen.

Der Wehrmachtsoberleutnant Helmut Schmidt war hier eine herausragende Persönlichkeit in der SPD. Das Kriegserlebnis hatte ihn geformt. Das zeigte sich ganz besonders im Jahre 1962. In einem Interview hatte er einmal gesagt, er hätte 1962 so gehandelt, wie er es im Kriege als Soldat getan hätte. Das wäre ihm wichtiger gewesen, als sich um Gesetze zu kümmern. Es ist zu bedauern, daß diese große Volkspartei neben Helmut Schmidt so wenig Politiker seines Formats hervorgebracht hat. In diesem Zusammenhang sollte sicherlich auch noch der am 22. Februar 1967 in Pforzheim verstorbene Fritz Erler erwähnt werden.

Der junge Oberleutnant K., der im Oktober 1956 in Gelsenkirchen auf der Bahnhofstraße in Uniform spazierenging und von zwei Polizeibeamten in Uniform als Verbrecher angepöbelt und dabei angespuckt wurde, konnte sich doch wirklich nicht zur SPD bekennen, denn das, was die Beamten taten, stand damals ja in Zusammenhang mit der Ablehnung der Bundeswehr durch diese Partei. Nun wird man aber zugeben müssen, daß in der damaligen Zeit das Ruhrgebiet als besonders „rot" galt. Hier gab es eine Nähe zum SED-Staat, wie man sie in anderen Bereichen Westdeutschlands selten fand, ähnlich ausgeprägt nur noch in Frankfurt/Main, Hamburg und Bremen. In diesen Städten ging der Soldat der Bundeswehr besser nie in Uniform aus. Er war ein Verbrecher, basta!

Schon nach wenigen Jahren konnte man in Bonn beobachten, wie sich die Bundeswehr in ihrem Offizierkorps verändert hatte. Sie war dazu auch, ein positiver Nebeneffekt, jünger geworden. Heute unterscheidet sich das Offizierkorps der Bundeswehr sehr wesentlich von dem der Aufbaujahre. Der Offizier der Bundeswehr hat einen Erziehungsprozeß durchlaufen müssen, was besonders in seinem Traditionsverständnis sichtbar wird.

Die österreichische Karte

Es ist wünschenswert, daß die Chefs der aufklärenden Nachrichtendienste sich kennen und vernünftig zusammenarbeiten. Nützlich dabei sind gute Kenntnisse nicht nur über den nachrichtendienstlichen Gegner, sondern auch über befreundete Dienste.

Oft denkt man über den Nationalcharakter eines Volkes nach. Doch das ist gewagt. Da sind die etwas rüden Amerikaner, die nicht nur von den Russen als immer tüchtige Geschäftsleute gesehen werden, denen man jede Missetat, aber auch jeden Erfolg zutraut. Dort die Russen, die man immer noch für schwermütig, sentimental und grausam hält. („Hüte dich vor einem Russen, rate ich, wenn du ihn umarmst, wird er dich so an sein Herz drücken und festhalten, bis dir die Luft ausgeht. Du wirst alles tun, was er will, wenn er dir nur etwas Freiheit zum Atmen läßt.") Die Briten haben, so meine ich, den klarsten Nationalcharakter. Sie sind nicht faul, aber „lazy", auch nicht arrogant, aber britisch, und sie leben in einem Land, das sie nicht einfach England nennen oder – wie in der NATO gesagt – United Kingdom, sondern schlicht Großbritannien. Auf meine Frage an einen englischen Lord, um hier nur ein Beispiel zu nennen, wie er denn sein Land nenne, da ich meist nur England oder, wie in der NATO üblich, „UK" sagte, reagierte dieser, indem er durch mich „hindurchsah". Ob ich etwas Unziemliches gefragt hätte, erwiderte ich daraufhin erschreckt. „Oh, no", sagte seine Lordschaft, „wir sagen einfach – simply – Großbritannien. Ja, ganz einfach. Great Britain."

Doch wir sollten uns von der Frage nach dem Nationalcharakter der Völker nicht ablenken lassen. Die Österreicher, ja, die sind ein ganz eigenes Volk. Man muß ihnen zugute halten, daß sie in der Geschichte weniger Kriege geführt haben als Engländer oder Franzosen und, wie gesagt wird, es glücklicherweise verstanden haben, zu heiraten, wenn andere Völker aufeinander einschlugen. Felix Austria! In der sowjetischen Kriegsgefangenschaft versuchten die österreichischen Soldaten unter der rot-weiß-roten Fahne eine frühere Heimkehr zu erzwingen, als ihnen und den Deutschen eigentlich zuteil werden sollte. Doch die Russen machten keinen Unterschied zwischen Deutschen und Österreichern. Wie sollte das auch möglich sein, wo alle Russen doch, unter Einfluß von Wodka vor allem, immer laut die Kapelle der Kriegsgefangenen anbrüllten, sie sollten deutsche Walzer spielen, wie „Wiener Blut" und „An der schönen blauen Donau". Ja, die Russen schätzten deutsche Walzermusik sehr. Und wer von ihnen während der Besatzungszeit im sowjetischen Sektor von Wien oder in Salzburg war, der schnalzt nur mit der Zunge und bekommt einen verklärten Ausdruck im Gesicht. Wie man sieht, bewirkt wienerische Lebensart so einiges im Gemüt anderer Völker.

Es gehörte natürlich zu den Aufgaben des Chefs eines Nachrichtendienstes, mit anderen befreundeten und verbündeten Nationen zusammenzuarbeiten. So auch mit Österreich, natürlich, obwohl dieses herrliche, schöne, von Gott gesegnete Land für alle Ewigkeit Neutralität geschworen hatte. Allerdings hielt diese ewige Neutralität nicht allzu lange. Es gehörte zu den besonderen Künsten eines Nachrichtendienstes, so zusammenzuarbeiten, daß niemand sonst auf den Gedanken kommen könnte, die deutschen und der österreichische Abwehrdienst würden Erkenntnisse austauschen.

Nun muß man – um der Wahrheit willen – sagen, daß es doch etwas anderes ist, als die Zusammenarbeit von deutschen und britischen Diensten. Die Briten blickten stets verständnislos in die Gegend, wenn das Gespräch auf Nachrichtendienste kam. Oh, wirklich, gab es britische aufklärende Dienste?

Das war bei den Österreichern anders als bei den Briten. Österreich hatte einen kleinen Dienst mit einem Brigadier an der Spitze, der alles wußte, alles konnte und nichts erzählte. So war mein erster offizieller Besuch beim österreichischen Partner äußerst angenehm. Ich war bestrebt, in Österreich möglichst viele Problemkreise zu erörtern. Dafür hatte ich mich mit einer Fülle von Sprechzetteln ausgestattet. Mein österreichischer Partner schlug aber schon nach der Begrüßung vor, diese drei Tages des Besuchs zu nützen, um Wien kennenzulernen. Die Erinnerung mag hier trügen, doch heute scheint mir, als hätte ich in diesen drei Tagen kaum Zeit gefunden, professionelle Probleme zu erörtern.

Jedermann wußte ja, daß der MAD in Österreich nicht operierte, nicht operativ arbeiten durfte und, wenn es dann doch einmal passierte, sich ganz schnell für dieses Versehen entschuldigte. Der erste Abend meines Besuchs endete beim Heurigen zu später Stunde.

Es gab ja so viel zu sehen und so köstliche Dinge zu essen, bei Sacher natürlich den Tafelspitz und die Sachertorte und auch sonst viel Gutes und Köstliches. Und die Spanische Hofreitschule, Schloß Schönbrunn, das Parlament! Wie, ist da zu fragen, sollte man bei einem solchen Programm Zeit für ernsthafte Gespräche über geheimdienstliche Operationen finden? Diese Operationen sind inzwischen verdrängt worden, wurden Vergangenheit ... Der Eindruck von einer äußerst liebenswerten Nation aber hat sich in das Gemüt des offiziellen Gastes eingegraben für alle Zeit. Oh, du glückliches Österreich!

Als ich in meinen Dienstwagen stieg und mich nach Abschluß der Dienstreise von dem Brigadier B. verabschiedete, wußte ich, daß ich einen liebenswerten Freund in Wien gefunden hatte. Unsere weiteren Treffen waren von ähnlicher Art, sie wurden zur freundschaftlichen Routine. Und wenn es denn einmal ernst wurde mit der Zusammenarbeit auf operativem Gebiet, verlief alles reibungslos, unauffällig und unbeachtet von den Medien. Wir hatten unsere geheimen Telefonnummern ausgetauscht und auch die Decknamen, so daß ein kurzer Anruf genügte, um Dinge zu klären, die einer Aktion bedurften. War es eine gemeinsame Operation, so hätten wir bei der Aufdeckung feierlich erklärt, uns nur flüchtig zu kennen. War diese Operation einseitig, wie es schon einmal vorkommen kann, so waren die Chefs nicht informiert und entschuldigten sich für dieses Versehen oder das selbständige Handeln nachgeordneter Stellen.

Die deutsche Karte

Nach meiner Bayreuther Zeit suchte ich – als Ausgleich für Wagners Bühnenfestspiele? – Salzburg zweimal auf. Mich zog der „Jedermann" dorthin. Einmal hatte ich mit der Familie einige Urlaubstage am Waginger See verbracht, danach ein Wochenende bei meinem Freund R. in Freilassing, um von dort aus mit dem Auto nach Salzburg zu fahren. Wir fuhren mit zwei Wagen, R. fuhr voraus, ich mit kurzem Abstand hinterher. Salzburg war ein Erlebnis, und zwar in jeglicher Hinsicht! Natürlich war es die Aufführung des „Jedermann" vor dieser einmaligen Kulisse. Aber genauso unvergessen bleibt mir in meiner Erinnerung die Fahrt mit dem Auto über Guggenthal auf den Gaisberg. So sehr mich die Berge stets aufs neue in ihrer ganzen und mächtigen Schönheit gefangennahmen, so schrecklich empfand ich als Mann der Ebene die Fahrt auf diesen Berg. Oft war ich mit dem Auto in Österreich unterwegs, über Berge und Täler, vorbei an steilen Abhängen, hatte mehrfach bei der Fahrt von Seefeld zum Möserer See und von dort bergab den Blick auf Zirl und Innsbruck dahinter genossen, aber diese Fahrt auf den Gaisberg war „das" einmalige Erlebnis. Und als ich dann dort oben stand, auf dem Gipfel, den Blick über diese Stadt schweifen ließ, nach einer steilen Fahrt, immer ganz hart am rechten Rand der Straße, da vergaß ich die Qual der Fahrt und konnte nur noch dem Herrgott danken für das Erlebnis dieser Aussicht, für diesen Augenblick.

Dieser Besuch in Salzburg aber sollte noch einem anderen Zweck dienen. Mein Freund R. hatte eine Begegnung mit einem, wie er sagte, alten russischen Freund arrangiert. Er hieß Gregor und gehörte zur sowjetischen Botschaft in Wien – oder zum Konsulat? Er wußte es nicht so genau. Auch nicht, welche Funktion er dort ausübte, das konnte er mir nicht sagen. Vielleicht war er Geschäftsmann. Vermutlich aber sei er im Bereich der Kultur beschäftigt, denn er war auffallend an österreichischer Kultur interessiert, besuchte die Salzburger Festspiele regelmäßig und sprach sehr gut Deutsch. Nun, wir würden sehen, dachte ich. Wenn ein russischer Diplomat sich für Kultur interessierte, dann lag in aller Regel sein Aufgabengebiet ganz woanders. Doch bei der Begrüßung im Restaurant zeigte sich, daß dieser „alte Freund" von R. aus Freilassing eher ein alter Freund von mir war denn von meinem Freund R.

Gregor hätte seinen Paß nicht vorzeigen müssen, denn dieser war genauso falsch wie es seinerzeit meine Pässe waren, wenn ich in dienstlicher Funktion nach Österreich kam. Doch das lag viele Jahre zurück. Gregor war nicht Gregor, sondern tatsächlich Oleg K., der einst, der geneigte Leser wird sich erinnern, bei mir in Gelsenkirchen mein Gast war. Und Oleg K. war auch nicht ein desertierter Hauptmann der Sowjetarmee, er war, zumindest bei unserem Wiedersehen in Salzburg, Polkownik, also Oberst. Oder war er noch ein völlig anderer, weder Oleg noch Gregor, wer weiß das schon? Unter meinen damaligen Freunden gab es einige, deren Namen ich mir nicht merken mußte, weil sie sicher Decknamen hatten. Und damals, vor vielen Jahren, als ich ihn zum ersten Male getroffen hatte, war er weniger an Kultur als vielmehr an Politik interessiert. Damals hatte er als Dissident in der Bundesrepublik den Deutschen Vorträge über den sowjetischen Kommunismus gehalten. Es hieß, er sei in deutsche Gefangenschaft geraten und hätte dann den Bolschewismus als Irrlehre erkannt. Das Ganze war, so dachte ich, doch ein sehr eigenartiges Spiel. Man begegnet sich, verliert sich über Jahre aus den Augen, trifft sich durch Zufall (?) noch einmal und dann nicht mehr wieder.

Gregor sagte beim Abschied: „... wir sind Feinde, aber irgendwie finde ich Sie sympathisch!" Ich dachte an das Kartenspiel mit meinem amerikanischen und französischen Freund in Mannheim-Seckenheim. Waren wir Freunde? Oder sogar Kameraden? Einen Kameraden hätte ich nie erschießen können, um keinen Preis. Doch Bob Dunn, mein damaliger Kamerad (?), dachte ganz anders. Wenn man ihm den Befehl dazu gegeben hätte, so hatte er gesagt, dann hätte er mich erschossen, ohne auch nur eine Sekunde zu zögern. Ich durfte keinen Zweifel haben, und dies war eine Lehre, die lange Zeit noch nachwirkte. Befehl und Gehorsam, das waren die Schlüsselwörter.

Als ich in der Tucheler Heide im März 1945 erleben mußte, wie ein Trupp von zwei Feldjägern einen Oberfeldwebel, mit dem Ritterkreuz unter der Kampfjacke, der vor einem russischen Angriff auswich, aufgriffen und an einem Straßenbaum nur knapp hundert Meter hinter meinem Beobachtungsstand, ohne ein Urteil zu fällen, aufknüpften, zerbrach in mir der Glaube an das Gebot zur Kameradschaft, an Recht und Gerechtigkeit. Einen derart hochausgezeichneten Soldaten konnte man doch nicht einfach erhängen! Als er dann noch Lebenszeichen von sich gab, nahm man ihn vom Baum ab, ließ ihn einige Schritte laufen und erschoß ihn dann. Wie sollte ein 20jähriger Soldat dieses Erlebnis verkraften?

Doch das Geschehen in der Stellung verdrängte jede weitere Überlegung. Der Feind drängte nach. Über den Hügel, dreihundert Meter vor unserer Stellung, schoben sich langsam drei russische T-34-Panzer hervor, ganz langsam. Die Rohre ihrer Kanonen schwenkten von rechts nach links und wieder nach rechts und suchten ihr Ziel. Es war keine Zeit für Überlegungen um Recht und Gerechtigkeit. Wir mußten zurück. Ganz schnell, so wie der Ritterkreuzträger vorher. Die Feldjäger habe ich nicht mehr gesehen. Da lag auf dem Feld im Schnee ein deutscher Soldat, der bis dahin tapfer und treu seine Pflicht erfüllt hatte. Was der Kompaniechef wohl seinen Angehörigen schreiben würde, dachte ich. „Für Führer, Volk und Vaterland fiel im harten Abwehrkampf in der Tucheler Heide der Oberfeldwebel X", würde wohl die Anzeige in seiner Heimatzeitung lauten. Der Tod rief in jener Zeit nach „Jedermann". Und viele folgten seinem Ruf, Mann für Mann. Heute noch höre ich in vielen Nächten diesen Ruf nach „Jedermann" mit wiederholtem Nachhall. Jedermann! Jedermann! Je – der – mann! Und jeder Mann mußte diesem Ruf Folge leisten. Tag für Tag! Was ist das für eine Kameradschaft, die auf Befehl Kameraden zu erschießen bereit ist?

Oleg K. oder Gregor, oder wie er damals auch immer hieß, war ein Mann meiner Generation. Er war Soldat, hatte gekämpft, den Krieg erlebt, geriet in deutsche Gefangenschaft und versuchte, danach zu überleben, was ihm auch recht gut gelungen war. Er hatte mehr Glück als andere seiner Kameraden, mit denen in der Sowjetunion kurzer Prozeß gemacht wurde. Auf Umwegen kam er nach seiner Repatriierung zum Ministerium für innere Angelegenheiten (MWD). Seine deutschen Sprachkenntnisse waren für seine weitere Verwendung schließlich von Vorteil. Man brauchte solche Leute im besetzten Deutschland in jener Zeit.

Ein Symposium an der Julius-Maximilian-Universität in Würzburg befaßte sich einmal mit der strategischen Bedeutung der Ägäis, ich hatte dort den Hauptvortrag zu halten. Unter den Teilnehmern waren gute Bekannte von mir. So zum Beispiel Sven Eric Berg, der schwedische Verleger, und auch der Schwiegersohn des 1999 verstorbenen stellvertretenden Vorsitzenden des Staatsrats der DDR, Willi Stoph, war dabei, der – wie ich – damals auch einen Lehrauftrag an der Universität in Würzburg hatte.

Noch einmal trafen wir uns bei einem Empfang eines Mittelstandsunternehmers im Taunus, der zu dieser Veranstaltung auch russische Wirtschaftler eingeladen hatte. Mein „Freund" Oleg K. gehörte einer russischen Firma an, die sich für Rohre und Großbehälter aus Plastikmaterial interessierten. Doch diese Verhandlungen brachten für beide Seiten keinen großen Nutzen, da die Erwartungen der deutschen Seite zu hoch waren und die russischen Verhandlungspartner offenbar zu wenig Verhandlungsspielraum hatten oder sich in Wahrheit für ganz andere Dinge interessierten. Wir begrüßten uns wie gute alte Bekannte. Und schieden auch so nach Schluß dieser dreitägigen Tagung.

Spiel mit gezinkten Karten – ein Attaché für Moskau

Nun muß der Chronist aber wieder zurückkommen auf den eigentlichen Zweck dieses Berichts über eine bestimmte Zeitspanne der letzten Jahrzehnte und die darin eingebundenen Ereignisse, die eine gewisse Bedeutung hatten und bisher auch dem interessierten Leser noch nicht bekannt geworden sind.

Eines Tages meldete sich überraschend der Generalinspekteur der Bundeswehr, Admiral Armin Zimmermann, beim Kommandeur der Panzerbrigade 12 in Amberg zum Besuch in der Kaiser-Wilhelm-Kaserne an. Das war nicht ungewöhnlich. Der Generalinspekteur suchte häufig die Gelegenheit zu einem Truppenbesuch, um sich ein Bild von den einzelnen Verbänden zu machen. Doch dieser Besuch hatte noch einen anderen Zweck. Auf dem Standortübungsplatz nahm der Admiral den Kommandeur zur Seite und fragte ihn plötzlich: „Wollen Sie denn Attaché in Moskau werden?" Ich war auf diese Frage bereits durch einen Kameraden der Personalabteilung vorbereitet worden und antwortete ohne längere Überlegung: „Nein, ich denke nein! Ich möchte Moskau mir und meiner Familie nicht antun. Ein Leben unter ständiger Kontrolle, immer begleitet und beobachtet, in diesem Land, in dem ich Schlimmes erleben mußte, nein."

Der Admiral schien erleichtert zu sein, doch kannte ich nicht einen Grund dafür. Möglicherweise hatte er mich aufgrund meiner Laufbahn für Kommandeursverwendungen im Truppendienst vorgesehen. Doch er sagte es nicht. Davor war in Bonn schon einmal überlegt worden, ob ich als Attaché nach Washington gehen sollte, doch zerschlug sich dies, denn ich wollte schon damals lieber in der Truppe bleiben.

Im Bundesministerium der Verteidigung war die Besetzung des Dienstpostens in Moskau natürlich ein Problem. Es gab außer mir wahrscheinlich keinen General, der die russische Sprache bereits in der Schule gelernt und sie nach dem Kriege vier Jahre lang gesprochen hatte. Schließlich wurde der Kommandeur der Jägerbrigade 10 in Weiden ausgewählt. Als ich diesem auf dem Truppenübungsplatz in Grafenwöhr zu der interessanten Verwendung gratulierte, schien er zunächst wenig erfreut. Um ihn etwas aufzumuntern, sprach ich ihn nun auf Russisch an, doch er winkte ab. „Nein", sagte Oberst V., „ich spreche nicht Russisch, und ich will die Sprache auch nicht lernen. Im Attachédienst kommt man überall mit Englisch durch." Nicht in der Sowjetunion, dachte ich und sprach es auch aus. Denn ich erinnerte mich sehr wohl, daß in Rußland die Kenntnis der Sprache eine ganz wesentliche Rolle spielte. Als ich einmal in Tilsit von dem Chefingenieur der Betriebsleitung des Papier- und Zellulosekombinats vorgestellt wurde, tat er dies mit den Worten: „On goworit po russki." – „Er spricht Russisch." „On nasch." – „Er ist einer von uns!" Die russische Seele schwingt hier kräftig mit. Er gehört zu uns, denn er spricht unsere Sprache.

Nun, Oberst V. hat sich in Moskau nicht besonders wohl gefühlt, doch war dies durchaus ein interessanter Dienstposten für einen Offizier der Bundeswehr. Er ist leider früh verstorben. Ich drängte wirklich nicht auf diese Stelle, was vielleicht eine Fehlentscheidung war.

General Knirkow: Feind und Freund zugleich?

Rückblende: Es war auf einer der üblichen, langweiligen Partys in Bonn Ende der 1970er Jahre. Man stand über ein bis zwei Stunden im Saal, bewegte sich ab und zu, unterhielt sich, nahm ein Glas Sekt zur Hand; Champagner gab es nur für einen besonderen Kreis in einem Nebenraum. Rheinische Stimmung ist von grundlegend anderer Art als bei diesen offiziellen Empfängen aus irgendeinem meist sehr unbedeutenden Anlaß.

Der Chef des Amtes für Sicherheit der Bundeswehr beobachtete, wie der sowjetische Militärattaché General Knirkow sich für ihn zu interessieren schien. Wie zufällig kam er immer wieder in die Nähe des AC, doch der schien den Russen nicht zu beachten. Man mußte, dachte er, hier nicht miteinander reden. Natürlich wußte er, daß der sowjetische General gerade erst vor zwei Tagen von einem Rapport in Moskau nach Bonn zurückgekommen war, er wußte auch – und man sollte nicht fragen, warum und woher –, daß der russische General Knirkow den Auftrag bekommen hatte, den neuen AC in ein Gespräch zu verwickeln. Doch dies schien dem russischen General an diesem Abend nicht zu gelingen. Der AC dachte, er müsse hier in aller Öffentlichkeit doch nicht ein Gespräch mit dem Russen suchen. Also vermied er jeden zufälligen Blickkontakt und suchte sich immer neue Gesprächspartner. Doch der Russe kannte sein Geschäft, zu lange hatte er bereits für die GRU gearbeitet. Da stand er plötzlich neben der Ehefrau des AC und versuchte, sie in ein Gespräch zu ziehen. Er stellte sich mit den Worten „Ich bin General Knirkow, sowjetischer Militärattaché, gnädige Frau", vor und fragte: „Nun, wie gefällt es Ihnen in Bonn?" Dem AC war das zu dumm. Er wandte sich dem General zu und fragte ihn auf Russisch: „Wie, General, gefällt es Ihnen in Bonn?"

Der Russe schien erstaunt. Er war bisher wohl keinem deutschen General begegnet, der die russische Sprache beherrschte, und das sagte er auch. In der Tat wurde, wie bereits erwähnt, in der Bundeswehr nicht darauf geachtet, ob die Kenntnis der russischen Sprache bei Generalen der Bundeswehr einmal notwendig werden könnte.

Das Verhältnis Deutschland zu Rußland wird in den kommenden Jahren zunehmend an Bedeutung gewinnen. Die NATO, die gerade erst zu Beginn des Jahrhunderts eine neue Strategie formuliert hat, wird diese in den nächsten Jahren wieder ändern müssen. Darauf deutet die heutige Situation in den Einsatzgebieten der NATO hin. Wir sind in die Verträge eingebunden und können es nicht einfach ignorieren, wenn unter Berufung auf diese Verträge Forderungen an Deutschland, wie im November 2006 in Afghanistan, gestellt werden. Wir können uns einige Zeit den Forderungen der USA und aller anderen NATO-Partner verschließen. Auf Dauer wird dies aber nicht möglich sein. „Die Deutschen an die Front!" – dieser Ruf wird zunehmend lauter in unseren Ohren klingen. Die NATO will den Einsatz deutscher Kräfte im Süden Afghanistans. Und wir haben sie durch unsere Vertragsunterschrift dazu autorisiert. Die militärische Planung im Bündnisrahmen liegt nun einmal in der Verantwortung der

NATO, da mögen wir uns noch so zieren. Die Alternative wäre, daß das Bündnis zu bröckeln beginnt, was aber auch nicht in unserem Interesse sein kann. Solidarität ist ein schönes Wort. Es wird für bestimmte Zwecke zu oft gebraucht. Es ist nur eine Frage der Zeit, bis sich deutsche Soldaten, von US- und britischen Soldaten flankiert, im Süden Afghanistans zum Schutz vor feindlichem Feuer eingraben müssen.

Deutsche Außen- und Sicherheitspolitik wird meiner Wahrnehmung nach schon bald einen noch stärkeren Einfluß auf die Innenpolitik gewinnen.

Rußland ist auf wirtschaftlichem Gebiet in Deutschland bereits auf dem Vormarsch. Immer mehr drängt es die Russen nach Deutschland, was ja für sie interessanter ist als Polen. Wer bedenkt schon, daß es in Deutschland damals mehr als drei Millionen Zuwanderer aus den Weiten Rußlands gab? Wer wird nachdenklich, daß russisches Kapital förmlich nach Deutschland drängt? In Baden-Baden werden Villen aufgekauft, der FC Schalke 04 in Gelsenkirchen erfreut sich eines russischen Sponsors, mit ihren Rohstoffpreisen nehmen die Russen Einfluß auf unsere Wirtschaft. Ihre Beteiligung an Energiekonzernen und deutschen Stahlhütten ist in diesem Zusammenhang von Bedeutung. Die Russen kaufen in diesem großen Geschäft oft über dritte Firmen in Deutschland ein. Dabei sind die Russen durch den früheren deutschen Bundeskanzler gut beraten. Es spielt hier keine Rolle, auf welchem Gebiet der ehemalige Kanzler seinen Rat anbietet, er stärkt auf jeden Fall den russischen Einfluß in Europa. Wer dieses Spiel beobachtet, der kann von der russischen Strategie in diesem Kampf ohne Waffen fasziniert sein. Der Beispiele gibt es viele ...

In letzter Zeit versucht Rußland nun auch, seinen Fuß in die Tür des großen europäischen Rüstungskonzerns EADS zu setzen. Das wäre dann, falls erfolgreich, ein gelungener „Deal". Hat man in Westeuropa vergessen, daß EADS nicht nur ein großer Rüstungskonzern ist, sondern besonders intensiv an etwas arbeitet, was militärische Planer einst Strategic Defense Initiative (SDI) nannten, also den Aufbau eines Abwehrgürtels im Weltraum, sprich den Aufbruch in eine völlig neue Dimension der militärischen Abwehr im globalen Rahmen. Es gibt keine andere Firma, die so intensiv an diesen Programmen des „Kriegs der Sterne" arbeitet wie EADS.

Der US-Präsident Ronald Reagan und Generalsekretär Michail Gorbatschow haben am 21. November 1985 bei ihrem Genfer Gipfeltreffen – vor 22 Jahren – eine Erklärung unterzeichnet, in der beide Staatsmänner als ihr Ziel erklärten: „... ein Wettrüsten im Weltraum zu verhindern und es auf der Erde zu beenden sowie die Zahl der Kernwaffen zu begrenzen und zu verringern und die strategische Stabilität zu erhöhen."

Ein interessanteres Projekt als dieses kann es für Rußland heute im Westen nicht geben!

Deutschland und Rußland, dies ist ein Thema, das uns mehr als bisher beschäftigen muß. Nicht nur die Deutschen, Europa ist hier betroffen, und zwar ganz unmittelbar.

Zusammenarbeit unter gekreuzten Flaggen

Die Zusammenarbeit mit den französischen Streitkräften war frei von jeglichen Reibungen. Die Generale beider Armeen begegneten sich mit gegenseitigem Respekt, ja man kann die Zusammenarbeit auf allen Gebieten als besonders vertrauensvoll ansehen. Im Vergleich zu der Zusammenarbeit mit amerikanischen, kanadischen oder britischen Verbänden, litt das Verhältnis – aber nur sehr geringfügig – allerdings unter dem beiderseitigen Mangel an Sprachkenntnissen. Nur ein Bruchteil der Absolventen der Führungsakademie in Hamburg hatte als Fremdsprache Französisch gewählt. Die meisten Offiziere hatten sich für Englisch entschieden. Doch der Wille zur Kooperation war sehr ausgeprägt.

Schon als Kommandeur der 12. Panzerdivision bemühte ich mich um Vertiefung der Zusammenarbeit und begründete eine offizielle Partnerschaft mit der 5. Panzerdivision. Diese Zusammenarbeit wurde nach einer gemeinsamen Übung „im Felde" durch einen Appell beider Verbände und Ansprachen der Kommandeure besiegelt. Als ich vor den angetretenen Verband trat, ging ein leises Raunen durch die Formation. Ein Windstoß hatte das Tuch der beiden Fahnen unserer Nationen gekreuzt, was von allen Soldaten als ein besonderes Symbol der Zusammengehörigkeit verstanden wurde. Dieser Appell im Gelände, nach einer gemeinsam durchgeführten Übung, war für die Soldaten beider Nationen in der Tat ein Symbol der Zusammengehörigkeit. Ja, wir wollten uns zur Waffenbrüderschaft bekennen und diese besiegeln.

Im Laufe der Zeit gab es eine Reihe von Begegnungen vor allem auf der Bataillonsebene. Der Gedankenaustausch des Befehlshabers Territorialkommando Süd mit dem Oberbefehlshaber der französischen Streitkräfte in Deutschland und der 1. Armee wurde zwar nie zur Routine, aber er wurde von beiden Seiten intensiviert.

Bei einem Besuch des französischen Generalstabschefs in Bonn bei General de Maizière hatte ich dem Generalinspekteur die Forderung nach „privilegierten Beziehungen" zwischen französischen und deutschen Streitkräften in seinen Sprechzettel hineingeschrieben. Es hat mich dann später sehr gefreut, als Bundeskanzler Helmut Kohl diesen Satz übernahm und zu seinem Postulat erhob.

Das gute Beispiel, das ich damals in Heidelberg den Verbänden des TSK gab, hat eigene Initiativen der Kommandeure der unteren Ebene nachgezogen. Die Begegnungen in Straßburg bei der 1. französischen Armee verliefen immer besonders harmonisch. Allerdings gab es einen Punkt, an dem jedes Gespräch ein rasches Ende fand. Das war mein stets wiederholter Versuch, mich mit meinem französischen Partner über den Einsatz nuklearer Waffen in meinem Verantwortungsbereich abzustimmen. Ich fand es unerträglich, daß innerhalb des NATO-Bündnisses ein bestimmtes Element der Kriegsführung zwischen den hohen Befehlshabern nicht erörtert werden durfte. Jeder meiner Versuche, dieses Thema bei einer Begegnung mit dem französischen Oberbefehlshaber anzusprechen, mündete in der französischen Bemerkung: „Das ist eine politische

Frage." Diese sei nicht Sache der Soldaten, sondern müsse in Paris und Bonn erörtert werden. Selbst der Rest meiner ostpreußischen Sturheit scheiterte hier am französischen Widerstand. Natürlich hatte ich eine Vorstellung von den Kapazitäten der französischen atomaren Einsatzmittel. Ich wußte vor allem, daß die Raketen mittlerer Reichweite das südliche Gebiet der Bundesrepublik abdeckten, und das war eben der Bereich meiner Verantwortung.

Als ich mich mit großem französischem Zeremoniell in Straßburg verabschiedete, zogen wir uns, der französische General d. L. und ich, von den Delegationen zum Kaffee zurück. Leicht lächelnd bemerkte ich, daß ich immer noch neugierig auf die französischen nuklearen Einsatzpläne sei. Der General müsse dies doch verstehen.

Er hatte verstanden. Das Gespräch, das darauf an einer Karte von Mittel-/Südeuropa folgte, konnte ich nur als einen großen Vertrauensbeweis werten. Nun war ich informiert, aber meine Lippen müssen bis heute verschlossen bleiben wie meine Augen. In Bonn war das Interesse an der nationalen französischen Planung auf diesem Gebiet im übrigen nicht so groß, wie es meiner Meinung nach hätte sein müssen.

Meine Verabschiedung in Straßburg im Rahmen eines großen militärischen Zeremoniells war fast von gleicher Art, als wäre ich der deutsche Oberbefehlshaber im Range eines Viersternegenerals gewesen. Die Franzosen hatten ohnehin nie verstanden, wie bescheiden die vergleichbaren deutschen militärischen Befehlshaber eingestuft waren. Es war für sie schwer vorstellbar, daß einem französischen Fünfsternegeneral ein deutscher „Zweisterner" als Partner gegenüber gesetzt wurde. Genauer gesagt, sie verstanden es nicht. Es waren die französischen hohen Kommandeure, die dieses Manko ausglichen, indem sie uns deutsche Kameraden so behandelten, als wären wir in ihrem Rang.

Der Beginn der Versöhnung – neuer Anfang und neue Aspekte

Zwei Jahre an der Front in Rußland, zwar mit kurzen Unterbrechungen für die Fortsetzung der militärischen Ausbildung, haben starke Eindrücke hinterlassen. Mit der Gefangenschaft von vier Jahren dazu war dies die hohe Schule des Krieges für einen knapp 20jährigen Soldaten. Da war zunächst die verlogene Darstellung des russischen Menschen, die dem Soldaten der Wehrmacht vermittelt wurde, zu überwinden. Gleiches gilt allerdings auch für das Bild des Deutschen, wie es dem Russen von seiner Führung vermittelt worden war. All dies, was auf den jungen Soldaten im Alter von 20 bis 25 Jahren einwirkte, grub sich in sein Bewußtsein tief ein und läßt ihn sein Leben lang nicht mehr los. So sind mir auch meine Begegnungen mit Russen, wie Knirkow, Bolonin, Ingenieur Radtschenko und Pawlitschenko, über Jahrzehnte hinweg lebendig geblieben.

Immer wieder tauchen diese Russen aus der Erinnerung auf und lassen den Chronisten nicht los. Zu tief hat sich das in Krieg und Gefangenschaft Erlebte in das eigene Bewußtsein eingegraben. Es hat Spuren im Unterbewußten hinterlassen.

Das Gespräch mit General Knirkow in Bonn wurde sehr schnell politisch. Er beklagte sich zunächst ganz vehement, daß der Bundeskanzler dem Vorsitzenden des Obersten Sowjets noch nicht auf dessen kürzlich geschriebenen Brief geantwortet habe, obwohl dieser doch schon seit drei Wochen auf dem Schreibtisch des Kanzlers liege. Unerhört sei dies und entspreche keineswegs den diplomatischen Gepflogenheiten. Ob er wohl eine baldige Antwort in Moskau ankündigen soll? Mein Gegenüber begann mich zu interessieren, und zwar nicht nur von Berufswegen.

Bald fiel mir auf, daß die Attachés der USA, England und Frankreich nicht gerade unauffällig in meine Nähe drängten. Da hörte ich, wie der Amerikaner zum Briten sagte: „Die sprechen Russisch! Ich verstehe nichts, verstehen Sie, was die reden?" Das Gespräch mit General Knirkow dauerte tatsächlich ungewöhnlich lange, mehr als 40 Minuten, es fiel auf.

Unvermittelt fragte mich Knirkow: „Den Brief von 1953 haben Sie ja wohl nicht selbst geschrieben, nicht wahr?" „Welchen Brief?" fragte ich. Und ich überlegte angestrengt, was der General über jenen Brief wissen konnte, den ich tatsächlich in russischer Sprache nach dem Tod Stalins an den damaligen Vorsitzenden der Obersten Sowjets Bulganin geschrieben hatte. Damals, im Juli 1953, als die Troika Bulganin, Chruschtschow und Malenkow noch intakt war, hatte ich ja in einem längeren Brief vorgeschlagen, in den deutsch-sowjetischen Beziehungen nach diesem schrecklichen Krieg ein neues Kapitel zu beginnen. Es sei an der Zeit, daß die Sowjetunion und die Bundesrepublik Deutschland wieder diplomatische Beziehungen aufnähmen und die Sowjetunion die deutschen Kriegsgefangenen repatriieren sollte. Ja, sogar Freundschaft sei möglich. Kurze Zeit darauf kam aus Moskau bekanntlich die Einladung an Bundeskanzler Konrad Adenauer zu einem Besuch nach Moskau mit dem Vorschlag, Verhandlungen über die Wiederaufnahme diplomatischer Beziehungen aufzunehmen.

Da ich damals aus Moskau keine Antwort erhielt, nahm ich an, daß dieser Brief entweder vom Bundesnachrichtendienst oder den Verfassungsschutzämtern abgefangen worden war. Ich mochte es nun bei dieser Begegnung mit General Knirkow kaum glauben, daß der Bulganin-Brief tatsächlich im Kreml angekommen war und politische Bedeutung erhalten hatte. Doch deutete nun vieles darauf hin.

Damals, im Jahre 1953, war es nicht der einzige Brief, den ich an einen Adressaten in der Sowjetunion schickte. Ich habe bereits einmal berichtet, das sich im Gefangenenlager Tilsit von 1945 bis 1949 zwischen mir und Oberleutnant Bolonin, dem Leiter für den Arbeitseinsatz (Natschalnik dlja Proiswodstwo), und Ingenieur Radtschenko in dem Papier- und Zellulose-Kombinat ein nahezu freundschaftliches Verhältnis entwickelt hatte. Das war damals ungewöhnlich. Grundlage dafür waren vermutlich meine Kenntnis der russischen Sprache und bei beiden Gesprächspartnern eine bei Russen, die eine offizielle Funktion hatten, nicht gekannte Offenheit im Gespräch mit dem Gefangenen.

Mit Radschenko lag ich oft am Rande der Fabrik auf dem Rasen, wir rauchten und dachten gemeinsam nach, wie sich das deutsch-russische Verhältnis einmal entwickeln könnte, wenn die Wunden des Krieges vernarbt seien. Beide glaubten wir an eine Aussöhnung beider Völker auf Dauer. Und Oberleutnant Bolonin teilte bald unsere Meinung. Man hatte sich ja nun kennengelernt, der deutsche Offizier und die Russen. Wir führten viele, sehr ernsthafte Gespräche, so oft wir dazu die Gelegenheit fanden.

Bolonin lud mich bald zu sich in die Wohnung zum Tee ein. Einmal bat er mich, seiner 17jährigen Tochter Klavierunterricht zu geben. Leider konnte ich mangels eigener Qualifikation dies nicht tun, denn meine Kunst am Klavier beschränkte sich auf kleine Stücke wie das „Heideröschen" oder das „Deutschlandlied", das ich im Zweifingersystem ganz gut spielen konnte, was die junge Dame, als ich ihr mit großem Bedauern mein Unvermögen gestand, dazu veranlaßte, ganz nah an mich heranzutreten und mit ihren zarten Fäusten auf meine Brust zu schlagen, immer wieder und immer heftiger. Bolonin lachte dazu und verließ das Zimmer. Da wurde die kleine Tamara, ein zartes Mädchen mit schwarzem Haar und dunklen Feueraugen, so richtig wütend. Ich versuchte, ihre Arme wegzudrücken, ganz behutsam, vorsichtig natürlich, ich wollte ihr doch nicht wehtun. Da spürte ich plötzlich ihren Körper ganz fest an meiner Brust. Sie bewegte dabei heftig ihren Oberkörper, ich spürte sie. Sie rieb sich an mir. Was sollte ich tun? Sollte ich versuchen, sie zu beruhigen, wie man ein junges Pferd ruhig stellt? Mit der linken Hand versuchte ich ihre Hände zu fassen, mit der rechten streichelte ich ihr Haar. Vielleicht hätte ich dies nicht tun sollen. Ich spürte ihren Atem, ganz nahe, das jagende Herz. Mein Gott, dachte ich.

Heute frage ich mich, kann man ein solches Geschehen, einen solchen Augenblick, eine so intime Begegnung zweier Menschen beschreiben, festhalten, auch für andere? Darf man das tun, was ich hier dem Leser berichte? Muß man schweigen über Begegnungen oder sogar über die Gefühle von zwei jungen Menschen? Hier eine junge Frau, fast noch ein Kind, 17 Jahre alt, vielleicht sogar nur 16. Dort ein deutscher Kriegsgefangener. Der Chronist darf, so denke ich, und er muß die Wahrheit berichten, wenn er die Grenze beachtet, hinter der Verletzungen beginnen. Ich denke, daß ich diese Geschichte festhalten und auch erzählen muß. Ist dies doch die Vervollständigung eines Bildes, welches sonst nur das Leben des Gefangenen in einer feindlichen und fremden Umwelt zeigt, ohne auch über seine Gefühle zu berichten. Und das Mädchen? Eine junge Russin, die lernen mußte, alle Deutschen zu hassen, die Faschisten. Der Krieg zerstört. Aber der Krieg vermag es nicht, im Menschen das letzte Gefühl zu töten.

Ein junger Kriegsgefangener und ein junges Mädchen des Feindes treffen aufeinander und ihre Gefühle brechen auf, ganz plötzlich, ohne ein Frühwarnsystem. Nur jetzt nicht unvernünftig reagieren, dachte ich. Nur nicht den Kopf verlieren! „Nein, Tamara", sagte ich „das geht nicht. Das dürfen wir nicht tun. Verstehen Sie, bitte. Nein!"

Ganz plötzlich riß sie sich los, stieß mich zurück mit all ihrer Kraft. Dabei erschrak ich, als ich ihr in die Augen sah. War es jetzt wieder Haß? Der Haß, der unseren Weg als Soldaten oft begleitet hatte bis an die Ufer der Wolga? Fühlte sie sich abgelehnt, beleidigt? Nicht ernst genommen in ihren jugendlichen Gefühlen? Das ganze Geschehen war für mich nicht nur ungewöhnlich, es war absolut einmalig. Ich konnte es nicht begreifen. Ich dachte nur, daß alles, was ich jetzt tun könnte, auf jeden Fall ein Fehler sein würde. Ich hörte noch, wie sie mir zurief, ein-, zweimal, in schneller Folge „Durak, Durak!", was im Deutschen so viel heißt wie „Esel" oder auch „Dummkopf".

Als ich wieder in das Lager ging und das Wachhäuschen passiert hatte, spürte ich, daß ich an der Oberlippe blutete. Ich dachte an meine Schulzeit in der Volksschule von Niedersee vor Ausbruch des Krieges, als unser Lehrer, den wir „Kräjätz" nannten, was wegen seiner ordinär-vulgären Bedeutung hier etwas schwierig zu übersetzen ist, und der mich wohl nicht besonders gemocht hatte, mich öfter schlug als andere, mich gegen einen Waldarbeitersohn, welcher mich um einen ganzen Kopf überragte, boxen ließ. Mein Gegner hatte mich damals zusammengeschlagen, und ich behielt eine Narbe auf der Lippe. Auf dem Heimweg von der Schule zum Elternhaus mußte ich über einen kleinen Fluß, mehr ein Bach war es wohl, in dem wir Jungen manchmal Fische mit einer selbstgefertigten Harpune jagten; in Wahrheit war es ein langer Stock, an dessen Spitze wir eine ganz normale Besteckgabel befestigt hatten. Wir saßen dann am Ufer, machten ein kleines Feuer und brieten die Fische. Ich sah im Spiegel des träge fließenden Baches mein Gesicht und wusch mir das Blut von den Lippen.

Es ist dann – gottlob – weiter nichts passiert. So mußte ich schließlich für Tamara einen Klavierlehrer aus dem Gefangenenlager besorgen, dessen Aufgabe dann unser Kamerad G. aus Eschweiler mit großem Erfolg erledigte.

Unsere Dreierkonversation mit Bolonin und Radtschenko hatte – unter den gegebenen Umständen – fast den Charakter einer Verschwörung. Beide hätten bei ihrem Augenlicht geschworen, Kommunisten zu sein, doch konnten sie mir das nicht sehr glaubhaft übermitteln. Die Monate gingen dahin, Radtschenko versorgte mich regelmäßig mit der russischen satirischen Zeitschrift „Ogonjok" – der einzigen dieser Art –, und wenn er mich nicht antraf, übergab er sie dem Wachoffizier mit der Bitte, diese mir zuzuleiten, aber so schnell wie möglich. Danach haben wir dann oft über einzelne Artikel gesprochen. Beide Russen hatten so etwas wie eine Vision. Für sie war der Zweite Weltkrieg lange vorbei, schon drei Jahre! Die Amerikaner strebten, das war beiden deutlich, nach der Weltherrschaft. Sie, die Russen, aber hatten eine andere Vorstellung – „Woijna kaputt", der Krieg war vorbei. In drei bis fünf Jahren würde Deutschland wieder eine eigene Regierung haben, dachten sie und mit jedem Jahr würde das Land an Bedeutung gewinnen.

Sie gaben mir – etwas verschlüsselt – eine Botschaft mit in die Heimat: Wenn die Sowjetunion mit Deutschland eng verbündet zusammenarbeitet, dann wird das für beide Völker von großem Nutzen sein. „Kommt wieder, als Freunde", sagten sie mir oft. Das sagten übrigens wiederholt auch einfache Russen zu den Gefangenen. Der Haß des Krieges hatte sich aufgelöst in der Hoffnung auf eine gemeinsame Zukunft. Immer wieder hieß es: Deutschland und Rußland im Bunde, daß wird die Welt verändern, der ganzen Welt nützen.

Ich hatte zuweilen den Eindruck, daß beide mir sogar ihre Töchter anvertraut hätten, und sie hätten diese auch durchaus nach Deutschland ausreisen lassen, egal welche, so sehr mochten sie mich, den gefangenen Offizier, der ihre Sprache so gut beherrschte und fast einer von ihnen war. Doch vielleicht war dies in der damaligen Situation bei mir nur eine falsche, völlig falsche Vorstellung, eine Hoffnung vielleicht? Daß irgendwie alles gut enden könnte, auch diese Gefangenschaft?

Als Anfang März 1949 die Sonne das nördliche Ostpreußen mit erster Wärme verwöhnte und wir wieder einmal zu dritt bei den Bolonins Tee tranken, sprachen beide heftig auf mich ein. „Du wirst bald wieder nach Deutschland kommen", sagte Bolonin, „Du hast einen Auftrag zu erfüllen. Du bist nicht dumm. Wenn Ihr wieder eine Regierung habt, dann mußt Du über Deine persönlichen Eindrücke und Erfahrungen bei uns berichten! Du mußt das tun, die Wahrheit sagen, das ist im Interesse Deines Landes. Und wir wollen Frieden mit Euch, Zusammenarbeit, Freundschaft, verstehst Du, so wie wir hier! Freundschaft. Du mußt versuchen, Verbindung zu den Regierenden zu bekommen und ihnen sagen, was notwendig ist im Interesse unserer Länder." „Aber", sagte ich „ich bin kein Kommunist!" „Was redest Du für einen Unsinn", sagte Bolonin, „Du sollst als Demokrat in Deine Heimat fahren. Kommunist mußt Du nicht werden, Du Dummkopf!" – „Tschort wasmij!" – „Zum Teufel noch mal!"

Auch an diese Begegnungen mit meinen russischen Freunden Bolonin und Radtschenko in Tilsit dachte ich bei dem Gespräch mit dem sowjetischen General in Bonn. Und ich hatte ja dann nach der Heimkehr auch versucht, mich um einen Ausgleich mit Rußland zu bemühen. Ich suchte einen Weg zur Normalität mit Rußland.

So hatte ich 1953 auch mit Bolonin und Radtschenko Verbindung aufgenommen und schrieb beiden Briefe in russischer Sprache. Zwar fürchtete ich, daß meine Briefe nicht bis Moskau und Nowosibirsk unbeschadet gelangen würden, aber ein Stück Hoffnung war schon dabei, daß jemand die Gedanken eines ehemaligen kriegsgefangenen deutschen Offiziers interessant finden und bis in den Kreml weiterreichen könnte. Denn Stalin war tot. Doch aus Moskau und Nowosibirsk kam zunächst keine Antwort.

Doch noch einmal kurz zurück zu General Knirkow, dem Attaché, der zunehmend freundlicher wurde, sich sogar ganz kameradschaftlich gab – wir waren doch beide Soldaten, meinte er – und mich zum Essen und Tschai in seine Wohnung einlud. Seine Frau, so sagte er, sei eine hervorragende Köchin. Ich würde mich wundern. „Poschalisto, bitte, kommen Sie!" Ja, wirklich, ich sollte doch unbedingt kommen. Nun, so gestehe ich, die Versuchung, diese Einladung anzunehmen, war groß. Ich hätte weitere Gespräche schon für sehr interessant gefunden. Aber durfte ich meiner beruflichen Neugierde folgen? Wäre das nicht so etwas wie Landesverrat? Nein, wußte ich, Konspiration gehörte zu einer der wichtigsten Methoden nachrichtendienstlicher Arbeit. Wenn daraus ein Nutzen für das eigene Land zu erzielen war, mußte man auch besondere und ungewohnte Wege gehen. Lange überlegte ich, was zu tun sei in dieser besonderen Situation.

Von guten Soldaten und schwarzen Schafen

Im Zuge meiner Berufung zum Chef des Militärischen Abschirmdienstes wurde das Unterstellungsverhältnis des MAD-Chefs modifiziert. Minister Leber unterstellte sich den Dienst zunächst unmittelbar, später aber dann dem beamteten Staatssekretär und kurz vor meinem Ausscheiden sogar dem Stellvertreter des Generalinspekteurs. Das Unterstellungsverhältnis war nie befriedigend und auch nicht zweckmäßig, da es die Besonderheiten eines geheimen Nachrichtendienstes nicht berücksichtigte.

Der Autor zusammen mit MAD-Kommandanten; vorne, ganz links: der später als Spion überführte stellvertretende MAD-Kommandeur Oberst Joachim Krase; eine Position, die er bis zu seiner Pensionierung im Jahre 1984 innehatte. Enttarnt wurde Krase erst zwei Jahre nach seinem Tod im Jahre 1990. Über den Umfang des Schadens, den Krase angerichtet hat, der lange Jahre für das Ministerium der Staatssicherheit der DDR arbeitete, kann nur spekuliert werden.

Die organisatorische Neuordnung schien dem Minister nach seinen Erfahrungen notwendig, die er hinsichtlich der Lauschmitteleinsätze des MAD vor meiner Zeit gemacht hatte. Ich, dessen war ich sicher, genoß das besondere Vertrauen von Minister Leber.

Die Vorgesetzten des Amtschefs hatten keine ausreichenden Kenntnisse von nachrichtendienstlicher Tätigkeit, statt dessen brachten sie dem Dienst ganz allgemein und wohl auch dem Amtschef beim Aufkommen von Problemfällen zunächst ihr Mißtrauen entgegen. Das führte später eben dazu, daß Staatssekretär Hiehle mir den Befehl erteilte, bei meinen Vorträgen über Spionage den Leiter der Abteilung III, Oberst Joachim Krase, mitzubringen. Natürlich mußte ich dieses Ansinnen als Ausdruck von Mißtrauen verstehen. Über diese Regelung muß man sich aus heutiger Sicht natürlich sehr wundern, da Krase, wie sich später herausstellte, neben seinen Dienstbezügen des Bundes, wie erwähnt, auch Sold von Markus Wolf aus der DDR erhielt.

Es war ein klarer Fall von Landesverrat, und ich frage mich heute immer noch, wer wohl damals die Fäden gezogen hat. Oberst Krase, vormals Kommandeur einer MAD-Gruppe, bei meinem Dienstantritt Abteilungsleiter im Amt für Sicherheit der Bundeswehr, ein eher unauffälliger Offizier, wurde mir vom Führungsstab der Streitkräfte bei Versetzung meines bisherigen Stellvertreters Oberst Glasmachers in den Ruhestand regelrecht aufgezwungen. Mir fiel zu Beginn unserer Zusammenarbeit auf, daß er sehr besonnen und besonders zurückhaltend erschien, aber daß sein Bildungsstand im Vergleich zu den anderen Kommandeuren im Dienst begrenzt war. Er war einer der wenigen Offiziere der Bundeswehr ohne Abitur. Die erkannten Wissenslücken suchte er im Selbststudium auszugleichen, und im Gespräch bemühte er sich stets um den Gebrauch von Fremdwörtern.

Staatssekretär Hiehle, ein Vertrauter des Ministers, schätzte ihn sehr – wie auch der über den Dienst die militärische Aufsicht ausübende stellvertretende Generalinspekteur H. Generalleutnant H. übte sein Amt ganz offensichtlich mit Widerwillen aus. Bei jedem Vortrag, zu dem ich mich anmeldete, ließ der General mich zunächst eine halbe Stunde in seinem Vorzimmer warten. Das schien bei ihm Prinzip gewesen zu sein.

Wollte ich dann mit dem Vortrag beginnen, pflegte er mich zunächst zu bitten, eine oder zwei Sekunden zu warten, bis er schreibbereit sei. Es überraschte mich, daß der General meine Ausführungen protokollierte. Wenn er meinen Ausführungen einmal nicht so schnell folgen konnte, bat er mich um Wiederholung eines Satzes. Der General war sicherlich ein ganz korrekter Offizier, besonders pflichtbewußt und kleinlich. Er gehörte zu der Gruppe damaliger Generale, die Befehl und Gehorsam in der Hitler-Jugend gelernt hatten – wohl auch auf einer „Napola" (Nationalpolitische Lehranstalt) – und für besondere Aufgaben in der Bundeswehr auch eine besondere Begabung hatten; er war penibel genau und zuverlässig in der Befehlsausführung. Er war von anderer Art als sein vorgesetzter Generalinspekteur Brand, mit dem ich im vierten Generalstabslehrgang des Heeres an der Führungsakademie in Hamburg-Blankenese die Akademiebank gedrückt hatte. Meine Besorgnisse teilte er nicht, die ich in meinem Lagevortrag, in dem ich vor dem zunehmenden Eindringen von russischen und DDR-Agenten über Ost-Berlin gewarnt hatte und Wolfs Bemühen zum Ausdruck brachte, in die Führungszentren der Bundeswehr einzudringen. Brand lachte. „Dann wissen doch die Russen, daß wir für sie überhaupt nicht gefährlich sind. Ist doch gut, oder?"

Ich fand es weniger gut, doch der Generalinspekteur blieb desinteressiert. Und er tauschte lieber alte Erinnerungen über gemeinsame Unternehmungen während der Vorbereitung auf unsere Generalstabsausbildung aus, in der wir, einander nahestehend, mancherlei dumme Dinge getrieben und uns am schönen Rhein bei gutem Wein vergnügt hatten. In der Tat: Diese sechs Monate der Vorbereitung auf die Generalstabsausbildung mit vielen Reisen durch unser schönes Vaterland gehören zu den angenehmsten Erinnerungen.

Generalleutnant H., der mein Disziplinarvorgesetzter wurde, als Georg Leber zwischen dem MAD und der politischen Leitung des Verteidigungsministeriums eine Zwischenebene für sinnvoll hielt, war völlig anders in seinem Wesen als der Generalinspekteur der Bundeswehr. Ich habe ihn nie lachen gesehen. Sicherlich hat er für den Fall der Fälle alle meine Ausführungen Wort für Wort in seiner Kladde mit kurzem, stets gespitztem Bleistift festgehalten. Man mußte sich ja absichern, dachte der General vermutlich. Zudem war es offensichtlich, daß er, der von nachrichtendienstlicher Arbeit kaum eine Vorstellung hatte und damit allem mißtraute, was aus diesem Bereich auf seinen Schreibtisch kam, stets unsicher, was er nach dem Vortrag des Amtschefs des MAD persönlich tun oder auch nicht tun sollte.

Hinzu kam, daß sein militärischer Berater für die Aufgaben des MAD ein Mann war, der nur darauf wartete, mein Amt zu übernehmen, was ja dann auch geschah, allerdings nur mit kurzer Stehzeit, bis er von einem Admiral abgelöst wurde, der sich zunächst der Frau eines ihm unterstellten Offiziers in einer Weise näherte, die damals noch nicht statthaft und disziplinarisch zu ahnden war, und dann auch noch wegen gewisser strafbarer Vergehen zu Haft verurteilt werden mußte. Es war dies wohl keine besonders erfolgreiche Zeit für den deutschen Abwehrdienst. Sicherlich wäre die Frage interessant, warum denn diese Offiziere ausgerechnet für eine Verwendung in der militärischen Abwehr eingesetzt wurden. Deren Unfähigkeit, dieses Amt ausfüllen zu können, war vielen bekannt, nicht jedoch dem zuständigen Staatssekretär Hiehle wie gleichermaßen den zuständigen Herren im Bundesministerium der Verteidigung, die mich beide bedrängt hatten, diese als meinen Nachfolger im Amt zu akzeptieren, was mir aber nicht zweckmäßig erschien. So mußte ich mich aber am Ende doch im Fall Krase dem Staatssekretär und dem stellvertretenden Generalinspekteur fügen, wenn ich nicht mein Amt zur Disposition stellen wollte. Doch damals wollte ich dies noch nicht tun.

Ich hatte mich schon oft gewundert, daß aus der Spionageabwehr unseres Dienstes nicht immer die Ergebnisse kamen, die ich erwartet hatte. Und oft erhielt ich Informationen, die mir schon vorher von anderer Seite, zum Beispiel vom amerikanischen militärischen Abwehrdienst, bekannt gewesen waren. Hinsichtlich der Zuverlässigkeit von Oberst Joachim Krase und der von ihm erzielten großen Erfolge in der Spionageabwehr waren mir wiederholt einige Zweifel gekommen. Er galt, wie dargestellt, als außerordentlich erfolgreich. Mir kamen Zweifel auf, doch wollte ich in meiner nächsten Umgebung nicht mißtrauisch sein. Und Krases Ansehen innerhalb des MAD und ganz besonders im Führungsstab der Streitkräfte galt als beträchtlich.

In meinem Dienstzimmer hielt ich in einem Panzerschrank, zu dem ich alleine den Zugang hatte – lediglich meine Sekretärin Frau Nordhofen hatte in einem versiegelten Umschlag einen Zweitschlüssel für besondere Notfälle – sensibles Material unter Verschluß, wie zum Beispiel besondere Informationen über bedeutende politische und militärische Persönlichkeiten. Dazu gehörten auch die entlastenden Papiere über den damaligen Verteidigungsminister Franz Josef Strauß in der sogenannten Lockheed-Affäre.

Am 25. Januar 1978 führte ich im Bundeskanzleramt mit dem Koordinator für die Nachrichtendienste beim Bundeskanzler, Staatssekretär Dr. Schüler, ein Gespräch. Nach meiner Rückkehr ins Amt wurde ich von Frau Nordhofen informiert, daß während meiner Abwesenheit Oberst Krase das Öffnen meines Panzerschrankes gefordert hatte, da er dringend wichtige Akten zur Einsicht benötigte. Es seien dem Oberst daraufhin drei Aktenordner ausgehändigt worden, die inzwischen aber wieder zurückgegeben worden seien. Es wurde von den Sicherheitsbeauftragten darüber ein Vermerk gefertigt, in dem es hieß:

Am 25.01.1978, 11.30 Uhr, wurde auf Veranlassung des AbtLtr [Abteilungsleiters] III, Oberst Krase, der Panzerschrank des AC vom G3-Offz geöffnet. Im Beisein des AbtLtr III und G3-Offz übergab Frau Nordhofen den Aktenordner an Oberst Krase. Die Inhaltsbezeichnung der Ordner wurde von Frau Nordhofen festgehalten. Zweitschlüssel und Kombination wurden wieder im verschlossenen Umschlag im Panzerschrank des G3 hinterlegt.

Ich wunderte mich darüber, war aber dann durch einen anderen sehr brisanten Vorgang abgelenkt, der mich für die nächsten Stunden in Anspruch nehmen sollte. Na, dachte ich, ob Krase da mit der Abrollkamera, die mir einige Zeit zuvor der Leiter unserer Abteilung ND-Technik aus der Asservatenkammer gezeigt hatte, einige Fotos für Markus Wolf geschossen hat? Ich hatte dies jedoch nicht wirklich ernst gemeint. Immerhin empfand ich diese Sache später doch sehr merkwürdig, was auch aus dem handschriftlichen Vermerk von mir hervorging. Ich hatte geschrieben „Um 13.20 Uhr war ich von Bonn zurück!" und mein Handzeichen „Ko 25./l." hinzugefügt. Immerhin war dies doch ein eigenartiger Vorgang, der einer Erklärung bedurft hätte. Warum ich schließlich der Sache nicht nachging, kann ich heute nicht mehr sagen.

Das war durchaus ein sehr seltsamer Vorgang. Zu gerne hätte ich gewußt, welche Rolle die einzelnen Figuren damals spielten. Die Rolle des Staatssekretärs vor allem blieb mir bis heute unverständlich.

Auch hier würde ich es für eine interessante wissenschaftliche Aufgabe halten, die Gründe für das Verhalten der politischen und militärischen Spitze zu erforschen. Diese Geschehnisse wurden, soweit es möglich war, der interessierten Öffentlichkeit vorenthalten. Dafür muß es Gründe geben. Auf der anderen Seite hatten sie durchaus ihre Auswirkungen auf die Zusammenarbeit mit den verbündeten Diensten, besonders mit denen von Frankreich, Kanada und den USA.

Ich fragte mich damals, wie weit wohl die östlichen Dienste, vor allem die sowjetische GRU und die DDR-Dienste von Erich Mielke und besonders von Markus Wolf, bereits in die Führungsebene der Bundeswehr eingedrungen waren.

Es war schon merkwürdig, diese Gedanken um den MAD und den Verräter Krase kamen mir in dem Gespräch mit dem sowjetischen Militärattaché. Unvermittelt fragte mich General Knirkow, wo ich denn in der Bundeswehr Dienst machte, er wüßte es nicht, sei mir ja bisher leider noch nie begegnet. Nun wollte ich ihm damals noch nicht sagen, daß ich Chef des Militärischen Abschirmdienstes sei und wich seiner Frage daher aus. Ich fragte ihn: „Sie kennen doch in Köln das Heeresamt, Gospodin General? Nicht wahr? Nun, da bin ich, in diesem großen Gebäudekomplex", sagte ich wenig präzise, aber es war auch nicht direkt die Unwahrheit, und ich lenkte ihn auf diese Weise von seiner Frage ab.

Als es mir dann angebracht schien, unser Gespräch, das immer noch von den alliierten Offizieren beobachtet wurde, zu beenden, wiederholte General Knirkow seine Einladung und sagte, wir könnten uns natürlich auch auf einem Rheinschiff oder anderswo treffen. „Ganz wie Sie es wünschen, Herr General Komossa." Ich reichte ihm zum Abschied die Hand. „Es war ein sehr interessantes Gespräch", sagte der Russe und ergänzte nach ganz kurzer Pause: „Nun, freuen Sie sich schon auf Ihre neue Verwendung in Würzburg?"

Dazu ist nun der Ordnung halber folgendes zu berichten: Wenige Wochen vorher war damals in der Presse die Ankündigung zu lesen, daß ich durch den Minister als neuer Kommandeur der 7. Panzergrenadierdivision in Unna ausgewählt worden war. Erst vier Tage vor dieser Begegnung mit dem Russen hatte der Minister dann aber nach den Vorgängen um den General Gert Bastian, der sein Herz für die Grünen entdeckt hatte, umdisponiert und entschieden, daß stattdessen ich die Führung der 12. Panzerdivision in Würzburg von Bastian in einer Art Krisenmanagement übernehmen sollte.

Schon einmal hatte mich Minister Leber zum Krisenmanager in den MAD geschickt, wo ich die Aufgabe wohl zur Zufriedenheit der politischen Spitze gelöst hatte. Über die neue Verwendung in Würzburg hatte die Presse noch nicht berichtet. Sie war nicht informiert. Der sowjetische Attaché General Knirkow aber gab zu verstehen, daß die sowjetische Seite sehr wohl wußte, mit wem er auf dieser Party in Bonn so lange sprach. Zwar war ich nicht überrascht, denn ich kannte ja die „östliche" Weisung, alle Anstrengungen auf das nachrichtendienstliche Eindringen in die Führungsgremien der Politik und der Bundeswehr zu konzentrieren. Wo aber standen die Agenten, fragte ich mich. Welche Positionen hatten sie schon besetzt? Daß sie im Bundesministerium der Verteidigung wie auch im Auswärtigen Amt und vor allem im Bundesinnen- und im Bundeswirtschaftsministerium ihre Maulwürfe plaziert hatten, das war mir schon lange klar. Wo aber saßen sie, in welchen Vorzimmern, auf welchem Sessel? Karl Wienand, von März 1967 bis August 1974 Parlamentarischer Geschäftsführer der SPD, mißtraute ich und einigen anderen auch. Aber für sie war damals die Zeit noch nicht reif. Wienand wurde im übrigen am 26. Juni 1996 wegen Spionage zugunsten der DDR zu zweieinhalb Jahren Haft und einer Geldstrafe von einer Million D-Mark verurteilt.

Die Russen kannten Interna aus dem Bundesministerium der Verteidigung, das war offensichtlich, und sie gaben es auch, das überraschte mich, zu erkennen. Sie verstanden eben ihr Geschäft; zu dem auch gehörte, dem Gegner vor Augen zu führen, daß ihre Vorposten überall im Lande waren, und zwar unerkannt bis in die höchsten Stellen. Zuweilen war für den Chef eines Nachrichtendienstes der Reiz groß, dies andere auch wissen zu lassen. Aber auch der AC muß bekennen, daß er selber zuweilen mit gezinkten Karten sein Spiel mit dem Gegner spielte. Vielleicht ist dies ja eine Vorbedingung für Erfolg in einem Gewerbe, das so alt ist wie die Prostitution.

Auch das sollte ein Grund sein, den Chefs der Dienste eine Stehzeit im Amt zu geben, die über Erfahrung zum Erfolg führt. Dabei sollte aber auch der Zeitpunkt einer geordneten Ablösung schon mit dem Dienstantritt in das Auge gefaßt werden. Aus der Politik wissen wir, daß lange Stehzeiten nicht nur in Routine münden, sondern auch dazu verführen können zu tun, was außerhalb der Kompetenz liegt. Korruption ist nur eine der möglichen Gefährdungen langer Dienstzeiten in einem politischen Amt.

Übrigens wurden auch mir damals Annehmlichkeiten „für besondere Informationen" durch ganz solide und harmlos erscheinende Persönlichkeiten angeboten. Nicht zuletzt verbot mir mein Glaube jegliche Käuflichkeit. Wie wäre es eigentlich, so frage ich mich heute, wenn es keinen Glauben gäbe, keine Gebote, wie zum Beispiel, das fünfte oder siebente, das zehnte? Was bliebe dann als Maßstab für den Menschen? Für den Gefährdeten? Den Schwachen? Für den, der nicht glaubt, daß er um der Gerechtigkeit willen nichts Böses tun darf, was auch immer er als das Böse in seinem subjektiven Blick zu verstehen mag.

Der Chronist berichtet, er erzählt, was er in vielen besonderen Situationen erlebt hat. Und er hält sich dabei an das Aquinsche Prinzip. Ich, der junge deutsche Offizier, und meine Gespräche mit Russen, die geistig über dem herrschenden System standen, und zwar in einer damals und dort ungekannten geistigen Unabhängigkeit, die sie allerdings vor ihren eigenen Landsleuten verborgen hielten. Bolonin und Radtschenko waren zwei Männer, die ahnten, daß die Zeit Stalins vorübergehen würde. Vielleicht hatten sie auch Freunde in einem Kreis, der damals nicht öffentlich werden durfte.

General Knirkow, der sowjetische Attaché, kannte sie vielleicht. Kannte er meinen Brief an den Vorsitzenden Bulganin? Wußte er, daß ich nach meiner Entlassung Briefe in die Sowjetunion in gutem Russisch geschrieben hatte? Hätte das MWD sich damals entgehen lassen, diese Briefe zu öffnen? Wer hatte Kenntnis davon und welche Bewertung der Korrespondenz erfolgte in Moskau? Daß meine Korrespondenz vom BND festgehalten und aussortiert worden wäre, erscheint mir unwahrscheinlich. Wurde dieser „Bulganin-Brief" vom MWD für die Aktion eines verrückten Deutschen gehalten, der wahrhaftig zu glauben schien, daß er in die Hände der sowjetischen Führung gelangen würde? Wer über die Methoden der sowjetischen Nachrichtendienste Kenntnisse hat, wird nicht glauben wollen, daß in der Sowjetunion ein solcher Brief aus dem imperialistischen Machtbereich – noch dazu in perfektem Russisch – den vorgesetzten Behörden nicht vorgelegt worden wäre.

Könnte hinter der ganzen Sache nicht der alte Fuchs Adenauer stehen, der einmal auf unkonventionellen Wegen sondieren wollte, welche Perspektiven sich nach Stalins Tod für die deutsch-sowjetischen Beziehungen ergeben könnten. Mußte man nicht nur einen kleinen Stein anstoßen und in Richtung Moskau ins Rollen bringen?

Die Sowjets hatten in jener Zeit ein umfassendes Bild von der Bundesrepublik Deutschland. Sollte es ihnen geheim geblieben sein, daß der „Briefeschreiber" über seinen Schwiegervater Dr. Arthur Ruppert, der damals, wie berichtet, für die CDU ein Ostbüro mit Mitarbeitern im mittleren Teil Deutschlands aufgebaut hatte, den man damals SBZ oder schlicht noch „die Zone" nannte?

Damals war es nicht schwierig, diese Mitarbeiter als Kuriere von West nach Ost und von Ost nach West zu schicken. Wie eng waren die Fäden, die hier geknüpft waren? Was wußten die Russen von Verbindungen des Schreibers zu Konrad Adenauer? Waren die Verbindungen doch enger als vermutet? Wurde vielleicht doch unter Ausnutzung bestimmter Umstände und Verbindungen, die hier aus Gründen der Sicherheit nicht aufgezeigt werden dürfen, eine wichtige Initiative vorbereitet?

Der „Bulganin-Brief" findet sich wohl nicht im Archiv des BND. Wo aber ist er geblieben, das ist die Frage. Wohlan, geehrte deutsche und russische Historiker, hier ist ein Feld, das noch wissenschaftlich zu beackern ist. Vielleicht wird ein Kapitel der Nachkriegszeit seit 1953 neu zu schreiben sein. Wer hier in der Forschung fündig wird, der schreibt ein neues Kapitel deutsch-sowjetischer Beziehungen, dessen Grundlage vielleicht ein vom sowjetischen Politbüro falsch interpretierter Brief eines ehemaligen kriegsgefangenen deutschen Offiziers ist.

Auch befreundete Staaten haben Dienste

Unter Nachrichtendiensten gibt es natürlich Rivalitäten und selbstverständlich auch innerhalb einer Allianz. Hier ist der Austausch von Arbeitsergebnissen inzwischen Routine.

Man besucht sich, man trifft sich zuweilen auch an einem unbekannten Ort, wie z. B. anläßlich der Kieler Woche auf einem Schiff der Marine. Solche Treffen – auch mit den Chefs der zivilen Dienste wie des Bundesnachrichtendienstes, des Bundesamtes für Verfassungsschutz mit seinen selbständigen Landesämtern – sind eine Art nachrichtendienstliche Börse. Die Zusammenarbeit der Dienste ist meist harmonisch, sie hängt aber stark von der Persönlichkeit des jeweiligen Chefs ab.

Die Engländer sind in aller Regel bei der Zusammenarbeit der Dienste zurückhaltend. Gewiß, sie nehmen an gesellschaftlichen Veranstaltungen teil, bleiben aber am liebsten doch gar nicht erkannt. Briten haben auch geheime Nachrichtendienste, aber das ist ja – auch innerhalb der NATO – wohl eine nationale Sache. Man könnte den Eindruck bekommen, daß britische Dienste kaum tätig sind. Dabei arbeiten sie, wie der israelische Dienst, außerordentlich effektiv. Die Namen der britischen Chefs sind kaum bekannt. Einer von ihnen, der im Zweiten Weltkrieg eine besondere Rolle gespielt hatte, war Sir Stewart Menzies, um den sich einige Anekdoten rankten. Der britische Geheimdienstchef war für sein Amt prädestiniert. Er hatte viele Vorzüge. Zu seinen höchsten Tugenden zählte sicherlich seine Verschwiegenheit gegenüber jedermann. Auch gegenüber dem Monarchen. Der Quellenschutz ist eine der wichtigsten nachrichtendienstlichen Regeln, auf deren Einhaltung der CM vertrauen muß. Von Menzies weiß man, daß er einmal von König Georg VI. im Scherz gedrängt wurde, Einzelheiten über den britischen Geheimdienst preiszugeben. „Menzies", fragte ihn einmal der König, „was würde passieren, wenn ich Sie nach dem Namen unseres Mannes in Berlin fragte?" Menzies antwortete: „Ich müßte Ihnen sagen, Sir, daß meine Lippen versiegelt sind." „Gut, Menzies, und angenommen, ich sagte dann: Kopf ab?" – „In diesem Fall, Sir, würde mein Kopf rollen, mit versiegelten Lippen."

Der britische Geheimdienstchef hatte – anders als in Deutschland – bei seinem Souverän jederzeit Zutritt. In Deutschland war dies anders. Hitler mißtraute seinem eigenen Nachrichtendienst. Das führte so weit, daß er dessen Chef, Admiral Canaris, in seinem Hauptquartier zwei Jahre lang nicht mehr empfing. Canaris wußte, daß die Sowjets vor Beginn ihrer Winteroffensive 1941 mehr als dreißig Divisionen um Moskau versammelt hatten. Hitler lehnte es ab, diese „Tartarenmeldungen" über die Stärke der sowjetischen Verbände zu glauben, und hörte daher Canaris nicht mehr an, bis schließlich bekannt wurde, daß Admiral Canaris ein Mann des Widerstands gegen Hitler war. Damit war das Todesurteil über Canaris gesprochen, der am 9. April 1945, vier Wochen vor Ende des Krieges, hingerichtet wurde. Sicher war, daß der deutsche Abwehrchef im Laufe des Rußlandfeldzuges ein vorzügliches Spionagenetz in den von deutschen Truppen besetzten Gebieten aufbauen konnte und über hervorragende Detailkenntnisse über den Gegner verfügte. Aus diesem Stamm von geheimen Mitarbeitern gelang es General Gehlen, schon bald nach Ende des Zweiten Weltkrieges den äußerst erfolgreich arbeitenden Bundesnachrichtendienst (BND) aufzubauen.

Reinhard Gehlen (1902–1979) war von 1956–1968 erster Präsident des Bundesnachrichtendienstes, dessen Gründer er war. Gehlen ist von dem Nimbus umgeben, der deutsche Geheimdienstchef des 20. Jahrhunderts gewesen zu sein. Im Zweiten Weltkrieg Leiter der Abteilung Fremde Heere Ost (1942–1945), erhielt Gehlen von den US-Besatzungsbehörden nach dem Krieg den Auftrag, einen Geheimdienst mit deutschem Personal („Organisation Gehlen" genannt) aufzubauen. Durch Übernahme dieses Geheimdienstes in die bundesdeutsche Verwaltung entstand 1956 der Bundesnachrichtendienst (BND).

Ähnlich wie Menzies war Canaris ein gründlicher Fachmann, der sich auf seinen Instinkt verlassen konnte. Computer kannte er nicht – deren Entwicklung befand sich ja auch erst in statu nascendi –, und das Studium von Akten war ihm eher zuwider. Mehr Vertrauen setzte er in die Qualität menschlicher Quellen – ein Gebiet, das in unserer Zeit von allen Nachrichtendiensten vernachlässigt wird. Eine der Ursachen dafür ist heute sicherlich der Mangel an Sprachkenntnissen. Dazu kommt die Problematik der Erschließung neuer Quellen in arabischen Ländern. Hier muß die Bereitschaft zur Kooperation mit westlichen Diensten als äußerst gering bewertet werden. Canaris besaß die für diesen Dienst unverzichtbaren Eigenschaften eines Jägers. Alles, was mit Administration zu tun hatte, mochte er weniger.

Über Menzies hatte Churchill einmal gesagt: „Das Großartige an Menzies ist, daß er seine Abteilung mit Pfennigen finanziert." Menzies hatte vernünftige Anschauungen in finanziellen Fragen, und er hatte Talent im Umgang mit anderen Behörden und mit Politikern. Ein früherer Mitarbeiter berichtete: „Menzies war ein Meister im Umgang mit anderen Behörden." Ein Meister im Umgang mit Menschen, sollte hier hinzugefügt werden. Das ist im Nachrichtendienst natürlich äußerst wichtig, wenn man bedenkt, daß die meisten Menschen in der Begegnung mit Mitarbeitern eines Dienstes sehr zurückhaltend sind.

Menzies wird vor allem eine besondere Eigenschaft nachgesagt, die für den Chef eines Geheimdienstes unverzichtbar ist: er konnte seinen politischen Vorgesetzten meist das Gefühl vermitteln, daß sie sich bei ihm nie auf „unsichere Dinge" einließen. Dies ist deshalb wichtig, weil die doch oft allein wegen des notwendigen Quellenschutzes wenig bekannte Tätigkeit der Spionage und Gegenspionage Politikern und Beamten meist ein recht intensives Unbehagen bereitet. Man braucht die Ergebnisse, man ist dankbar für die Arbeit, aber Einzelheiten möchte der Politiker nicht wissen. Oft hörte ich bei Gesprächen mit führenden Bonner Politikern den Einwand: „Das können wir auslassen." Politiker wollten, das habe ich erkannt, alles wissen, aber nichts Genaues, was sie eventuell in eine Mithaftung hineingezogen hätte. Das war ein wichtiger Faktor, den ich im Umgang mit Politikern berücksichtigt habe. Sie wollen auf keinen Fall Unannehmlichkeiten bekommen und fürchten nichts so sehr wie parlamentarische Untersuchungsausschüsse. Der Politiker möchte über die entsprechenden „Agenturen" einen Vorsprung an Kenntnissen erhalten. Die Grenze zieht er dort, wo er in eine Mithaftung geraten könnte.

Der Chef eines geheimen Nachrichtendienstes hat immer einen Vorsprung an Wissen gegenüber dem Politiker. Er muß damit sehr behutsam umgehen und darf dem politischen Partner sein Mehr an Wissen nie zu dessen Nachteil ausspielen.

Die Zusammenarbeit mit den US-Diensten, von denen es ja viele gibt, vollzieht sich auf einer ganz normalen, zum Teil sogar freundschaftlichen Grundlage. Man kennt sich in der „Familie" meist schon einige Jahre und ist miteinander vertraut. Die Franzosen kommen ihren deutschen Partnern immer auf gleicher Ebene entgegen und sind zur Zusammenarbeit bereit, wenn auch der Partner kooperiert. Falls dies nicht der Fall ist, kann man die Beziehung ja auf gesellschaftliches Gebiet beschränken. „O, yes, we do have such an organisation. Of course", sagt der Brite und spricht dann über das Wetter („Isn't too cold fort this season?" „Oh, yes, of course, it is!") oder über Fußball.

Und dann gibt es ja noch die Neutralen, die man auf den Empfängen der Botschaften als Chef eines Dienstes in Bonn oder jetzt in Berlin immer wieder trifft. Es ist natürlich schwierig, mit ihnen zu kooperieren. Aber ein Gespräch ist ja nicht zu vermeiden, was ja schließlich taktlos und völlig undiplomatisch wäre. Manchmal geschieht es eben auch dort, wo „ewige Neutralität" Verpflichtung war. So verlief auch hier mit Diensten neutraler Staaten jedes Gespräch recht erfreulich. Man ist höflich zueinander, und die Zusammenarbeit ist angenehm.

Innerhalb der NATO war die Zusammenarbeit, wie bereits gesagt, meist ohne Reibungen. Einmal allerdings fragte der Chef der CIA beim Amtschef des MAD nach, ob dieser wohl damit einverstanden wäre, wenn das kürzlich in Washington getroffene Abkommen im Zuge der neuen Öffnung der Nachrichtendienste zwischen beiden Diensten in den USA veröffentlicht werden solle. Der AC in Köln fragte daraufhin in Washington nach, um welches Abkommen es sich wohl handelte? Er kenne keines. Womit auch dieses Problem, das es vielleicht in diesen unruhigen Zeiten hätte werden können, in denen alles nach Öffentlichkeit drängte und sogar der BND seine Firma in großen steinernen Lettern auf seiner Außenmauer befestigte, damit wirklich jedermann wissen konnte, wo dieser Geheimdienst geheim arbeitete, gelöst war.

Terror verändert die Welt – sind die Dienste blind geworden?

Am 11. September 2001 erschütterten die schrecklichen Terroranschläge in New York und Washington die ganze Welt und veränderten sie. Wie groß muß wieder einmal der Haß gegen ein Volk, wie groß die Verachtung menschlichen Lebens, wie groß der Wille zur Zerstörung bis zur Selbstvernichtung sein, daß er keine Grenze kennt! Das Ausmaß der brutalen Anschläge überschritt alle Grenzen unseres Vorstellungsvermögens. Kalt berechnend, seit Monaten geplant und unbemerkt organisiert, schlugen die Terroristen zu und trafen die USA an ihrer empfindlichsten Stelle. Zu Recht empfand die ganze Welt Betroffenheit.

Dieser Anschlag wirkt seit langem nach, und er stellt einen Markierungspunkt für künftige Konflikte dar. Seit dem 11. September ist kein Platz auf dem Planeten ungefährdet. Eines scheint sicher, soviel Grausamkeit konnte ihre Ursache nur im nahöstlichen Konflikt haben. Die Entwicklung der Weltlage und die Folgen der Anschläge sind heute noch nicht zu übersehen. Deutsche Politiker bekannten sich in den ersten Stunden geschlossen zu den USA und sicherten die Solidarität aller Parteien im Deutschen Bundestag zu. Nun ist zu hoffen, daß die Staatsmänner nicht nur Solidarität erklären, sondern besonnen und koordiniert mit angemessenen Mitteln auf die Anschläge reagieren und alles tun, um nach den Tätern zu fahnden, diese zu ergreifen und zu bestrafen, und zwar mit der ganzen Härte der Gesetze.

Auch wir Deutsche hielten am 11. September mit allen Völkern der Welt den Atem an und wollten den entsetzlichen Bildern des Fernsehens nicht trauen. Keiner hat diese Katastrophe vorausgesehen, wenn auch schon wiederholt – seit 1993 und dem ersten Anschlag auf das World Trade Center – von den Geheimdiensten vor weiteren und größeren Anschlägen gewarnt wurde. Wir fragten uns, warum kamen einige der Terroristen aus Deutschland? Sie waren hier über längere Zeit Schläfer, wie es hieß. Doch das halte ich für völlig falsch. Sie hatten in Hamburg nicht geschlafen, sondern sich auf die Anschläge vorbereitet. Und warum wählten sie ausgerechnet Deutschland für ihre Vorbereitung und Bereitstellung?

Es war wohl leichter, hier Quartier zu machen als in Schweden oder Polen. Eine Reihe von Fragen wäre hier zu stellen. Zum Beispiel die: Wer profitiert von der Laschheit der Dienste und der Politik? Fachleute wissen seit langem, daß eine übertriebene Tätigkeit der Datenschutzbeauftragten dem Bürger keinerlei Nutzen bringt. Plötzlich, nahezu über Nacht, wollten die gerade ins Leben gerufenen Datenschutzbehörden alles wissen. Nicht etwa über den nachrichtendienstlichen Gegner, nein, über die eigene Abwehr. Das führte zu einer Phase des Mißtrauens aller gegen alle.

Nachdem in den USA wie in der ganzen Welt der erste Schock überwunden war, stellte sich die Frage nach dem Verantwortlichen für die Anschläge, warum sie nicht zu verhindern waren und warum schließlich alle Nachrichtendienste offensichtlich genau so überrascht wurden wie die Weltöffentlichkeit.

Hinsichtlich der Verantwortung wurde bald erkannt, daß diese bei dem Multimillionär und Amerikahasser Osama bin Laden liegen muß, der sich zu diesem Zeitpunkt in Afghanistan versteckt hielt. Er verfügte allein über alle notwendigen Mittel für die Planung und Durchführung dieser Terroranschläge. Er hatte schon früher bewiesen, wozu sein Fanatismus – weit über den Bereich des Nahen Ostens hinaus – fähig ist.

Die westlichen Nachrichtendienste wurden tatsächlich von den Anschlägen völlig überrascht. Sie waren durch ihre elektronische Aufklärung zwar sensibilisiert, doch sie kannten keine Fakten, hatten keine konkreten Hinweise. Nun sollte man sich in Erinnerung rufen, daß es im Westen nur noch zwei Dienste gibt, die fast ungestört so effektiv wie in früheren Jahren arbeiten, das sind der israelische Mossad und der britische Geheimdienst. Die amerikanischen Dienste, der kanadische, die deutschen und bedingt auch die französischen werden durch Kontrollen seit Jahren in ihrer Effektivität eingeschränkt. Der Pulverrauch nach den Anschlägen der RAF in Deutschland war ja kaum verzogen, als die Parteien im Bundestag die totale Kontrolle über die abwehrenden Dienste suchten und durch Gesetze auch weitgehend erreichten. Es ging so weit, daß von den „politischen Vorgesetzten" die schriftliche Vorlage aller Operationen mit Angabe der Klarnamen der geheim operierenden Mitarbeiter durch die Dienste gefordert wurde. Es war der erste Versuch einer Demontage der Dienste in Deutschland nach Aufstellung von BND, Verfassungsschutz und MAD.

So ist verständlich, wenn in solcher Einbindung die Dienste überaus vorsichtig wurden, manches nicht mehr tun, was sie tun könnten, und den personellen Faktor bei der Nachrichtenbeschaffung wegen Gefährdung ihrer Quellen vernachlässigen. Die Erfolge, die der erste BND-Chef General Gehlen in Deutschland nach Ende des Zweiten Weltkrieges erzielte, wurden immer seltener, und zwar in dem Maße, wie die Politik in den Bereich der abwehrenden Dienste eingriff. Als die Bundesregierung begann, auch noch die Spitze des BND nach politischen Kriterien nichtprofessionell zu besetzen, verwunderte es nicht, als ein neu ernannter Präsident bei seinem Dienstantritt dem Kollegen des Militärischen Abwehrdienstes mitteilte, daß man nach den neuen Richtlinien für die Zusammenarbeit der Nachrichtendienste künftig sicher nicht mehr so eng zusammenarbeiten könne wie bisher. Und so war es denn auch.

Niemand wird gestehen wollen, daß die Effizienz der deutschen Dienste in den letzten Jahren gelitten habe und das hier die Ursache für das Nichtfunktionieren eines Vorwarnsystems zu suchen sei. Doch dem Kenner der Materie erscheint die Erfolgsbilanz der letzten Jahre ziemlich mager. Wenn nun darüber nachgedacht wird, wie man auf die Anschläge reagieren könnte, dann sollte nicht übersehen werden, daß unter anderem die Effizienz unserer abwehrenden Dienste gesteigert werden muß, und zwar unverzüglich. Wenn es brennt, müssen alle löschen und nicht nach den Kompetenzen fragen. Helmut Schmidt gab bei der Flutkatastrophe in Hamburg ein Beispiel.

Der Kampf gegen Spionage und Terrorismus

Es wird wohl weiterhin damit gerechnet werden müssen, daß es trotz der zwischen Ost und West entspannten Lage immer noch Konflikte zwischen Staatengruppen oder Staaten in dieser Welt geben wird. Dazu kommt heute die nicht zu unterschätzende Gefahr des Terrorismus. Sie ist länderübergreifend. Sie hat schon in Amerika, Asien und Europa zugeschlagen. Terroranschläge sind jederzeit und an jedem Ort auf der Welt möglich. Es geht wirklich nicht mehr nur um einen Ost-West-Konflikt. Klaus Kinkel hatte in seiner Antrittsrede als Präsident des BND – allerdings nur sehr bedingt – Recht.

Darum bedarf es weiterhin vorbeugender Mittel und Maßnahmen zur Verhinderung oder Begrenzung künftiger Konflikte. Das wissenschaftlich fundierte Erkennen sozialer, ökonomischer und politischer Entwicklungen, welche zu großen oder auch kleineren terroristischen Anschlägen führen können, bleibt weiterhin notwendig. Ohne wissenschaftlich fundierte Erkenntnisse über den Gegner werden Abwehrmaßnahmen meist zufällig bleiben oder aber zu spät kommen.

Zur Bekämpfung des Terrorismus ist heute eine systematische und ideologiefreie Forschung der verbündeten Staaten unerläßlich. Hier kann es auch zwischen Ost und West keinen Eisernen Vorhang mehr geben. Und hier können die abwehrenden Kräfte und Dienste durchaus aus ihren Erfahrungen im Kalten Krieg ihre Lehren ziehen. Damals wurde oft Schaden von einem Staat abgewendet, weil es dem abwehrenden Dienst gelungen war, Personen zu enttarnen, Bereitstellungsräume zu erkennen. Dies läßt sich in unserem Land an einigen Fällen gut darstellen. Man braucht hierbei nur die erfolgreichen Fälle unserer Spionageabwehr vor dem Ende des Kalten Krieges zu untersuchen.

Auch hier ein Fall für viele! In den 1970er und 1980er Jahren erregten in der Bundesrepublik einige Spionagefälle großes Aufsehen: neben dem Fall Guillaume, der zum Sturz von Bundeskanzler Willy Brandt führte, war dies vor allem der Fall Lutze, der großes Aufsehen erregte. Die Aufklärung dieses Spionagefalls war ein besonders gutes Beispiel für die erfolgreiche Aufklärungsarbeit des MAD. In diesem Fall hatten die präventiven Mittel der personellen Überprüfung bei der Erteilung der für ihre Tätigkeit erforderlichen Sicherheitsbescheide nicht greifen können, weil bei der Einstellung beider Personen in die Bundeswehr keinerlei Merkmale vorlagen, die eine Ablehnung der Einstellung gerechtfertigt hätten. Der MAD mußte davon ausgehen, daß Renate Lutze bei ihrer Einstellung noch nicht die Absicht hatte, eine Spionagetätigkeit auszuüben. Denn erst nachdem sie viel später ihren künftigen Ehemann kennengelernt hatte, der sich bereits dem östlichen Dienst verpflichtet hatte, boten sich beide in Ostberlin dem gegnerischen Dienst zur Mitarbeit an. Ihre Sicherheitsbescheide hatten sie damals schon lange in der Hand. Dieser Fall gewann seine besondere Brisanz dadurch, daß Frau Lutze sich inzwischen eine Vertrauensstellung als Sekretärin und Vorzimmerdame eines Abteilungsleiters in einem Bonner Ministerium erworben hatte.

Der MAD erhielt eines Tages Hinweise aus dem Ministerium, die den Bearbeitern Anlaß gaben, den Werdegang des Ehepaares zu untersuchen und ihre Lebensverhältnisse einmal genauer unter die Lupe zu nehmen.

Bei der Überprüfung stellten meine Mitarbeiter fest, daß es für den aufwendigen Lebensunterhalt mit dem Besitz eines Eigenheims und teuren Kraftfahrzeugen sowie Reisen nach London keine glaubwürdigen Erklärungen gab. Nun sind Haus- und Grundbesitz und teure Autos heute in der Bonner Wohlstandsgesellschaft nichts Außergewöhnliches. Da gibt es schon andere Auffälligkeiten. Aber immerhin! Man ging der Sache einmal nach. Denn im Vorzimmer eines Abteilungsleiters sollte doch eine Dame Dienst tun, die für Integrität, Verschwiegenheit und Zuverlässigkeit volle Gewähr bot. Nun, Frau Lutze wurde bei der Überprüfung auffällig.

Die Vorgesetzten von Frau Lutze konnten nicht ahnen, daß sie es lange Zeit mit einer Spionin zu tun hatten, die sehr fleißig nach Ost-Berlin berichtet hatte. Als schließlich die Verratstätigkeit aufgeklärt werden konnte, waren besagte Vorgesetzte sehr unangenehm berührt und mußten sich in peinlichen Untersuchungen ebenso unangenehmen Fragen stellen, die sich auch mit ihrem eigenen Verhalten befaßten.

Bei den Untersuchungen durch den MAD hatte sich schließlich erwiesen, daß sich beide Ehepartner aufgrund der Nichteinhaltung von dienstlichen Vorschriften und einem sehr großzügigen Umgang mit den Sicherheitsvorschriften im Ministerium relativ sicher fühlten und somit nahezu alles verraten wurde, was in ihre Hände geriet. Ihre Zugangsmöglichkeiten zu Verschlußsachen fanden die Mitarbeiter des MAD am Abschluß der Untersuchung schon sehr erstaunlich. Das war mehr als Leichtsinn.

Bei der Untersuchung durch den MAD schwiegen alle Personen beharrlich, so daß die nachrichtendienstlichen Zusammenhänge und der Verratsumfang in mühevoller Kleinstarbeit aus den vorhandenen Beweismitteln und Indizien rekonstruiert werden mußte.

In diesem Spionagefall war Lothar Erwin Lutze die Schlüsselfigur. Er war vermutlich bereits während seiner vierjährigen Bundeswehrdienstzeit durch die Abteilung IV der Hauptabteilung Aufklärung der NVA (Markus Wolf) angeworben und darauf nachrichtendienstlich durch schriftliche Erklärung verpflichtet worden. Nach dem Ausscheiden aus der Bundeswehr hatte er bei verschiedenen zivilen Firmen gearbeitet und dort seine Verratstätigkeit fortgesetzt. Seine Frau hatte er nach der Heirat im Jahre 1972 in seine Verratstätigkeit einbeziehen können.

Sein Einkommen aus dieser Verratstätigkeit belief sich nach seiner Einarbeitungszeit auf monatlich 3.000 D-Mark. Hinzu kamen von Zeit zu Zeit Erfolgsprämien für „besondere Verdienste". Wenn auch in diesem Fall, wie in vielen anderen, der gesamte Umfang der Verratstätigkeit nicht erfaßt werden konnte, so war doch der Schaden ganz erheblich.

Neben Geheimnissen aus dem täglichen Dienstbereich hat das Ehepaar Lutze auch Staatsgeheimnisse in einem erheblichen Umfang an den Dienst von

Markus Wolf verraten. Davon war in mehreren Fällen auch die NATO betroffen. Als sicher kann gelten, daß die Erkenntnisse des DDR-Dienstes nach Moskau zum KGB weitergeflossen sind.

Die Aufdeckung des Falls Lutze war nicht einem Zufall zu verdanken. Durch systematische Arbeit in Kooperation mit dem Verfassungsschutz wurde zunächst das illegale Residentenpaar G. festgenommen. Die dabei vorgefundenen zahlreichen Beweismittel und die schnelle Reaktion des MAD führten in Zusammenarbeit mit dem Bundeskriminalamt zur Identifizierung des Ehepaares Lutze und zu ihrer anschließenden Festnahme.

Der Fall Lutze bestätigte die alte These, daß es eine absolute Sicherheit nicht gibt. Das schwächste Glied in der Kette aller vorbeugenden Maßnahmen ist der Mensch. Wenn die bestehenden Vorschriften und Weisungen befolgt werden und die Kontrolle der Sicherheitsmaßnahmen gründlich und umfassend durchgeführt wird, ohne zur Routine zu erstarren, dann ist möglichem Verrat ein wirksamer Sicherheitsriegel vorgeschoben. Vertrauen zum Mitarbeiter ist einer der elementaren Grundsätze bei der Menschenführung. Mißtrauen ist nicht geeignet, die Sicherheit zu gewährleisten. Eine natürliche Wachsamkeit gegenüber Sicherheitsbelangen sollte dagegen von allen Mitarbeitern kultiviert werden. Dieser Grundsatz gilt bei der Bekämpfung von Spionage wie bei der Abschirmung sicherheitsgefährdeter Bereiche.

Kissinger, vormals Außenminister der USA, hat einmal gesagt: „Abschreckung verlangt Macht sowie die Bereitschaft, sie zu nutzen, und außerdem beim Gegner das Bewußtsein, daß beides auf der anderen Seite vorhanden ist." Nach Kissingers Auffassung ist Abschreckung nicht die Summe dieser genannten Faktoren, sondern ein Produkt aus ihnen. Sinkt einer dieser Faktoren auf null, wird Abschreckung wirkungslos.

Dieser Grundsatz hat seine Gültigkeit im kalten wie im heißen Krieg. Ohne eine wirksame Abschreckung wird auch der terroristische Kampf leichter gewagt werden können, denn ohne Abschreckung, die allerdings glaubhaft sein muß, sinkt das Risiko für den Angreifer. Er bewahrt sich einen größeren Spielraum. Vieles läßt sich aus der Auseinandersetzung mit militärischen Kräften durchaus für den Kampf mit dem terroristischen Feind ableiten. Auch für ihn bleibt der Faktor Risiko von großer Bedeutung im Kampf mit dem Gegner.

Die subversiven und konspirativen Kräfte des Terrorismus aller Schattierungen, denn es gibt auch hier keine einheitliche und geschlossene Form, wirken heute ganz erheblich auf die Spannungsfelder in der Welt ein. Nichts hat absolute Sicherheit.

Angesichts der Qualität und Quantität moderner Kampfmittel und Waffensysteme bis hin zum nuklearen Kleinstsprengkörper kann es solche Sicherheit nicht mehr geben. So müssen die Staaten verstärkt bemüht sein, so viel Sicherheit wie möglich durch Verträge zu schaffen.

Der geneigte Leser erlaube dem Autor an dieser Stelle eine kleine Abweichung. Mao Tse-tung hat im Jahre 1975 deutschen Besuchern in Peking gegenüber erklärt, daß er vier deutschen Philosophen einen großen Teil seiner Weltanschauung verdanke, nämlich Hegel, Marx, Engels und Ernst Haeckel. Haeckel schien in aufschlußreicher Weise einen weißen Fleck in Maos Denkbild auszufüllen. Für Marx und Engels endete die Geschichte der Konflikte auf der Welt mit dem Sieg der proletarischen Revolution. Das erstrebenswerte Endziel war die klassenlose Gesellschaft.

Haeckel dagegen lehrte, daß in der Weltentwicklung weder ein bestimmtes Ziel noch ein bestimmter Zweck im Sinne menschlicher Vernunft nachzuweisen ist und demzufolge niemals auf der Welt ein Endzustand erreicht werden könne.

Mao Tse-tung folgte dieser Auffassung. Ihm wurde der Zugang zu der westlichen Denkweise dadurch erleichtert, daß Haeckel wie die Chinesen von alters her einer monistischen Philosophie verhaftet war. Der Gegensatz hierzu sind die jüdisch-christlichen Traditionen des Dualismus: hier Gott und Welt, dort Geist und Materie.

Bereits im Jahre 1958 hatte Mao geäußert, daß die kommunistische Gesellschaft einen Anfang und ein Ende haben wird. So gehört Mao in mancherlei Beziehung mehr in die Nachfolge von Hegel und Haeckel als in die von Marx und Engels.

Die Frage sei mir erlaubt, ob die beiden jungen Wissenschaften der Politologie und der Soziologie – inzwischen, als dem vergangenen Jahrhundert zugehörend, veraltet – die notwendigen Analysen vorgenommen haben, um diesen fundamentalen Gegensatz zwischen Maoismus und orthodoxem Kommunismus zu identifizieren und für die eigene Theoriebildung nutzbar zu machen. Ich denke nein.

So sehr ich hier eine interdisziplinäre Forschung befürworte; dem „Mehr" an geistiger Auseinandersetzung und Beschäftigung mit dem realen Gegner sollte auch ein „Mehr" an Kooperation zwischen denjenigen Staaten korrespondieren, die durch eine gleichartige Gefährdung natürliche Bündnispartner sein müßten. Diese Gefährdung ist heute durch Terrorismus gegeben; geboten ist hier eine Auseinandersetzung auf allen Schlachtfeldern.

Im neuen Weißbuch (2006) zur Sicherheitspolitik Deutschlands und zur Zukunft der Bundeswehr legte der Bundesminister der Verteidigung die Gedanken der Regierung – die Bundeskanzlerin Angela Merkel hat dazu in geistiger Übereinstimmung mit dem Minister ihr Vorwort geschrieben – zur neuen deutschen Sicherheitspolitik vor. Die deutsche Regierung setzt nach Auffassung der Kanzlerin bei der Sicherheitspolitik auf Verhandlungslösungen und will versuchen, Krisen bereits im Vorfeld zu entschärfen. Dieses Weißbuch ist zweifelsohne ein sehr lesenswertes Werk, das allerdings im Hinblick auf die innere Sicherheit keine Aussagekraft hat. Innere Sicherheit, so offensichtlich die Auffassung der Bundesregierung, sei Sache des Bundesministers des Inneren. Es bleibt zu hoffen, daß der Minister in der Stunde höchster Gefahr über eine ausreichende Streitmacht zur Bekämpfung des Terrorismus verfügt.

Bundeskanzlerin Angela Merkel sieht in der Bundeswehr „eines der Instrumente zur erfolgreichen Abstimmung einer vorausschauenden und nachhaltigen, letztlich erfolgreichen Sicherheitspolitik". Die Kanzlerin hofft und wünscht, „daß das vorliegende Weißbuch einen Impuls für eine breite gesellschaftliche Debatte darüber geben wird, wie Deutschland seine Sicherheit in Frieden und Freiheit auch unter den bestehenden Bedingungen des 21. Jahrhunderts erfolgreich schützen kann". Es hätte dem Soldaten allerdings gut getan, wenn auch die Kanzlerin „allen Soldatinnen und Soldaten", wie Verteidigungsminister Franz Josef Jung es in seinem Vorwort zu dem Weißbuch, „... für das Erreichte" gedankt hätte. Besser noch wäre es gewesen, „... den Soldaten für den Einsatz ihres Lebens zum Schutze und zur Sicherheit unseres deutschen Vaterlands" zu danken. Oder ist dies zu pathetisch und damit nicht mehr zeitgemäß? Doch vielleicht ist überhaupt jede kritische Anmerkung unnötig, denn diesen Dank spricht doch sicher jeder Kommandeur den ihm anvertrauten Soldaten aus. Diesen Dank erwarten die Soldaten.

Der Militärische Abwehrdienst ist in dem Weißbuch nur sehr kurz – aber immerhin – erwähnt, fast so, als gehöre er nicht zu einem wesentlichen Teil der Streitkräfte. Der Minister stellt in dem Buch fest, und zwar ohne den Dienst selbst zu erwähnen:

Das Amt für den Militärischen Abschirmdienst, das Amt für Militärkunde, das Personalamt der Bundeswehr sowie die neu aufzustellende Stammdienststelle der Bundeswehr und der Deutsche Militärische Vertreter bei NATO und Europäischer Union sind aufgrund ihrer besonderen Aufgaben dem Stellvertreter des Generalinspekteurs und Inspekteur der Streitkräftebasis unmittelbar unterstellt.

Es folgt keine Erläuterung des militärischen Auftrags. Wo bleibt eigentlich hier neben dem sicherlich ganz wichtigen Amt der Dienst der Soldaten und zivilen Mitarbeiter im MAD?

Nützlich für die künftige Arbeit des Dienstes wäre eine Spezifizierung des Auftrags, denn wo der militärische Auftrag nicht festgelegt ist, da bleibt vermutlich Freiraum für seine Auslegung durch die Vorgesetzten. Das muß – leider – vermutet werden.

In ihrem Beitrag zum Weißbuch stellt die Bundeskanzlerin fest, daß Deutschland und Europa vor bedeutsamen sicherheitspolitischen Herausforderungen stehen. „Wir müssen uns den Bedrohungen stellen, die sich aus dem internationalen Terrorismus, der Verbreitung von Massenvernichtungswaffen, regionalen Konflikten und der organisierten Kriminalität ergeben", stellt sie fest. Hier also läßt sich letzten Endes ein Bezug zu den Aufgaben des Militärischen Abschirmdienstes herstellen. Sich den Bedrohungen zu stellen, heißt, ihnen zu begegnen. Und für den erwünschten Erfolg braucht man zuallererst ein Lagebild, was Informationen voraussetzt. Und diese kauft man selten auf einem iranischen Basar. Also wird eine frühzeitige Aufklärung benötigt.

Am 31. März 1985 wurde ich durch den Bundesminister der Verteidigung in den einstweiligen Ruhestand versetzt. Mir war in diesem Augenblick sehr bewußt, daß dieser Abend den bedeutenden Abschnitt meines Lebens beendete. Bei dem anschließenden Empfang, auf dem ich viele gute Worte zu hören bekam, kam kurz vor Schluß der Vertreter der sowjetischen Botschaft, ein Polkownik (Oberst), auf mich zu. „Herr General", sagte er, „ich habe Ihnen die besten Grüße aus Moskau von Generalmajor Knirkow zu übermitteln. Er wünscht Ihnen viel Glück! Und er sagte auch, daß seine Einladung immer noch gilt." ... Offensichtlich haben die Russen gutinformierte Dienste.

Die Karten werden neu gemischt

Das Forschungszentrum für Friedenssicherung

Mit dem Ausscheiden aus dem aktiven Dienst hört der Soldat nicht auf, militärisch zu denken. Die Sicherheitspolitik seines Landes entläßt ihn nicht aus seiner Verpflichtung für sein Land; so nimmt er teil an allem, was „danach" noch geschah. Ich engagierte mich in der Sicherheitspolitik auf eine besondere Art und Weise, in dem ich in Anlehnung an die Universität Würzburg das Forschungszentrum für Friedenssicherung gründete und sechs Jahre als dessen Direktor arbeitete. Mit Gründung der Gesellschaft für die Einheit Deutschlands engagierte ich mich mit ganzer Kraft für die Wiederherstellung der Einheit unseres Vaterlandes. Schon 1999 kamen die ersten Bürger der damaligen DDR als aktive Mitglieder zu uns. Heute liegt der Anteil der Mitglieder aus den neuen Ländern bei mehr als 50 von Hundert. Im Präsidium sitzen Mitglieder aus alten und neuen Ländern und arbeiten harmonisch zusammen. Seit Gründung der GED wurden von mir 73 deutschland- und sicherheitspolitische Tagungen konzipiert und in allen Ländern – in Nordrhein-Westfalen wie in Mecklenburg-Vorpommern, in Bayern und Sachsen, in Thüringen und Berlin – durchgeführt.

Der Chronist kann nicht aufhören, das zu tun, was er in seinem nunmehr 83. Lebensjahr als seine Pflicht verstanden hat. So setzt er seine im Jahre 1985 begonnene Arbeit für die Vollendung der Einheit Deutschlands weiter fort.

Über den Krieg oder kriegerische Operationen der Gegenwart läßt sich trefflich streiten. Über die Rechtmäßigkeit von Kampfeinsätzen ohne Kriegserklärung, natürlich, auch über Sinn und seine Unvermeidbarkeit. Und viele Meinungen prallen auch in Deutschland aufeinander. Obwohl sich die Lage mit Bildung der Großen Koalition doch ganz erheblich positiv verändert hat, ist die Lage zu ernst, um diese Kriege der Gegenwart parteipolitisch auszunutzen. Wir Deutsche würden einen großen Fehler machen und uns selbst schaden, wenn wir aus allgemeiner Ablehnung des Krieges und der Distanz zur westlichen Führungsmacht unser bisher gutes Verhältnis zu den USA beschädigen würden, um einen eigenen Weg zu suchen. Dieser Weg muß in einer Sackgasse münden.

Niemand in Berlin muß dem Präsidenten der USA seine Zustimmung zu seinen militärischen Operationen bekunden. Man kann ihn kritisieren, wie man vor Jahrzehnten Präsident Nixon und andere kritisieren konnte. Die USA haben im Laufe ihrer Geschichte auch viel Schuld auf sich geladen. Aber heute Bush zu verurteilen und gleichzeitig andere – wie seinerzeit den irakischen Präsidenten – zu rechtfertigen, ist nicht angebracht, denn es kann nicht im deutschen Interesse liegen. Unser Land darf in der Weltpolitik das Mittel der Diplomatie nicht aus der Hand legen.

Der vorschnelle, sorgsam inszenierte Vorstoß des damaligen Bundeskanzlers Gerhard Schröder in Goslar vor dem Irak-Krieg hatte verheerende Folgen, und lange Zeit sah niemand Möglichkeiten, wie das deutsch-amerikanische Verhältnis wieder repariert werden könnte. Daß Präsident Bush den deutschen Kanzler seit seinen Bekundungen zum Irak-Krieg und der definitiven Ablehnung jeglicher Hilfe für die USA und die UN offensichtlich über einen langen Zeitraum geschnitten oder sogar ignoriert hat, kann man kritisieren, man muß es als Faktum in das Kalkül einer politischen Lagebeurteilung aber einbeziehen. Nach dem, was und vor allem wie es geschehen ist, konnte man sich einen Weg zurück zur Normalität zwischen den beiden Staatsmännern nicht mehr vorstellen. Zu tief war der Graben und zu schmerzhaft die Verletzungen, die die Vereinigten Staaten durch ihren besten Freund in Europa hinnehmen mußten.

Im Fall Irak war es richtig, daß Deutschland sich nicht mit dem Einsatz von Truppen beteiligte. Zu beanstanden ist die ungeschickte und undiplomatische Art der Kommunikation dieser Entscheidung. Indirekt gab es aber doch bestimmte und verdeckte Unterstützungsaktionen vor allem auf dem Gebiet der Ausbildung.

Die bürgerkriegsähnlichen Zustände im Irak haben ein häßliches Gesicht. Jeder Tag bringt neue Opfer. Sie alle sind zu beklagen und müssen Verpflichtung für alle Länder sein, künftig alles zu tun, um den Krieg zu humanisieren, und falls er nicht zu verhindern ist, ihn sobald wie möglich zu beenden. Bei der Neuordnung danach darf Deutschland nicht wieder im Abseits stehen.

Eine besondere Verpflichtung hat Deutschland im Hinblick auf den Nahen Osten; das ist die neue Herausforderung für unser Land, auf die wir nun unsere Kräfte konzentrieren sollten. Es geht um Hilfe beim Wiederaufbau und der Versorgung der Bevölkerung für das stark zerstörte Land im Nahen Osten. An dem Ausmaß unsere Hilfe für die Menschen dort wird Deutschland einmal gemessen werden, nicht an der Zahl der Demonstranten gegen die USA.

Die Deutschen haben nach dem Zweiten Weltkrieg viele Jahre in großer Not leben müssen. Der Verlust von einem Viertel des Staatsgebietes, das Elend von rund 15 Millionen Vertriebenen, die zerstörten Städte und demontierten Fabrikanlagen, dies alles war eine Last, die kein anderes Land nach einem Krieg zu tragen hatte. Gemessen an den Kriegszielen der Alliierten hatte Deutschland aber – begünstigt durch seine geostrategische Lage zwischen Ost und West – auch viel Glück. Heute gibt es erste Anzeichen dafür, daß dieses Glück nicht von Dauer sein muß. Dies sollte deutsche Politik im Blick behalten.

Deutschland hat im Inneren große Probleme und scheint diese schlechter lösen zu können als andere Länder in einer ähnlichen Lage. Andere Länder hatten aber auch weniger unter den Folgen des Krieges zu leiden, und kein Land hatte die Aufteilung seines Staatsgebietes auf viele Jahre zu erdulden. Als die Mauer fiel, standen die Deutschen erneut vor einem Scherbenhaufen. Freude und Glück waren natürlich groß, aber heute scheint das nahezu vergessen. Wer hätte gedacht, daß fünfzehn Jahre nach Wiederherstellung der deutschen Einheit ein alter kommunistischer Kader der umbenannten SED dem Deutschen Bundestag als Vizepräsident vorsitzt? Wer hätte gedacht, daß sich heute einst führende Köpfe des Ministeriums für Staatssicherheit in die Öffentlichkeit wagen und die Untaten des MfS schlicht leugnen?

Die Welt befindet sich in einem Prozeß großer Veränderungen von globalem Ausmaß. Hinzu kommt die Last der Naturkatastrophen. In Europa – wie überall in der Welt – werden im Spiel der Mächte die Karten neu gemischt. Im Verhältnis Deutschland zu den USA setzte diese Neuverteilung der Karten – wie bereits dargelegt – mit der Rede des Bundeskanzlers Gerhard Schröder auf dem Marktplatz in Goslar ein, als er völlig undiplomatisch dem amerikanischen Präsidenten George W. Bush sein Nein zur US-Politik gegenüber dem Irak entgegenwarf. Dabei war es gar nicht nötig, dieses harte Nein ohne Konsultation, ja ohne Wissen des eigenen Außenministers auszusprechen. Bis dahin hatte doch niemand aus der US-Regierung die Deutschen gebeten, an ihrer Seite gegen den Irak in den Krieg einzutreten. Das war der erste politische Fehler, dem andere folgten, was nicht nur die persönliche Beziehung zwischen Bush und Schröder Belastungen unterwarf. Die US-Amerikaner fühlten sich herausgefordert. Das ist schlimmer als ein zorniger Präsident.

Heute gibt es erste Hinweise dafür, daß die großen europäischen Basen Grafenwöhr und Baumholder nicht mehr die große Bedeutung für die USA zu haben scheinen wie bisher. Amerika prüft die Möglichkeiten eines strategischen Ersatzes in Polen im übrigen auch für das SDI-Projekt.

Die Runde der großen Spieler am runden Tisch der Weltpolitik hat sich erweitert, und die Bundesregierung hat es nicht gemerkt. Seit Schröders Rede in Goslar im Januar 2003 sitzt Polen mit am Spieltisch und wenig auffallend im Hintergrund auch Rußland. Im Spiel der Mächte war die deutsche Karte über Jahrzehnte von besonderer Bedeutung. Ist sie das heute auch noch?

Und der deutsche Soldat? – „Die besten Soldaten der Welt?" – Deutsche Soldaten, ein paar tausend, fahren in leicht gepanzerten Fahrzeugen Streife in Afghanistan vorbei an blühenden Mohnfeldern. In von Rußland gecharterten Militärmaschinen werden sie von Deutschland nach Afghanistan transportiert und wieder zurück. Von ihrer Stärke und Ausrüstung her sind diese Soldaten jedenfalls für niemanden eine Bedrohung. Das soll natürlich auch so sein. Das ist Sicherheitspolitik im Jahre 2006.

Die Bedeutung der äußeren Sicherheit für Deutschland

Bei allen großen Problemen, die in unserer Zeit zu lösen sind, behält die Außen- und Sicherheitspolitik weiterhin ihren hohen Rang. Die Minister kommen und gehen, die Grundlinien deutscher Außen- und Sicherheitspolitik aber sind nicht veränderbar. Jedenfalls so lange nicht, wie es eine demokratische Regierung in Deutschland gibt. Auch die Grünen haben ihr Bild vom Deutschland der Zukunft zu den Akten legen müssen. Außen- und Sicherheitspolitik ist kaum veränderbar. Es gibt keine Alleingänge unseres Landes auf diesem Feld der Politik. Die Karte einer eigenständigen nationalen Politik sticht nicht mehr. Das mag für die Nuklearmächte allerdings nur begrenzt gelten. Denn der Staat, der im Besitz einer nuklearen Waffe ist, hat im Spiel der Mächte einen Trumpf in der Hand.

Die Bedeutung der Außen- und Sicherheitspolitik wurde besonders im Prozeß der deutschen Einheit sichtbar. Die Alliierten, wie die damalige Sowjetunion, gaben für die staatliche Einheit Deutschlands erst dann grünes Licht, als die außenpolitischen Bedingungen der Wiedervereinigung geregelt und die Fragen der europäischen Sicherheit geklärt waren, einschließlich der Begrenzung der Bundeswehrstärke. Das scheint heute vergessen zu sein.

Welche Bedeutung der äußeren Sicherheit weiterhin zukommt, wird uns nahezu täglich durch die Ereignisse auf dem Globus deutlich gemacht. Von der äußeren Sicherheit hängt unsere künftige Entwicklung im gleichen Maße ab wie vom Fleiß der Menschen in unserem Land.

Die deutsche EU-Ratspräsidentschaft hat in der ersten Hälfe des Jahres 2007 die Prioritäten auf Zeit verändert und die europäische Energiepolitik in den Vordergrund der Gespräche gerückt. Dies war die Folge der aktuellen Diskussion um die dramatische Klimaverschlechterung in kürzester Zeit. Auch diese Diskussion wird begleitet von der Sorge um die Sicherheit in der Welt.

Die NATO hat über ihre künftige Strategie am Beginn des 21. Jahrhunderts entschieden. Das strategische Konzept wurde an die neuen Bedingungen nach Auflösung der Blöcke angepaßt. Die Bündnisverteidigung behält auch in der neuen Konzeption ihre Priorität. Dabei ist die reine Landesverteidigung schon geraume Zeit aufgegeben. Die entscheidende Frage – ausgehend vom neuen Konzept – ist die nach der Gewichtung der Aufträge. Eines scheint sicher: Die NATO wird sich in Zukunft stärker als bisher auf den afrikanischen Kontinent konzentrieren. Darauf deuten die jüngst getroffenen Entscheidungen hin. Und sie wird militärische Einsätze auch ohne die USA nicht mehr ausschließen.

Dabei ist es wichtig, daß der Kern unserer Werte- und Verteidigungsgemeinschaft unverändert bleibt, nämlich die transatlantische Partnerschaft und Solidarität im Bündnis. Eine Solidarität, die nationale Egoismen überwindet. Denn diese gibt es noch zur Genüge.

Zugleich werden die Konturen der europäischen Sicherheits- und Verteidigungspolitik einer immer stärker zusammenwachsenden Europäischen Union hervortreten.

Deutschland hat die Chance, die Entwicklung der europäischen Sicherheitsstrukturen zu beeinflussen und aktiv mitzugestalten. Wir müssen einen entscheidenden Schritt auf dem Weg zu dauerhaft tragfähiger Stabilität und Sicherheit im euroatlantischen Raum vorangehen. Darum geht es heute nämlich um nichts anderes als den Erhalt von Stabilität und Zukunftssicherung.

Stabilität entsteht natürlich dort am schnellsten, wo Demokratie und Menschenrechte gelten, wo es wirtschaftliche Wohlfahrt und soziale Gerechtigkeit gibt und wo benachbarte Staaten friedlich und gut zusammenarbeiten.

Seit dem Zweiten Weltkrieg wissen die Völker, daß heute kein Land in der Lage ist, sich selbst gegen alle äußeren Gefährdungen zu verteidigen, mögen diese offen oder verdeckt sein. Weil die Regierenden dies erkannten, wuchs der Graben zwischen den Ländern Europas zu und kamen die Völker der Einheit näher. Und über unseren Kontinent hinaus hat sich die Welt verändert. Dies ist der wahre Fortschritt der Menschheit in unserer Zeit. Kein Land, so haben wir es oft gehört, ist in unserer Zeit in der Lage, seine eigene Sicherheit alleine zu gewährleisten. Das ist ein Faktum, was uns weiter antreiben sollte zu einem Mehr an Einheit, wie auch zur Überwindung all dessen, was die Völker heute noch trennt. Sind wir auch von der Vollendung der Einheit entfernt und von der Einheit Europas ebenso, so muß dies unser aller ernsthaftes Bestreben werden: Frieden den Völkern durch Einheit!

In der Herbstsonne an den Ufern von Elbe und Este

Die Welt hat sich verändert im Laufe eines halben Jahrhunderts wie kaum zuvor. Was die Menschen in Ost und West sich bei Ende des Zweiten Weltkrieges nicht hätten vorstellen können, ist heute politische Realität. Der russische Präsident, der fließend deutsch spricht, umarmt seinen deutschen Kollegen in Berlin, Dresden oder Petersburg. An die Stelle abgrundtiefen Hasses ist Freundschaft getreten. Und diese sichtbare Freundschaft ist keine Show, obwohl bei jeder Politikerfreundschaft Showelemente mit im Spiel sind. Doch im Verhältnis zu Rußland ist ein Unsicherheitsfaktor zu beachten, der beim angekündigten Einfrieren des Abrüstungsvertrages im Bereich der konventionellen Waffen durch Wladimir Putin sichtbar wurde.

Dort, wo in Cranz im Alten Land die Este träge in die Elbe fließt, gleich hinter der Werft, unterhalb der Straßenbrücke über die Este, gibt es ein Plätzchen, an dem der „alte Soldat" immer wieder einmal sitzt und auf das gegenüberliegende Ufer blickt und träumt. Vorne links am anderen Ufer, da ist der Süllberg, mit Blankenese zu seinen Füßen und dem kleinen Leuchtturm. Der Blick schweift in großem Bogen von Schulau über das ganze Ufer vor Blankenese nach rechts herüber, bis er auf den Aufschüttungen für das Airbus-Gelände verharrt. Dort endet die Weite des Blicks des Mannes am Ufer. Hier sitzt er oft und blickt in die Vergangenheit. Hier gab es im vergangenen Jahrhundert zwei große Sturmfluten, die mehrere hundert Menschen in die Tiefe der Elbe mit sich rissen; heute und hier hingegen herrscht Ruhe. Nur die Geräusche von der Straße stören die Idylle. Von Zeit zu Zeit wird die Zugbrücke angehoben, und ein Schiff fährt in die Elbe. Selten sind es große Schiffe. Das ist nur dann der Fall, wenn ein Schiff in der Sietas-Werft fertiggestellt worden ist und auf Probefahrt geht.

Der große Krieg liegt lange zurück, und ein neuer großer Krieg ist – zumindest in Europa – wohl nicht in Sicht. Zumindest ein Krieg der alten Art, mit großen Panzerverbänden und schwerer Artillerie. Aber die Welt will keine Ruhe finden. Katastrophe reiht sich an Katastrophe und fordert Tausende von Menschenleben. Und es wird immer noch mit Waffen gekämpft, zum Teil mit größerer Grausamkeit als je zuvor. Sie morden im Namen ihres Gottes, und sie sterben in seinem Namen. Was ist das für ein Gott, vor dem sie sich auf den Boden ihrer Gebetshäuser werfen, um gleich danach Junge und Alte, Frauen und

Kinder und sich selbst zu morden? Naher, Mittlerer und Ferner Osten sind keineswegs zu Zonen des Friedens geworden. Hier könnten – sicherlich nicht über Nacht – Entwicklungen entstehen, die sich zu einer neuen Bedrohung auswachsen könnten. Wäre die Welt auf eine umfassende Veränderung der internationalen Lage vorbereitet?

In Spekulationen will sich der alte Mann an der Elbe nicht ergehen. Doch wohin werden in fünfzig Jahren die Brigaden marschieren? Rußland und China haben eine weitgreifende militärische Zusammenarbeit aufgenommen, die noch vor 20 Jahren nicht vorstellbar war. Gemeinsame Manöver aller Teilstreitkräfte im großen Umfang deuten auf gemeinsame Interessen hin. Alles fließt, das war vor zweitausend Jahren so, und so wird wohl auch in hundert Jahren sein.

Deutschland hat sich mit seiner Lage und seiner Rolle in der Welt abgefunden. Es ist eingebunden in Bündnisse, aus denen es sich nicht lösen wird, ja auch nicht lösen kann. Wohin aber richtet sich der Blick der Bündnisse, der NATO und der EU? Träume von einem besonderen deutschen Weg, dem in Deutschland wenige Menschen nachhängen, werden Träume bleiben, das zeigten zum Beispiel die Wahlen zum Deutschen Bundestag im Jahre 2005. Wichtig ist, ob die deutsche Karte im Spiel der Mächte ein As oder Karo 7 zeigt.

Die 15. Legislaturperiode des Deutschen Bundestages (2002–2005), die von der rot-grünen Regierung knapp gewonnen werden konnte, schien eine Wende in der Außenpolitik zu markieren, was von den führenden Politikern wohl nicht erkannt wurde. Was ist das aber für eine Politik, wenn ein Kanzler Entscheidungen über Krieg und Frieden trifft, ohne vorher seinen Außenminister konsultiert zu haben? Wie, so ist zu fragen, wird eine derartige Politik von Freunden und Verbündeten bewertet?

Wird die deutsche Außenpolitik verläßlich bleiben, wie wir es seit Gründung der Bundesrepublik Deutschland gewohnt sind? Helmut Schmidt hat in seiner Zeit als Bundeskanzler wiederholt die Forderung gestellt, daß deutsche Politik verläßlich sein müsse. In den 1980er Jahren wurde das auch so von Freunden und „Nichtfreunden" eingeschätzt. An dieser Einschätzung deutscher Politik darf sich nichts ändern.

Die NATO befindet sich in einem Prozeß der Neuorientierung ihrer Strategie auf nahezu allen Feldern. Da sich die Lage in der Welt – nicht nur auf dem europäischen Kontinent – seit 1990 grundlegend verändert hat, muß sich die Sicherheitspolitik mit ihrer Strategie diesen Veränderungen anpassen.

Der alte General am Ufer der Elbe sieht die Stationen seines Lebens an sich vorüberlaufen wie in einem Film. Seit vielen Jahren steht er außerhalb seiner Verantwortung für diejenigen Soldaten, die ihm auf Zeit von seinem Land anvertraut waren. Er kann sich nicht lösen aus seiner Bindung an den Beruf, denn „Soldat sein" ist eben doch kein Beruf wie jeder andere. Soldaten sind Dienende. Gewiß, auch Polizisten und Feuerwehrleute dienen der Gemeinschaft. Aber es gibt doch Unterschiede zwischen dem Soldaten und dem Beamten. Polizisten haben eine Schwelle vor sich, die sie nicht überschreiten müssen. Der Soldat aber hat keine Wahl. Nur wenn er seine Aufgabe richtig als edlen Dienst für sein Land begriffen hat, wird er bereit sein zum letzten Einsatz, nämlich dem seines eigenen Lebens. Er wird – wenn es unvermeidbar ist – zu seiner Waffe greifen und von ihr Gebrauch machen. In den Sekundenbruchteilen, in denen er dann entscheiden muß, wird der Soldat keine Zeit für Überlegungen finden. Er wird schießen, wie es seinerzeit schon mein US-Kamerad beim Kartenspiel in den Hammonds Barracks betonte.

Unser Land hat seit Gründung der Bundeswehr am 12. November 1955 am Prinzip der allgemeinen Wehrpflicht festgehalten. Es hat dabei immer Gegner der Wehrpflicht gegeben, doch die Mehrheit war dafür. Künftig wird man fragen müssen, ob diese Gründe noch stichhaltig sind, wenn der Soldat nicht mehr zu den Streitkräften gerufen wird, um das eigene bedrohte Land zu verteidigen, sondern wenn es in der Entscheidungsbefugnis internationaler Gremien liegt, ihn bei Bedarf in den Einsatz nach Afrika oder auch Südamerika zu schicken, um in fernen Regionen eine unsichere Lage zu stabilisieren.

Wo beginnt die legitime Verteidigung des eigenen Landes, und wo ist ihr Ende? Wer als Politiker das Leben junger Bürger einfordert, steht in der Pflicht, ihnen das begründen zu müssen. Hier gibt es seit Afghanistan einen Nachholbedarf. Es ist politisch leicht zu vertreten, daß wir unser Land auch am Hindukusch zu verteidigen haben. Gibt unser Grundgesetz das aber wirklich her? Wenn die Sicherheit unseres Landes ohne den Einsatz deutscher Truppen in Afghanistan gefährdet wäre, wäre dies ohne Zweifel keine Frage. Die Bewohner in dieser Region sind empfindsam. In der Regel treten sie dem deutschen Soldaten freundlich gegenüber, stecken ihm Blumen an den Kampfanzug. Doch es gibt wohl kein Volk, das auf Dauer seine Besatzer liebt und diese bittet, doch auf unbestimmte Zeit im Lande zu bleiben. Die Völker dieser Region lieben nichts so sehr wie ihre Freiheit.

Der Politik in Deutschland fällt es heute leicht, dem Soldaten Forderungen zu stellen, wenn es zweckmäßig erscheint. Dabei wird die Frage nach dem soldatischen Ethos kaum berührt. Die Frage wird nicht gestellt, welche sittliche und moralische Gesamthaltung der Bürger unseres Landes vom Soldaten erwartet, ja einfordern darf. Dieser Frage weicht man lieber aus. Der Soldat soll ja nicht anders sein als der Finanzbeamte, der vom Bürger die Steuern einfordert. Mut, Tapferkeit, Ehre und Treue, das seien – wie ein bekannter Fernsehpublizist formulierte – Tugenden aus faschistischer Zeit, von denen sich der Soldat der Bundeswehr lösen müsse. Hier zeigen sich Übereinstimmungen mit dem Urteil des Bundesverfassungsgerichts, nach dem man in Deutschland Soldaten immer noch pauschal als „Mörder" bezeichnen darf.

Am Elbufer entsteigt eine Gruppe Jugendlicher lautstark einem Bus, der vor der Brücke gehalten hat. Sie laufen über die Strasse zum Ufer herunter. Staunend beobachten sie, wie vor der Este-Mündung ein Segler schräg im Wind liegt und ein riesiger Frachter mit seiner Ladung Container die Elbe abwärts fährt. „Mann, ist das 'nen Pott!" meint einer der Burschen. Diese Jungen, denke ich, wahrscheinlich 16 Jahre alt, werden sich auch bald entscheiden müssen, so wie ich damals 1955 am Ufer des Rheines. Sie werden mit dem Einberufungsbefehl in der Hand Fragen nach dem soldatischen Ethos stellen. Welchen Antworten könnte ich ihnen auf ihre Fragen geben? Sie würden mich, den alten Soldaten, der hier über sein Leben nachdenkt, überhaupt nicht fragen. Es würde mir heute – unter den jetzigen Bedingungen – auch zuweilen schwerfallen, ihnen einen guten Rat zu geben.

War es schön, Soldat zu sein? Kommt es denn immer darauf an, ob es nur schön war, Soldat zu sein? Ist hier nicht eher die Frage nach der Pflicht des Bürgers zu stellen, sich zu seinem Land zu bekennen und es im Falle der Not auch unter Einsatz des eigenen Lebens zu verteidigen? Bejaht man die Frage, daß der Soldat ein Ethos braucht, wird man auch nicht darum herumkommen, sich einzugestehen, daß die Forderung an seine moralische Grundhaltung anders zu stellen ist als an den Busfahrer der Linie 373. Wenn vom Soldaten zum Schutze seines Landes der Einsatz des eigenen Lebens gefordert wird, dann sind auch dem Politiker Grenzen seiner Befugnis zuzuweisen. Man wird von ihm, dem Politiker, sittlich-moralisches Handeln verlangen dürfen.

Ich werfe noch einmal einen langen Blick auf das andere Ufer der Elbe. Ich lasse den Blick vom Leuchtturm in Blankenese nach rechts herüber bis zu den Ausläufern von Övelgönne und zum Airbuswerk vor Finkenwerder gleiten, wo am neuen „Airbus 380" gewerkelt wird. Einige große „Pötte" liegen im Strom. Segler kreuzen vor Blankenese, dazwischen einige Jachten und kleinere Boote. Es ist Leben auf der Elbe. Für den Augenblick vielleicht zu viel? Das Bild fasziniert mich. Man müßte es malen.

Dann aber ziehen vor meinen Augen Bilder meines Lebens vorbei. So wie es ein Ertrinkender erlebt. Ich weiß das, denn als Kind hatten mich beim Baden im Niedersee mehrere Jungen so lange unter Wasser gedrückt, bis ich mein Bewußtsein verloren hatte. Ein junger Arbeiter vom Sägewerk Anders hatte mich aus dem Wasser herausgezogen und gerettet. In dieser kurzen Zeit zwischen meinem ersten Leben und der Wiederbelebung sah ich damals im Zeitraffertempo dieses erste, noch kurze Leben vorüberziehen. Da war der Niedersee inmitten der masurischen Waldlandschaft. Die Kindheit im Hause der Eltern in einer Randsiedlung des Ortes ... und Allenstein, die Stadt meiner Geburt und frühen Kindheit. Die Stadt, in der im Treudank-Theater mein Entwurf eines Bühnenbildes zum 3. Akt der Oper „Freischütz" ausgestellt wurde, als ich 16 Jahre alt war. Dann folgten noch einmal Niedersee bis zum Ende der Volksschule und der Wechsel auf die Oberschule, die Behringschule in Hohenstein ...

... und dann kam der Krieg.

Auf der Deichkrone gehe ich langsam herüber zum Ufer der Este. Gleich hinter dem Sperrwerk steht auf dem Estedeich das Haus meiner Tochter. Aus dem

Haus führt der Garten, der zum Fluß hin immer enger wird und am Ufer kaum drei Meter breit ist, zum Fluß. Hier steht eine alte Bank, die in Hamburg zu meinem bevorzugten Ruhe-Platz geworden ist. Sehr selten ziehen hier Segler, Motorboote oder zuweilen auch Ruderer dahin. Es ist ein ganz kleines Stück Erde. Ein Platz, so recht zum Nachdenken geeignet. Ich beobachte die wenigen Schiffe auf dem Fluß, die Gänse und die Enten, die ganz niedrig über der Wasseroberfläche flogen und bin zufrieden mit der Welt.

Hier sitze ich nun, ein alter Mann, kein gebrochener Mensch, ganz gewiß nicht, aber auch nicht besonders stolz. Ich sitze hier, auf einen von einem polnischen Hirten handgeschnitzten Stock gestützt, auf einer Bank am Ufer der Este; ein General, der über sein Leben als Soldat, über das soldatische Ethos und die Frage, ob es schön war, Soldat zu sein, nachdenkt.

Die Zeit ist lang vergangen, als Soldaten Lieder auf den Straßen ihrer Garnisonstädte sangen. Mit der Erfahrung von zwei Weltkriegen im Tornister kann der Soldat nicht mehr von der Schönheit seines Dienens träumen. Es sollte sein Bewußtsein genügen: Ich diene der Sicherheit meines Landes. Das ist doch eine große Aufgabe und Herausforderung zugleich. Voll ermessen aber kann dies sicherlich nur jener, der das grausame Feuer des Krieges tatsächlich erlebt hat. Hier kommt durchaus die christliche Forderung, den Nächsten zu lieben, mit hinzu – was doch wohl auch heißt, ihm nach den eigenen Kräften Sicherheit zu gewährleisten. Der erste Mensch, der seinen christlichen Glauben bekannte, war ja ein römischer Soldat, der unter dem Kreuz einst erkannte: „Dies ist wahrhaft Gottes Sohn gewesen."

Über unseren Kontinent hinaus hat sich die Welt verändert. Dies ist der wahre Fortschritt der Menschheit in unserer Zeit. Kein Land, so haben wir es oft gehört, sei in unserer Zeit in der Lage, seine eigene Sicherheit alleine zu gewährleisten. Das ist ein Faktum, was uns weiter antreiben sollte zu einem Mehr an Einheit, wie auch zur Überwindung all dessen, was die Völker heute noch trennt. Weil wir auch von der Vollendung der Einheit im eigenen Land und von der Einheit Europas noch entfernt sind, sollte dies doch unser aller ernsthaftes Erstreben werden: Friede den Völkern durch Einheit!

Ein Schwarm von Vögeln zieht, von der Werft kommend, hoch über Elbe und Este in leicht gezogenem Bogen nach Südwesten. Es ist doch merkwürdig, denke ich, in welcher ausgezeichneten Ordnung sie in den Abendhimmel fliegen. Ein jeder Vogel hat seinen Platz und hält Abstand zum nächsten. Ziemlich genau nach rechts und links, nach vorne und nach hinten. Einer von ihnen aber fliegt voran und führt den Verband an. Was aber, wenn dieser Vogel ausfällt? Dann fliegt ein anderer statt seiner und hält Kurs!

Wer aber legt den Kurs fest? ... Und wer bestimmt Kurs und Ziel?

Als die heimkehrenden Soldaten im Jahre 1949 über die Weichselbrücke fuhren, sangen sie gemeinsam „Nun danket alle Gott!". Damals glaubten sie an Gottes Fügung und Gnade.

Anhang

Abkürzungsverzeichnis

AC	Amtschef
AFNORTH	Air Forces Northern/Alliierte Streitkräfte Nordeuropa
ASBW	Amt für Sicherheit der Bundeswehr
ATAF	Allied Tactical Air Forces (Alliierte taktische Luftstreitkräfte)
BALTSEA	Baltic Security Assistance Group (Geber-Koordinierung in der Ostsee)
BfV	Bundesamt für Verfassungsschutz
BKA	Bundeskriminalamt
BMVg	Bundesministerium für Verteidigung
BND	Bundesnachrichtendienst
CENTAG	Central Army Group Central Europe (Armeegruppe Europa-Mitte)
CINCENT	Commander in Chief Allied Forces Central Europe (NATO-Oberbefehlshaber Europa-Mitte)
CM	Counterman: Agent eines fremden Nachrichtendienstes, der in den Bereich eines Gegners eindringt, um über diesen und dessen Aktionen berichten zu können.
EADS	European Aeronautic Defence and Space Company
GASP	Gemeinsame Außen- und Sicherheitspolitik der EU
GI	Bezeichnung für einfache US-amerikanische Infanteriesoldaten, die im Zweiten Weltkrieg aufkam. Der Ursprung der Abkürzung liegt wohl bei den damals verwendeten Metallmülleimern, auf die „GI" für „Galvanized Iron" gestempelt war. Später wurde „GI" auf die Abkürzung „Government Issue" (Regierungseigentum) zurückgeführt, die auf US-Soldaten übertragen wurde.
GOp	Nachrichtendienstliche Gegenoperationen
GRU	Hauptverwaltung für Aufklärung beim Generalstab der Streitkräfte der Russischen Föderation
GUS	Gemeinschaft Unabhängiger Staaten
HVA	Hauptverwaltung Aufklärung der NVA
KBW	Kommunistischer Bund Westdeutschland
KGB	Komitee für Staatssicherheit
LANDCENT	Allied Land Forces Central Europe (Alliierte Landstreitkräfte Europa-Mitte)
LfV	Landesamt für Verfassungsschutz
MAD	Militärischer Abschirmdienst der Bundeswehr
MFR	Militärischer Führungsrat im Bundesministerium für Verteidigung
MfS	Ministerium für Staatssicherheit der DDR
MOE/SOE	Internationale Zusammenarbeit in Bildung und Forschung, Region Mittel-, Ost- und Südosteuropa
MWD	Ministerium für Innere Angelegenheiten (Ministjerstwo Bnutrinich Djel)
Napola	Nationalpolitische Lehranstalt; amtlich eigentlich NPEA: Nationalpolitische Erziehungsanstalt
NATO	North Atlantic Treaty Organization (Nordatlantische Allianz)
NPG	Nukleare Planungsgruppe
NVA	Nationale Volksarmee
PKG	Parlamentarisches Kontrollgremium; früher PKK: Parlamentarische Kontrollkommission
QRA	Quick Reaction alert (Status schneller Reaktion)
RAF	Rote Armee Fraktion
SDI	Strategic Defense Initiative
Tscheka	Außerordentliche Allrussische Kommission zur Bekämpfung von Konterrevolution, Spekulation und Sabotage
USAREUR	US Army Europe
UvD	Unteroffizier vom Dienst
VM	Vertraulicher Mitarbeiter zum Schutze vor feindlicher Spionage
WINTEX	Meist jährlich abgehaltene NATO-Übung

Dokumente

И. В. СТАЛИН

Кореиз, "11" февраля 1945 г.

Уважаемый г-н Рузвельт,

Получил Ваше письмо от 10 февраля. Я совершенно согласен с Вами, что, поскольку число голосов Советского Союза увеличивается до трех в связи с включением в список членов Ассамблеи Советской Украины и Советской Белоруссии, - следует также увеличить количество голосов для США.

Я думаю, что можно было бы довести количество голосов США до трех, как у Советского Союза и его двух основных Республик. Если это понадобится, я готов официально поддержать это свое предложение.

С глубоким уважением, *[подпись]*

Президенту Франклину Д. РУЗВЕЛЬТУ.
"Ливадия", Крым.

Koreis, 11. Februar 1945

Geehrter Herr Präsident!

Erhielt Ihren Brief vom 10. Februar. Ich stimme vollkommen mit Ihnen überein, daß – soweit sich die Zahl der Stimmen der Sowjetunion in Verbindung mit der Einbeziehung der Mitglieder der Versammlung der sowjetischen Ukraine und des sowjetischen Weißrußland auf drei erhöht – dies eine Erhöhung der quantitativen Stimmen für die USA zur Folge hat.
Ich denke, dies könnte für die USA die Quantität der Stimmen bis zu drei bringen wie bei der Sowjetunion mit ihren beiden Hauptrepubliken.
Wenn dieses Ihre Vorstellung ist, bin ich bereit, diesen Ihren Vorschlag zu unterstützen.

Mit tiefer Hochachtung! J. Stalin

An Präsident Franklin D. Roosevelt. „Liwadija", Krim

(Übersetzung: Autor)

Stalin-Brief zur Stimmrechtsfrage in den Vereinten Nationen an Präsident Roosevelt vom 11. Februar 1945 (Konferenz von Jalta vom 4. bis 12. Februar 1945 im Liwadija-Palais, der ehemaligen Sommerresidenz des letzten russischen Zaren Nikolaus II. Die US-Amerikaner waren im Liwadija-Palais, die Briten in der Villa Woronzow in Alupka und die sowjetische Delegation in der Villa Koreis untergebracht.) Auf der Konferenz in Dumbarton Oaks (August/September 1944) blieben die Fragen der Mitgliedschaft der Sowjetrepubliken sowie das Problem des Stimmrechts im Sicherheitsrat offen. Hier konnte erst auf der Jalta-Konferenz eine Einigung erzielt werden. Die Aufnahme aller 16 sowjetischen Teilrepubliken wurde zwar abgelehnt, dem Beitritt Weißrußlands und der Ukraine aber zugestimmt. Stalin stimmte dafür dem von den USA und Großbritannien vorgeschlagenen Stimmrecht zu. Dieses Stimmrecht („Jalta-Formel") besagt, daß bei Abstimmungen im Sicherheitsrat zwischen „Verfahrensfragen" und „sonstigen Fragen" differenziert wird. Verfahrensfragen erfordern eine Zustimmung von neun beliebigen Mitgliedern des Sicherheitsrates, während bei allen anderen Fragen, also insbesondere bei Fragen militärischer Konfliktbeilegung, eine qualifizierte Mehrheit, sprich die Zustimmung aller fünf ständigen Mitglieder des Sicherheitsrates, notwendig ist. (Quelle: www.weltpolitik.net)

Der Generalinspekteur der Bundeswehr   Bonn, den 2. November 1964

Lieber Komossa!

Wegen allzu vieler Termine kann ich Ihnen Ihren Brief vom 21. Oktober heute nur ganz kurz bestätigen. Haben Sie recht herzlichen Dank für Ihre ausführlichen Berichte. Sie haben mich sehr interessiert und ich wäre Ihnen dankbar, wenn Sie auch weiterhin ein Auge auf die Entwicklung haben würden.

Wir glauben hier, daß man Verteidigungswaffen, Gefechtsfeldwaffen, taktische und strategische Waffen begrifflich unterscheiden könnte, und daß die Verwendung der beiden ersten Arten noch nicht mit einer escalation verbunden sein müßten. Die beiden anderen Waffen aber müssen wegen der verheerenden Folgen für Europa auf diesem Kriegsschauplatz als unteilbar angesehen werden. D. h. wenn taktische A-Waffen in Europa eingesetzt werden, muß gleichzeitig die Kapazität ganz Rußlands mit strategischen Waffen vernichtet werden.

Das ist z. Z. unsere Ansicht und Politik, die ich Ihnen mitteile, damit Sie über unsere Gedanken im Bilde sind.

Weiterhin alles Gute und kameradschaftliche Grüße

Ihr

[Unterschrift: Trettner]

Herrn

Brief des Generalinspekteurs der Bundeswehr Heinz Trettner (in dieser Funktion vom 1. Januar 1964 bis August 1966 tätig) an den Autor

REGIERUNG DER DEUTSCHEN DEMOKRATISCHEN REPUBLIK
Ministerium für Staatssicherheit
Der Minister

An das Mitglied des Politbüros des ZK der SED
Genosse Erich H o n e c k e r
B e r l i n

Berlin, am 25.8.1958
Tgb.Nr. VM A 246/58

Werter Genosse Honecker!

In der Anlage erhältst Du eine Information über Maßnahmen des Amtes für Sicherheit der Bundeswehr zur Überprüfung von Bundeswehrangehörigen, die für besonders vertrauliche Arbeiten eingesetzt werden sollen.
Dazu eine Erklärung, die von dem zu Überprüfenden abverlangt wird, - mit der Bitte um Kenntnisnahme und Auswertung.

Als Anlage 2 ist ein Vorschlag beigefügt, der in der Presse zur Veröffentlichung gelangen könnte.

Mit sozialistischem Gruß!
(handschriftlich) Mielke

2 Anlagen

4/IX Gen.Sindermann über W. B.

Brief von Erich Mielke (1957–1989 Minister für Staatssicherheit der DDR) an Erich Honecker (damals Mitglied des Politbüros der SED und Sekretär des ZK; verantwortlich unter anderem für Sicherheitsfragen) vom 25. August 1958

Personenregister [Auswahl]

Adenauer, Konrad (1876–1967; CDU, u. a. Bundeskanzler 1949–1963) 11 ff., 15, 68, 100, 133 f., 177, 187
Ahlers, Conrad („Conny") (1922–1980; u. a. 1962–1966 stv. Chefredakteur des „Spiegel";
1969–1972 Leiter des Presse- und Informationsamtes der Bundesregierung und Staatssekretär) 65
Apel, Hans (SPD, u. a. 1978–1982 7. Bundesminister für Verteidigung) 68, 91, 92

Baader, Andreas (1943–1977 [Selbstmord]; Mitglied der Terrororganisation RAF) 117
Bahr, Egon (SPD, u. a. 1972–1974 Bundesminister für besondere Aufgaben;
1974–1976 Bundesminister für wirtschaftliche Zusammenarbeit) 73
Banda, Hastings Kamuzu (1896 [?]–1997; 1966–1994 Regierungsoberhaupt und Diktator Malawis) 98, 128
Bastian, Gert (1923–1992 [Selbstmord]; General der BW; zeitweise Grünen-MdB) 89, 90, 113, 185
Becton, Julius Wesley (US-General) 91
Berija, Lawrentij P. (1899–1953 [erschossen?]; 1938–1953 Geheimdienstchef der UdSSR) 14
Blank, Theo (1905–1972; CDU, u. a. 1950–1955 Leiter der „Dienststelle Blank" (auch „Amt Blank"), das die Gründung
der Bundeswehr vorbereitete; 1955–1956 1. Bundesminister für Verteidigung) 68
Bossle, Lothar (1929–2000; dt. Soziologe und Politologe) 134
Boyen, Leopold Hermann Ludwig von (1771–1848; preußischer General) 15
Brandt, Willy (1913–1992; SPD, u. a. 1969–1974 Bundeskanzler) 13, 56, 58, 61, 100, 193
Brunn, Joachim von (Oberst der BW) 33, 34, 35, 37
Buback, Siegfried (1920–1977 [ermordet]; Generalbundesanwalt) 117, 155
Bulganin, Nikolaj (1895–1975; u. a. 1955–1958 Vorsitzender des Ministerrates der UdSSR) 11 ff., 15, 177, 187
Bush, George W. (seit 2000 43. Präsident der USA) 100, 105, 200, 201

Canaris, Wilhelm (1887–1945 [hingerichtet]; Admiral; während der NS-Zeit Leiter des Amtes Ausland/Abwehr
[Geheimdienst] im Oberkommando der Wehrmacht) 188, 189
Carter, James Earl (Jimmy) (1977–1981 39. Präsident der USA) 91
Chruschtschow, Nikita S. (1894–1971; u. a. 1953–1964 Generalsekretär der KPdSU) 12, 13, 105, 177
Churchill, Sir Winston Leonard Spencer (1874–1975; u. a. 1940–1945 und 1951–1955 engl. Premierminister) 105, 109, 189
Clausewitz, Carl von (1780–1831; preußischer General) 15, 30, 68, 94, 151

Drenkmann, Günther von (1910–1974 [ermordet]; dt. Jurist und Präsident des Kammergerichts Berlin) 117

Ellwein, Thomas (dt. Politologe und Verwaltungswissenschaftler) 36
Engels, Friedrich (1820–1895; dt. Politiker, Unternehmer, Philosoph und Historiker) 196
Ensslin, Gudrun (1940–1977 [Selbstmord]; Mitglied der Terrororganisation RAF) 117

Feldmeyer, Karl (dt. Journalist, langjähriger FAZ-Redakteur) 113
Ferber, Ernst (u. a. 1971–1973 6. Inspekteur des Heeres; 1973–1975 NATO-Befehlshaber Mitteleuropa) 67 ff.
Fischer, Josef („Joschka") (Bündnis 90/Die Grünen; u. a. 1998–2005 Bundesminister des Auswärtigen) 71, 101
Franco, Francisco (1892–1975; 1939–1975 Staatschef Spaniens) 76, 78, 80
Friedrich II. (Friedrich der Große) (1712–1786; 1740–1772 König in Preußen;
1772–1786 König von Preußen) 27, 98 f.

Gehlen, Reinhard (1902–1979; General der Wehrmacht; erster Präsident des BND) 13, 131, 188, 189, 192
Geiger, Jörg (u. a. 1996–1998 Präsident des BND) 145
Genscher, Hans-Dietrich (FDP, u. a. 1969–1974 Bundesminister des Innern;
1974–1982 sowie 1982–1992 Bundesminister des Auswärtigen) 99
Georg VI. (1895–1952; 1936–1952 König von England) 188
Gorbatschow, Michail (u. a. 1985–1991 Generalsekretär der KPdSU; 1990–1991 Präsident der
Sowjetunion) 157, 158, 174
Grashey, Hellmut (General der BW) 67
Greiner, Gottfried (General der BW) 70, 90
Grolman, Karl Wilhelm Georg von (1777–1843; preußischer General) 15
Guevara, Che (1928–1967; eigentlich Ernesto Rafael Guevara de la Serna;
kubanischer Revolutionär, Politiker und Guerillaführer) 154
Guillaume, Günther (1927–1995; Referent im Bundeskanzleramt; DDR-Spion) 61, 193

ANHANG   215

Haeckel, Ernst (1834–1919; dt. Zoologe und Philosoph) 196
Hallstein, Walter (1901–1982; u. a. 1951–1958 Staatssekretär im Auswärtigen Amt; nach ihm wurde die
„Hallstein-Doktrin" benannt) 13
Hantel, Ulrich (General der BW) 65, 66, 67
Harald V. (König von Norwegen seit 1991) 83
Hassel, Kai-Uwe von (1913–1997; CDU; u. a. 1962–1966 3. Bundesminister der Verteidigung) 68
Hegel, Georg Wilhelm Friedrich (1770–1831; dt. Philosoph) 196
Hengsbach, Franz (1910–1991; Kardinal; u. a. 1961–1978 Katholischer Militärbischof der Bundeswehr) 86
Herold, Horst (u. a. 1971–1981 Präsident des BKA) 117, 118
Hesse, Hermann (1877–1962; dt. Schriftsteller) 17
Heusinger, Adolf (1897–1982; u. a. 1957–1961 1. Generalinspekteur der BW) 166
Hitler, Adolf (1889–1945) 28, 66, 68, 188
Honecker, Erich (1912–1994; u. a. 1976–1989 Generalsekretär des ZK der SED) 207, 213
Hussein, Saddam (1937–2006 [hingerichtet]; 1979–2003 irakischer Staatspräsident;
1979–1991 sowie 1994–2003 Premierminister des Irak) 57

Jeschonnek, Gert Gustav Paul (1912–1999; Vizeadmiral der BW; u. a. 1967–1971 3. Inspekteur der Marine) 86
Juan Carlos, König von Spanien 76

Kant, Immanuel (1724–1804; dt. Philosoph) 16, 111, 134
Karl I. (Karl der Große) (um 748–814; König der Franken; römischer Kaiser) 98
Kießling, Günter (BW-General) 23, 121, 122, 123
Kinkel, Klaus (FDP, u. a. 1979–1982 Präsident des BND; 1992–1998 Minister des Auswärtigen) 132, 144, 193
Knirkow (sowjet. General und Militärattaché) 13 f., 173, 176 f., 180, 185 f.,198
Kissinger, Henry (u. a. 1969–1973 Nationaler Sicherheitsberater der Vereinigten Staaten;
1973–1977 US-Außenminister) 195
Kohl, Helmut (CDU, u. a. 1982–1998 Bundeskanzler) 132, 133, 147 ff., 175
Krase, Joachim (?–1988; DDR-Spion) 118, 160, 181 ff.

Lauritzen, Lauritz (1910–1980; SPD, u. a. Bundesminister in der Zeit der Großen Koalition 1966–1969) 59
Leber, Georg (SPD, u. a. 1972–1978 6. Bundesminister für Verteidigung) 25, 54 ff., 68, 112, 113, 117, 152, 181 ff.
Louis Prinz Ferdinand von Preußen (1907–1994; deutscher und preußischer Thronprätendent; von 1951 bis zu seinem Tod
Chef des Hauses Hohenzollern) 98
Lutze, Lothar-Erwin (DDR-Spion) 194
Lutze, Renate (Sekretärin im BMVg; DDR-Spionin) 193 ff.

Maizière, Ulrich de (1912–2006; u. a. 1964–1966 3. Inspekteur des Heeres; 1966–1972 4. Generalinspekteur der BW) 63,
71, 76, 78, 83, 86 ff., 166, 175
Malenkow, Georgi M. (1902–1988; u. a. 1953–1955 Vorsitzender des Ministerrates der UdSSR) 13, 177
Mao Tse-tung (1893–1976; langjähriger Vorsitzender der Komm. Partei Chinas
u. a. 1954–1959 Staatspräsident Chinas) 195, 196
Marx, Karl (1818–1883; dt. Philosoph und Journalist) 196
Matzky, Gerhard (1894–1983; General der BW) 34, 35
Meinhof, Ulrike (1934–1976 [Selbstmord]; Mitglied der Terrororganisation RAF) 117
Menzies, Sir Stewart (1890–1968; Leiter des britischen Militärgeheimdienstes) 188, 189
Merkel, Angela (CDU, seit Nov. 2005 Bundeskanzlerin) 147, 196 f.
Mielke, Erich (1907–2000; u. a. 1957–1989 Minister für Staatssicherheit) 115, 150, 158, 162, 185, 213

Neidhardt von Gneisenau, August-Wilhelm A. Graf (1760–1831; preußischer General) 15
Nowottny, Friedrich (dt. Journalist und ehemaliger Intendant des Westdeutschen Rundfunks) 114

Olaf V. (1903–1991; König von Norwegen) 80, 82, 83
Ondarza, Henning von (u. a. 1987–1991 11. Inspekteur des Heeres; 1991–1994 NATO-Befehlshaber Mitteleuropa) 140
Otis, Glenn K. (US-General; Befehlshaber CENTAG) 26

Peter, Rolf (Oberst; Kommandeur einer MAD-Gruppe) 153
Petrelli, Siegfried (Oberst der BW; DDR-Spion) 144 f.
Ponto, Jürgen (1923–1977 [ermordet]; Vorstandssprecher der Dresdner Bank) 117
Putin, Wladimir (seit März 2000 2. Präsident Rußlands) 204

Raspe, Jan-Carl (1944–1977 [Selbstmord]; Mitglied der Terrororganisation RAF) 117
Reagan, Ronald (1911–2004; 1981–1989 40. Präsident der USA) 91, 174
Reemtsma, Jan-Philipp (u. a. Stifter und Vorstand des Hamburger Instituts für Sozialforschung [HIS] sowie der Hamburger Stiftung zur Förderung von Wissenschaft und Kultur) 103, 108
Reichert, Rüdiger von (General der BW) 51
Roland, Jürgen (eigentlich Jürgen Schellack; dt. Filmregisseur) 129, 135
Roosevelt, Franklin D. (1882–1945; 1933–1945 32. US-Präsident) 211
Rühe, Lothar (CDU, u. a. 1992–1998 11. Bundesminister für Verteidigung) 147, 149
Ruppert, Arthur (ehem. Chefredakteur der Gelsenkirchener Zeitung, die 1865–1940 erschien) 10, 112, 132, 187

Scharnhorst, Gerhard von (1755–1813; preußischer General) 15, 36
Schäuble, Wolfgang (CDU, u. a. 1989–1991 Bundesminister des Innern; seit 2005 erneut Bundesminister des Innern) 156
Schleyer, Hanns-Martin (1915–1977 [ermordet]; dt. Manager, u. a. Arbeitgeberpräsident) 117
Schlieffen, Alfred Graf von (1833–1913; Generalfeldmarschall im Kaiserreich; Schöpfer des nach ihm benannten „Schlieffen-Plans" [1905]) 38
Schmidbauer, Bernd (CDU, u. a. 1991–1998 Staatsminister beim Bundeskanzler) 145 f.
Schmidt, Hannelore („Loki") (Ehefrau von Altbundeskanzler Helmut Schmidt) 87
Schmidt, Helmut (SPD, u. a. 1969–1972 5. Bundesminister für Verteidigung; 1974–1982 Bundeskanzler) 36 f., 58 f., 63, 67 ff., 74 ff., 80, 83 f., 86 f., 93 f., 111, 165 f., 192, 205
Schröder, Gerhard (SPD, u. a. 1998–2005 Bundeskanzler) 100 ff., 107, 133, 149, 200 f.
Schröder, Gerhard (1910–1989; CDU, u. a. 1966–1969 4. Bundesminister für Verteidigung) 37, 68
Schüler, Manfred (SPD, z. Zt. der Regierung Schmidt u. a. Leiter des Bundeskanzleramts) 118, 146, 151, 155, 184
Speidel, Hans (1897–1984; General der BW; u. a. 1957–1963 Oberbefehlshaber der alliierten Landstreitkräfte in Mitteleuropa bei der NATO) 166
Stalin, Jossip W. (1878–1953; u. a. 1922–1953 Generalsekretär der KPdSU) 11 ff., 19, 105, 177, 180, 186 f., 211
Stauffenberg, Claus Schenk Graf von (1907–1944 [hingerichtet]; Oberst i. G.; eine der Hauptpersonen des militärischen Widerstands gegen Adolf Hitler) 66, 79
Steurich, Peter (General der NVA) 66
Stoph, Willi (1914–1999; u. a. 1973–1976 Stv. Vorsitzender des Staatsrats der DDR; 1976–1989 Vorsitzender des Ministerrats) 171
Strauß, Franz-Josef (1915–1988; CSU, u. a. 1956–1962 2. Bundesminister für Verteidigung; 1978–1988 bay. Ministerpräsident) 48 f., 51, 98, 119 f., 133, 184
Struck, Peter (SPD, u. a. 2002–2005 13. Bundesminister für Verteidigung) 51, 52, 69, 75

Thomas von Aquin (um 1214–1274; Philosoph und kath. Kirchenlehrer) 85, 186
Trebesch, Herbert (Vizeadmiral der BW) 78 f., 165
Trettner, Heinz (u. a. 1964–1966 3. Generalinspekteur der BW) 34 f., 57, 63 f., 73, 85 f., 93, 212

Wagner, Ekkehard (Professor an der Fachhochschule Nürnberg) 156
Wagner, Richard (1813–1883; dt. Komponist) 47, 49, 51 f., 55, 169
Wagner, Wolfgang (dt. Regisseur und Festspielleiter; Enkel Richard Wagners) 47
Weber, Carl Maria von (1786–1826; dt. Komponist) 47
Wegener, Ulrich (u. a. 1972–1979 Kommandeur GSG 9) 153
Wehner, Herbert (1906–1990; SPD, u. a. 1969–1983 Vorsitzender der SPD-Fraktion im Bundestag) 89, 133, 151
Weinstein, Adelbert (1916–2003; dt. Journalist; langjähriger Militärfachmann der FAZ) 113
Wild, Hans Walter (SPD, 1958–1988 Oberbürgermeister von Bayreuth) 49, 51, 52
Wirmer, Ernst (1910–1981; u. a. Ministerialdirektor im BMVg) 30, 68, 69
Witzleben, Job-Wilhelm Georg Erwin von (1881–1944 [hingerichtet]; General der Wehrmacht, Angehöriger des militärischen Widerstands gegen Hitler) 66
Wolf, Markus (1923–2006; leitete 34 Jahre lang die Hauptverwaltung Aufklärung (HVA), den Auslandsnachrichtendienst im Ministerium für Staatssicherheit der DDR) 118, 150, 157 ff., 162 f., 182 ff., 194
Wörner, Manfred (1934–1994; CDU, u. a. 1982–1988 8. Bundesminister für Verteidigung) 122
Wust, Harald (u. a. 1976–1978 6. Generalinspekteur der Bundeswehr) 57

Zimmermann, Armin (1917–1976; u. a. 1972–1976 5. Generalinspekteur der BW) 63, 70 f., 74 ff., 78 f., 86 f., 172

[Anm.: BW = Bundeswehr; RAF = Rote Armee Fraktion]